박스오피스 경제학

박스오피스 경제학

경제학자, 문화산업의 블랙박스를 열다

김윤지 지음

어크로스

경제학을 믿지 않던 경제학자,
문화산업의 블랙박스를 열다

첫 번째 질문. 가끔 '핫스타'로 떠오른 배우들이 차기작을 고를 때 다소 의아한 선택을 할 때가 있다. 흥행과는 다소 거리가 있어 보이는 독립영화에 출연하거나, 저 배역을 소화하는 게 가능할까 싶을 정도로 난해한 캐릭터를 택하는 경우들이다.

대중의 인기를 기반으로 살아가는 배우가 큰 관심을 받기 어려운 작품을 고르는 이유를 한마디로 설명하기란 쉽지 않다. 높은 출연료 때문도 아닐 테고, 진짜 '배우'가 되고 싶었나 보다고 넘길 만큼 예술혼으로 충만한 것 같지도 않다. 당사자들은 "그런 역할을 한번 해보고 싶었다"고 밝히긴 하지만 썩 납득은 가지 않는다. 그들은 왜 그런 선택을 했을까.

두 번째 질문. 불황엔 오락산업이 뜬다는 속설이 있다. 때문에 불황기에 '대박 영화'가 터지면 어김없이 영화의 성공 비결을 '불황' 덕으로 돌리는 기사들이 등장한다. 불황에도 사람들은 여가를 즐기고 싶어 하는데, 지갑이 얇으니 비교적 값싼 영화나 게임 등으로 마음을 풀기 때문이라는 것이다.

하지만 기자들은 오락 영화가 큰 성공을 거두면 "불황엔 역시 서민들의 애환을 달래는 오락영화"라고 쓰고, 진지한 드라마가 성공하면 "불황기, 대중의 불안한 마음을 잘 포착해 성공"이라고 쓴다. 이럴 땐 이렇게, 저럴 땐 저렇게 붙이는 해석에 신뢰도는 떨어진다. 그냥 필요할 때마다 생각 없이 인용하는 진부한 표현으로 보이기도 한다. 실제로 사람들의 선택 이면의 진실을 보여줄 그런 데이터나 논리는 없는 것일까?

마지막 질문. 한류가 세계적으로 맹위를 떨치자 그 효과를 활용하자는 이야기가 많이 회자된다. 한국 드라마, 가수, 배우에 열광하는 세계인들에게 한국 제품을 들이밀면 반응이 이전과는 다를 것이란 기대가 있기 때문이다. 기업인들, 마케팅 관계자들 모두 이 기회를 놓치면 안 된다고 생각들은 하지만, 전력을 다하기엔 어딘지 두렵기도 하다. 한류에 열광하는 사람들이 과연 한국 상품에도 친밀감을 느낄까, 하는 의문이 들기 때문이다. 진짜 한국 드라마를 즐겨 보면 그 드라마에 등장하는 과자를, 휴대폰을, 화장품을 더 사게 될까? 그런 현상을 논리적으로 설명할 수 있는 틀이 있을까?

대중문화와 문화산업에 관심 있는 사람들이라면 이와 비슷한 궁금증을 한번쯤 떠올렸을 터다. 이런저런 사회 현상이 두드러질 때면 언제나 그 배경과 이면을 설명하는 논리들이 생겨난다. 어떤 때에는 정치적인 설명이 잘 들어맞기도 하고, 어떤 때에는 사회경제적 변화가 핵심 이유가 될 때도 있다. 사회과학이 생명력을 지니는 까닭은 이렇게 우리를 둘러싼 사회 현상을 과학적인 논리와 방법으로 설명해주기 때문이고, 그 설명이 보다 정밀해지도록 많은 학자들이 연구를 지속하기 때문이다.

그런데 대중문화와 문화산업에서 벌어지는 현상을 설명하려다 보면, 거대한 장벽에 부딪치게 된다. 사람들의 변덕스런 '취향'과 '감정'을 정확하게 포착하기란 불가능한 일이고, 그런 것을 감지하는 데 도움을 주는 건 과학적 데이터나 이성적 논리가 아니라 '감'이라는 '전문가'의 주장들 때문이다. 반박하고 싶지만, 안타깝게도 기존의 사회과학 틀로는 이 주장을 뛰어넘지 못하는 경우가 많아, 이건 어쩔 수 없나 보다 하고 좌절할 때가 한두 번이 아니었다.

가장 큰 이유 가운데 하나는 데이터가 축적되지 않았기 때문이다. 사회과학이 이론적 틀을 갖추기 위해선 많은 데이터가 필요하다. 그 데이터를 분석해 여러 가설과 이론을 뒷받침하면서 설득력을 높여가게 되는데, 문화산업은 역사가 짧고 데이터화하기 어려운 측면도 많아 이론의 틀이 자리 잡기 어려웠다.

학자들이 이 산업을 그다지 주목하지 않았다는 점도 한몫했다. 대중문화나 문화산업은 불과 몇 년 전까지만 해도 이 분야에 재능 있는 사람들이 자신들의 장기를 펼치는 곳 정도로 여기는 경우가 많았다. 사회과학자들이 어렵게 이 판을 이해할 필요도 없었고, 익숙하지 않은 대상을 향해 굳이 달려드는 학자도 드물었다. 그러다 보니 문화산업은 이 판에서 활동하고 돈을 버는 이들에 의한 '그들만의 리그'로 자리 잡은 바가 컸다.

그런데 어느 순간, '감'으로 좌지우지하기엔 문화산업이 너무나 커지기 시작했다. 단지 예술과 재능, 취향의 영역이 아니라 '산업'이 된다는 것은 그 성공과 실패에 많은 돈이 오간다는 것을 뜻한다. 그냥 주머니 속 쌈짓돈이 오가는 정도가 아니라 많은 사람들의 일자리와 월급, 보금자리가 한순간에 생겨났다 사라진다는 의미였다.

문화가 산업이 되면서 투자자들은 수익률, 성공과 실패 확률, 성장률 등과 같은 숫자를 요구했다. 기본적인 수치에 대한 예측이 가능해야 이성적인 판단 하에 원활한 자금 흐름을 계산할 수 있기 때문이다. 숫자에 기반한 설명이 불가능하다면, 사실 도박판과 다르지 않다.

하지만 이전부터 '판'을 지켜오던 이들은 그런 숫자를 다루는 데 익숙지 않았다. 반대로 제작자들은 '문화'를 돈으로만 판단하는 것이 더없이 안타깝기만 했다. 그러다 보니 많은 투자자들, 그리고 금융업 종사자들 사이에서 문화산업의 악명은 높았다. 숫자 없이는 아무런 판단을 할 수 없는 이들에게 '감'을 믿으라는 이야기는 사이비 교주의 이야기와 다를 바 없었다.

이 간극을 누군가 메꿀 수 있다면 좋겠다는 생각이 들었다. 숫자를 원하는 투자자와 숫자를 믿지 않는 제작자 사이에 적절한 데이터와 논리의 다리를 놓을 수 있다면, 이들 사이의 시너지가 더 강해질 수 있을 것 같았기 때문이다. 이들 사이의 불신을 줄이지 않으면 산업으로의 정착은 어려워 보였다. 이들 사이를 어떻게 연결할 수 있을까 고민하다, 경제학이 그런 다리가 될 수 있겠다는 생각이 떠올랐다.

내가 경제학을 업으로 하는 사람이라 세상만사를 모두 경제학으로 설명할 수 있다고 생각했기 때문이 아니다. 모든 것을 경제 논리로만 설명하지 않던 시대의 끄트머리인 1990년대에 대학에서 사회과학을 접한 나는, 사실 경제학을 믿지 않았다. 나에게는 여전히, 그리고 아마도 영원히 사회과학의 본질은 '인간에 대한 이해'다. 사회과학의 여러 학문들은 여러 측면의 접근을 통해 인간과 인간이 이룬 사회를 이해하기 위해 힘쓴다. 경제학은 그 가운데서도 '인센티브'를 중심으로 인간에 대한 이해를 시도한다고 이야기한다. 복잡해 보이는 사안들 속에서도 사람들을 움직이는 핵심 기제는 '인센티브'이고, 그런 인센티브를 잘 이해하면 사람들의 행동을 쉽게 설명할 수 있다는 것이다.

경제학을 깊이 공부하기 전에는 이 '인센티브'라는 것에 대해 100% 인정하고 싶지 않았다. 이 복잡 미묘한 사람과 사회를 움직이는 힘이 그런 단순한 목표라니, 마치 나를 잘 모르는 사람이 나에 대해 "넌 이러이러한 사람이야" 하고 한마디로 단정 짓는 것 같아 살짝 모욕당하는 기분이었다.

경제학을 공부하면서도 이 생각에서 벗어나기란 쉽지 않았다. 직장 생활을 통해 세상이 어떻게 돌아가는지를 어렴풋하게 알게 된 후 경제학을 다시 접한 터라 더 그랬던 것 같다. 머리털이 빠질 만큼 복잡한 수식과 계산을 통해 얻은 힘겨운 결과물들은 너무나 간단한 가정 아래 벌어지는 일들이거나, 아주 단순한 원리를 증명하는 것일 때가 많았다. 여전히 경제학으로 세상을 이해하기엔 부족하다는 생각이 강하게 들곤 했다.

무기력감에서 벗어나게 된 건 계량경제학에 조금씩 눈을 뜨기 시작하면서였다. 계량경제학과 통계학의 바다에 빠지는 일은 어마어마하게 힘들었지만, 조금씩 그 방법에 익숙해지자 다른 것들이 보이기 시작했다. 실제 데이터 속에서 본질적이지 않은 것들을 걷어내고 진짜 원인을 밝혀내는 많은 경제학자들의 연구가 그제야 눈에 들어왔다. 아, 이 사람들도 나처럼 인간과 사회가 그렇게 간단히 움직이지 않는다고 믿는구나, 하는 안도감이 느껴졌다. 겉으로 보이는 현상에 대한 깊은 의심을 안고 우리의 눈을 속이는 많은 숫자들을 여러 방법으로 걷어내면서 본질로, 본질로 들어가려 애쓰는 것들이 느껴졌다.

문득, 이런 방법론들로 현상의 이면을 볼 수도 있겠다는 생각이 들기 시작했다. 데이터에서 이런저런 불순물들을 걷어내고 보면 다른 이들이 보지 못한 새로운 '인센티브'들을 찾을 수 있을 것 같았기 때문이다. 그때 문화산업을 접하게 됐고, 어딘지 구름 속에 숨은 듯한 이 산업의 뒤편에서 여러 '인센티브'들의 실마리를 끌어낼 수 있을 것 같았다.

아마도 경제학에 익숙했던 사람이라면 이런 산업에 도통 끌리지 않았을 터다. 하지만 끝까지 경제학을 믿지 않다 투항한 전력 때문인지, 많은 '숫자쟁이'들이 혀를 내두르는 문화산업의 '블랙박스'에서 뭔가를 찾아낼 수 있을 거라 여겨졌다. 역시나 문화산업에도 그 이면엔 많은 경제논리들이 조금 다른 형태로 숨어 있었다.

예컨대 앞서 이야기한 세 경우로 돌아간다면, 떠오르는 핫스타가 대중적 인기와 동떨어진 영화를 선택하는 데에는 나름의 합리적 이유가 있었다. 출연료를 많이 받으며 평범한 이미지를 이어나가기보다는, 자신이 원하는 강렬한 이미지를 만들거나 연기에 대한 깊은 이해를 보이는 것이 장기적으로 자신의 '배우' 인생에 더 득이 되기 때문이다. 이러한 현상은 우리뿐 아니라 할리우드에서도 만연해, 대중적 성공을 거두기 힘든 R등급 영화를 많이 만들게 하는 기제로 작용하기도 했다. 그리고 이런 현상을 단지 스타 한두 명의 사례가 아닌 축적된 '데이터'로 설명할 수 있었다.

불황기에 오락영화가 뜨는가, 심각한 영화가 뜨는가의 문제도 많은 경제학자들의 검증을 통해 그 답을 찾을 수 있었다. 그런데 그 과정에서 예상외의 답이 나오기도 했다. 사회적 불안이 높아질수록 '에로틱한 성인물'에 대한 수요가 높아진다는 것이었다. 사회가 심각할 때 사람들은 홀로 밝고 행복한 느낌을 찾는 것은 부적절하다고 여기지만, 본인의 정신적 피로도는 매우 높아진 상태라 이를 낮춰줄 적당한 배출구를 찾기 때문이다. 이때 집에서 조용히 성인 영화를 보는 것을 택하는 경우가 많아지면서 '성인물'의 수요가 높아진다는 새로운 사실이 드러났다. 이 역시 많은 데이터를 통한 검증이 없었다면 발견할 수 없는 현상이었다.

한류가 뜨면 한국 휴대폰도 과연 많이 팔리는가 역시 여러 학자들의 이론적 뒷받침과 데이터 작업을 통해 효과를 추정할 수 있었다. 특히나 이런 논증 작업이 중요했던 까닭은 데이터가 바뀌면 추정 효과 수치가 조금씩 변화할 수는 있지만, 그런 현상이 가능한 이유를 설명할 토대를 구축했다는 점 때문이었다. 많은 사람들이 그냥 그럴 수 있겠다고 여기던 '감'을 이론화했다는 의의가 있는 것이다.

이밖에도 흥행은 예측할 수 없다고들 말하지만 어떤 조건을 잘 찾으면 예측을 가능하게 하는 부분도 있었다. 신호라고 여기지 않던 작은 흔적들에서 많은 정보가 담긴 신호를 읽어내기도 했다. 스타를 원하기도 하고 상큼한 신인을 원하기도 하는 대중의 복잡다단한 마음을 경제학 그래프로 설명하는 일도 가능했다.

하지만 이런 점들이 한눈에 알아보기 쉽게 드러나 있지는 않았다. 다른 산업과는 다르게, 조금은 특별한 양상을 띠고 숨어 있는 경우가 많았다. 또는 조금 비틀려 있어 일반적인 경제논리를 한 번 더 꼬아 넘어서야 하는 경우도 있었다. 게다가 여전히 풀리지 않는 수수께끼들도 있었다. 그래서 많은 '숫자쟁이'들이 접근하기 어려웠던 것이 사실이고, 나 역시 이 책에서 많은 점들을 미완의 영역으로 남겨야 했다.

하지만 문화산업 역시 인간이 만들어내는, 특히나 사람들의 마음을 얻어내는 것이 중요한 산업이기에, 산업의 이해를 위해서는 인간에 대한 이해가 기본이 된다고 믿는다. 그리고 그런 이해의 틀 가운데, 경제학은 꽤 쓸 만한 틀이 될 수 있음을 이 책을 통해 보여주고자 했다.

물론 나는 아직도 경제학이 세상을 이해하는 유일한 틀이 될 수 없다고 생각한다. 하지만 세상 그 어떤 것도 일면적이지만은 않다. 그래프의 미세한 기울기 변화에서 많은 사람들의 눈물과 한숨을 읽어낼 수 있어야 하듯, 사람들의 감정을 다루는 산업에서도 숨겨진 숫자들의 욕망을 읽어낼 수 있어야 세상에 대한 입체적인 이해가 가능하다. 문화산업에서, 영화관에서 경제학을 읽어내는 일은, 그런 점에서 우리에게 세상을 다각적으로 이해하는 시각을 제공한다고 생각한다. 세상은 언제나 우리에게 그 전면적 모습을 쉽게 드러내는 적이 없기 때문이다.

책을 엮으면서, 책에 실린 글들이 문화산업 종사자들과 이를 지향하는 사람들에게 도움이 되면 좋겠다고 바랐다. 본문에서도 언급했지만, 이제 자동차를 만들고 휴대폰을 만드는 산업만으로는 우리의 미래를 담보하기 어렵다. 물론 여전히 자동차도 휴대폰도 잘 만들어야 한다. 하지만 그것을 넘어서려면, 부자 대기업은 넘쳐나지만 국민들은 가난한 나라의 틀을 벗어나려면, 문화산업에 좀 더 주목하는 일이 분명 필요해 보인다. 그러려면 지금처럼 이 산업을 '딴따라'로 보는 시각에서도 벗어나야겠지만, 이 산업에 씌워진 약간의 오해, 결코 숫자나 경제학적 논리를 적용할 수 없다는 편견을 걷어내는 것도 필요하다. 특수성은 인정되어야 하겠지만, 이 분야 역시 하나의 '산업'이기 때문이다.

글을 쓰면서 또 하나의 바람이 있었다면, 경제 혹은 경제학을 너무 거창하고 어렵게 여기지 않았으면 하는 것이었다. 세상이 몇 번 바뀌면서 경제학이란 단어에는 너무 많은 권위가 씌워졌다. 그래봤자 세상을 읽는 틀 가운데 하나인데, 어려운 단어들이 쏟아지면 많은 사람들은 긴장하고 깜박 속을 준비를 한다. 별것도 아닌 논리인데 장황하게 숫자가 이어지면 일단 기가 죽기도 한다. 하지만 영화, 가요, 드라마와 같은 친근한 소재들로 경제학을 접하면서 이게 그렇게 어렵고 거창한 것만은 아님을 알았으면 하는 마음이었다.

나 역시 그런 긴장감에 가득 차 있었고, 그 긴장감에서 벗어나기 위해 경제학을 공부하기로 마음먹기도 했다. 우연히 케인스학파의 일인자이자 노벨상을 받지 못한 경제학자 중 가장 훌륭한 경제학자로 꼽히고, 케임브리지 대학 최초의 여성 경제학과 교수였던 조앤 로빈슨이 이런 내 마음을 그대로 표현한 것을 발견했다. 어쩌면 공부를 하고, 책을 읽는 목적은 이런 게 아닐까.

"경제학을 배우는 목적은 경제 문제에 대하여 만들어져 있는 일련의 답을 얻기 위해서가 아니다. 어떻게 하면 경제학자들에게 속지 않도록 할 것인가를 습득하기 위해서다."

마지막으로 경제학이 '기술'이라는 '블랙박스'를 설명하게 된 중요성을 이야기해주시며 기술경제학의 길을 보여주신 은사님 서울대학교 경제학부 이근 교수님께 감사를 드리고 싶다. 조금은 다른 길로 새버린 제자가 되었지만, "남들 다 하는 거 하지 마라"고 당부해주신 덕에 새로운 분야를 편안한 마음으로 바라보게 되었다. 〈이코노미 인사이트〉에 연재 코너를 마련해줘 이 글들의 단초를 만들게끔 도와준 김연기 기자에게도 감사한다. 다소 밋밋할 수도 있는 글들이 더 입체적으로 변화하도록 여러 조언을 해준 어크로스 편집진에게도 감사의 인사를 전한다. 그리고 주말과 휴일마다 노트북을 붙잡고 낑낑대는 나에게 시간을 주기 위해 따로 잘 놀아준 남편과 아들에게도 깊이 감사한다.

PART 1

경제학자가 시나리오 피치 글자 수를 세어본 까닭은

숫자에서 길어 올린 흥하는 콘텐츠의 비밀

설명이 짧을수록 시나리오가 비싸지는 이유
정보의 비대칭성

너는 알고 나는 모를 때, 나는 네가 하는 말을 어떻게 믿을 것인가? 정보 경제학에서 다뤄온 '정보의 비대칭성'의 화두다. 전통적인 경제학 이론에서는 '정보'라는 게 그리 중요하지 않았다. 노동이나 자본과 같은 전통적인 생산요소, 즉 '재화'가 경제활동을 결정하는 중요한 요소였고, 경제주체들이 이 재화에 대한 '완전한 정보'를 가지고 있다고 '가정'한 뒤 가격과 선호도 중심으로 이들을 거래한다고 보았기 때문이다.

하지만 현실에서는 이러한 재화 뒤에 숨어 있는 '정보'들이 재화의 가치를 좌우하는 경우가 많다. 특히 재화를 가진 사람과 그것을 거래하려는 사람이 그 재화에 대해 알고 있는 정보가 서로 다를 때 매우 불공정한 거래가 일어날 수 있다. 이런 점들이 부각되면서 경제활동에서 의사결정을 할 때 전통적인 생산요소 외에 '정보'가 중요한 기능을 한다는 것이 점점 인정되었고, 이러한 정보들의 경제적 의미를 분석하는 '정보경제학'이 자리 잡게 되었다.

'정보의 비대칭성' 상황은 우리 생활에서도 흔하게 찾아볼 수 있다. 가장 많이 언급되는 예가 현 미국 연방준비제도이사회 의장 재닛 옐런 (Janet Yellen)의 남편인 경제학자 조지 애컬로프(George Akerlof)의 중고차 시장 이론이다. 애컬로프는 중고차 시장에 품질이 좋은 차와 나쁜 차가 각각 50%씩 있고, 품질이 좋은 차에 대한 구매자의 평가액은 600만 원, 품질이 나쁜 차에 대한 평가액은 300만 원으로 가정한다.

구분	판매자의 평가액	구매자의 평가액	중고차 대수
품질이 좋은 차	500만 원	600만 원	50대
품질이 나쁜 차	200만 원	300만 원	50대

만약 정보가 완전한 시장이라면 품질이 좋은 차와 나쁜 차가 각각 600만 원, 300만 원에 팔리겠지만, 정보가 비대칭인 상황이라면 그렇지 않다. 어떤 차가 좋은 차인지 나쁜 차인지 모르는 구매자는 평균적인 가격 450만 원[(600만 원+300만 원)/2]을 지불하려는 것이 합리적이다. 이 차가 좋은지 나쁜지 모르니 평균값을 내고자 하는 것이다. 그런데 이렇게 되면 500만 원은 받아야 할 좋은 품질의 중고차는 시장에서 사라져버린다. 그 가격엔 팔 수 없다고 판단한 판매자가 매물을 거둬버리기 때문이다.

따라서 품질이 좋은 차는 판매되지 않고 품질이 나쁜 차만 거래되는 상황이 나타나게 된다. 이와 같은 현상을 정보경제학에서는 '역선택'이 발생했다고 한다. 정보의 비대칭성 때문에 좋은 선택이 불가능해져, 자원의 효율적 배분도 저해되는 대표적인 예다.

이런 역선택을 극복하기 위해 정보를 가진 쪽에서는 그 정보를 시장에 효과적으로 전달하려고 노력하는데, 이를 '신호 보내기(signaling)'라고 한다. 중고차 시장이라면 좋은 차를 가진 판매자가 '6개월 무상수리 보증'을 내세우는 것이 바로 그런 신호다. 만약 품질이 좋지 않은 차의 판매자라면 선뜻 이런 약속을 할 수 없다. 언제든 수리를 해달라고 달려들 구매자들로 넘쳐날 것이기 때문이다. 따라서 구매자들은 이런 약속을 그 차가 좋은 차라는 '신호'로 받아들일 수 있다.

반대로 정보를 가지지 못한 쪽에서 역선택을 피하기 위해 상대방의 특성을 알아내려고 노력하기도 한다. 생명보험회사라면 가입자에게 건강진단서를 요구함으로써 위장 가입을 막기 위해 노력하는 것 등이 이런 예가 될 수 있다. 이와 같은 경우는 좋은 매물을 위한 '선별장치(screening)'를 마련한다고 이야기한다.

강력한 한 줄 요약, '시나리오 피칭'의 신호 보내기

영화 투자 시장 역시 '정보의 비대칭성'이 난무하는 곳이다. 감독이나 시나리오 작가는 자신들이 쓴 시나리오의 가치를 알고 있다. 하지만 영화 투자자는 그 가치를 알 길이 없다. 감독의 입장에서는 정말 재미있는 시나리오임을 잘 전달해 좋은 투자자를 유치할 수도 있고, 어쩌면 그저 그런 시나리오인데도 포장을 잘해 거액의 투자금을 끌어모을 수도 있다. 투자자 혹은 제작자라면 감독과 시나리오 작가의 설명을 어떻게 잘 판단하는가가 투자 성공을 위한 가장 중요한 시금석이 된다. 때문에 양쪽은 갖가지 신호 보내기와 선별장치를 가동해야 하는데, 그런 장치 중 하나가 시나리오의 '피치'다.

영어로 피치(pitch)는 '던지다', '겨냥하다' 등의 뜻을 지닌다. 야구 경기에서 투수를 피처(pitcher)라 일컫는 것도 여기서 유래한다. 그런데 조금 더 찾아보면 '구입과 거래를 하도록 설득·권유하다'라는 의미도 있다. 이런 의미를 잘 담은 단어가 '시나리오 피칭'이다. 시나리오 피칭은 시나리오 작가가 자신의 아이디어를 제작자나 투자자에게 설명하고 투자를 유치하는 일종의 프레젠테이션이다. 한 편의 시나리오가 영화화되는가, 아니면 그냥 글로 남는가가 정해지는 중요한 분기점이 바로 시나리오 피칭인 셈이다.

할리우드에서 시나리오 피칭은 영화나 드라마 아이템을 발굴하는 가장 보편적인 방식이다. 물론 우리나라에서도 영화 제작을 위해 수많은 시나리오 피칭을 거치지만, 할리우드에서는 이 과정을 보다 폭넓게 활용하고 있다. 할리우드 스튜디오들은 보통 영화 한 편을 제작할 때 수백 개의 '피치(간결하게 시나리오를 설명해놓은 것)'를 검토한다. 미국 드라마 시리즈의 경우 보통 400~500편의 피칭을 통해 아이템을 발굴한다. 상상력이 돋보이는 소재가 많았던 미국 드라마 시리즈 〈로스트〉는 약 1000편의 피칭을 거쳐 시리즈의 아이템들을 선정했다고 알려져 있다. 우리나라에서도 각종 영화제 피칭 행사 및 단독 피칭 행사 등을 통해 시나리오 작가와 제작자, 프로듀서들이 연결되곤 한다.

피칭의 핵심은 '한 줄 요약'이라고 할 수 있다. 이 시나리오는 이러이러한 내용임을 짧은 시간 안에 강렬하게 알려 제작자와 투자자를 설득하는 것이기 때문이다. 때문에 성공적인 피칭이 되려면 영화의 핵심 내용을 쉽고 간결하게 전달하되, 투자자들을 혹하게 만들 매력이 드러나도록 해야 한다. 스티븐 스필버그가 "25단어 이내로 전달할 수 있는 이야기"가 좋은 영화의 조건이라 말했던 것도 한 줄 요약의 중요성을 보여준다.

텔레비전 광고의 등장, '30초 안에 설명하라'

짧고 굵게 시나리오의 내용을 전달하기 위해 피치에는 다양한 방식이 이용된다. 가장 흔한 방식 가운데 하나가 흥행이 검증된 영화에 비유하는 것이다. 영화 〈에이리언〉의 첫 피칭 때 이 시나리오의 한 줄 설명은 "우주선의 〈조스〉"였다. 구구절절 설명하지 않아도 한 번에 확 와 닿는다. 친숙한 이야기를 통해 콘셉트를 잡아주면서도 나름의 독창적인 이미지를 얹는 이 방법은 피칭의 기본 전술 중 하나다.

하지만 이런 전술은 써먹기가 쉽지 않다. 그래서 보통은 정공법으로 줄거리를 간략하게 풀어놓는다. 영화 〈쓰리 킹즈〉의 시나리오 피치는

"쿠웨이트에서 '사막의 폭풍' 작전 며칠 전, 3명의 군인이 보물지도를 발견하고 이를 찾아 나선다"였다. 다소 밋밋하지만, 한 문장에서 여러 상상력을 불러일으킬 수 있다면 성공적이라 할 수 있다.

관객의 호기심을 끄는 형태도 피칭의 대표적인 방법이다. "조폭이 학교에 간다면?"을 내건 〈두사부일체〉의 피치가 그런 식이다. 〈2009 로스트 메모리즈〉처럼 "한국이 여전히 일본의 식민지라면?"과 같은 역사적 상상력을 끌어낼 수도 있다. 이밖에도 "더스틴 호프만과 우디 앨런을 합쳐놓은…"과 같이 캐릭터 묘사를 통해 설명하는 방법도 있다. 〈선생 김봉두〉의 "촌지 대마왕 선생이 시골 분교에서 진정한 교사로 거듭난다"와 같은 형태도 이에 해당한다.

시나리오의 피치가 중요한 까닭은 영화 마케팅과 밀접하게 연결되기 때문이다. 1940년대까지만 해도 할리우드는 메이저 스튜디오가 제작, 배급, 상영을 모두 장악한 '수직 통합 체계'였기 때문에 특별한 마케팅이 필요 없었다. 그런데 1950년대에 들어서자 독립 제작사들이 등장해 영화를 제작하면서 고전적인 스튜디오 체제가 막을 내렸다. 이런 변화를 불러온 가장 큰 원인은 텔레비전의 등장이었다. 1950년대 이후 텔레비전 산업이 급격히 성장하면서 영화 시장은 잠식당할 것이라는 우려가 넘쳐났다. 그러나 할리우드는 바로 텔레비전용 영화 제작에 나서며 시대의 변화에 발맞추기 시작했다.

그런데 텔레비전용 영화는 스폿광고를 위해 30초 안에 내용을 요약해 홍보할 수 있어야 한다는 것이 핵심 과제로 대두됐다. 예전에는 메이저

〈에이리언〉의 첫 피칭,
이 시나리오의 한줄 설명은
"우주선의 〈죠스〉"였다.

스튜디오가 영화를 만들어 극장에 내걸기만 해도 흥행이 보장됐기 때문에 영화에 대한 마케팅이나 홍보가 중요하지 않았다. 그런데 이제는 텔레비전이라는 단일한 단말기 속에서 수많은 영화가 경쟁하는 구도가 된 것이다. 그러다 보니 단순하고 설명하기 쉬운 스토리가 광고를 만들기도 수월했다. 제작자들은 점점 광고에 적합한 영화를 선호하기 시작했고, 자연스럽게 시나리오의 피치가 중요해진 것이다.

무엇이 시나리오의 가격을 결정하는가

훌륭한 제작자라면 시나리오 피치만 보고서도 흥행에 대한 감이 올 법하다. 그렇다면 그 '감'을 계량화하는 것도 가능할까? 미국의 한 금융경제학 연구팀이 이와 관련해 시나리오 피치와 흥행 간의 관계를 밝히고자 했다.[1]

이들의 연구는 두 단계로 진행됐다. 1단계에서는 어떠한 요소가 시나리오 가격에 영향을 주는가를 측정했다. 그리고 2단계에서는 시나리오 가격과 흥행과의 관계를 살폈다. 2단계 결과부터 말한다면, 다른 연구들에서도 많이 뒷받침되었듯 비싼 시나리오일수록 흥행이 좋았다. 이 부분은 어느 정도 예측이 가능하다. 좋은 시나리오일수록 가격이 비쌀 테니, 비싼 시나리오를 기반으로 제작한 영화가 흥행도 더 잘되는 것은 당연해 보이기 때문이다.

그렇다면 문제는 어떤 시나리오가 비싸게 팔리는가가 될 수 있다. 좋은 시나리오가 비싸다면, 시나리오의 좋고 나쁨을 판단하는 기준이 무엇인지가 매우 중요한 포인트가 되기 때문이다. 이것이 연구팀이 1단계에서 살펴보고자 한 것이었다.

이들은 시나리오의 가격에 영향을 미치는 요인들을 '연성정보(soft information)'와 '경성정보(hard information)'로 나눠보았다. 경제학에서 연성정보와 관련된 논의는 주로 '관계형 금융'의 중요성을 강조하기 위해 이루어졌다. 금융기관의 기업 대출 유형은 크게 재무제표 대출, 자산담보 대출, 관계형 대출로 구분된다. 일반적으로 은행에서는 기업이 제출한 재무정보나 담보자산을 면밀히 검토해서 대출을 집행한다. 대부분 재무제표 대출이나 자산담보 대출을 하고 있다는 이야기다.

하지만 재무제표만으로 그 회사를 판단하는 데에는 한계가 있다. 현재 눈에 보이는 매출은 좋지만 다른 문제가 많을 수도 있고, 반대로 아직 수치로는 드러나지 않았지만 정말 능력 있는 회사일 수도 있다. 특히 창업한 지 얼마 안 된 기업이나 기술개발 기업 같은 중소기업들은 제출할 만한 공신력 있는 정보를 갖추지 못한 경우가 많다. 이런 기업들에 대해서는 기존 실적에 대한 평가보다는 현장 실사, 외부 평판 등을 통해 얻어진 정보가 중요한 평가 요인이 된다. 대개 이런 정보들은 단기간에 얻어지는 것이 아니라 금융기관이 기업과 오랫동안 관계를 맺으면서 축적된다. 이렇게 금융기관이 기업과 관계를 맺으며 쌓은 정보에 기초해 금융 거래를 하는 것을 관계형 금융이라 일컫는다.

이때 관계형 금융에서 중요하게 생각하는 것이 연성정보이고, 일반적인 은행에서 다루는 정보가 경성정보에 해당한다. 연성정보란 정보를 생산한 사람 외에는 쉽게 증명할 수 없는 정보를 말한다. 예를 들어 어떤 중소기업이 있을 때 그 회사의 재무정보, 생산량, 사장의 경력, 업적 등은 누구나 확인할 수 있는 경성정보다. 반면 그 중소기업 사장의 인물 됨됨이나 근면성, 정직성, 신뢰도, 회사 분위기 등은 오랫동안 그 기업을 관찰해온 사람만이 판단할 수 있는 연성정보에 해당한다.

다시 시나리오의 이야기로 돌아오면, 시나리오의 가격을 결정하는 것은 두 가지 성격의 정보에 의해서다. 우선 시나리오 작가의 수상 경력이나 영화화된 시나리오를 집필한 횟수 등 작가의 경험적 요인, 시나리오를 구매한 제작사의 규모 등과 같은 경성정보가 있을 수 있다. 하지만 시나리오의 내밀한 부분을 알려주는 연성정보는 측정이 쉽지 않다. 어떻게 이 부분을 측정할 것인가? 연구팀이 선택한 기준은 바로 시나리오 피치에 쓰인 단어 수였다.

설명이 짧을수록 흥행도 좋다

이들은 시나리오 피치가 길고 복잡할수록 제작자들이 단번에 이해하기 어렵다는 점에 주목했다. 만약 피치 글이 긴데도 제작자들이 그 시나리오를 선택했다면, 그 글을 이해하기 위한 또 다른 작업을 수행했을 가능성이 높다고 보았다. 그렇게 노력을 많이 기울였다는 것은 그 시나리오에 대한 판단을 내리기가 쉽지 않았다는 증거다. 한눈에 좋은 시나리오라고 여겼다면 바로 구매했겠지만, 요모조모 꼼꼼하게 따지고 들었다는 것은 바로 판단하기 어려웠음을 보여주는 것이기 때문이다. 그런 측면에서 시나리오 피치 글자 수가 많을수록 연성정보 점수는 높고, 그런 시나리오라면 비싸게 사지 않았을 거라는 게 이들의 가설이었다.

물론 이런 가설은 모두 팔린 시나리오를 대상으로 했기 때문에 가능하다. 시나리오 피치 글이 시원찮았다면 아예 그 시나리오는 팔리지 않았을 테고, 피치 글자 수가 긴 시나리오는 피치 수가 짧은 시나리오에 비해 판매가 되지 않았을 가능성이 높다. 즉 구매된 시나리오 가운데 단번에 제작자들에게 호감을 주었던 시나리오인가, 아니면 긴가민가하며 찜찜하게 고른 시나리오인가를 피치 글자 수만큼 들인 노력으로 판단했다는 의미다. 망설이는 마음이 컸다면 시나리오의 가격도 낮을 것이기 때문이다.

연구는 1998년부터 2003년까지 팔린 1269편의 미국 시나리오를 대상으로 진행되었다. 분석된 시나리오들의 피치 단어 수는 2개에서부터 95개까지 다양했고, 평균은 25개였다(25단어 이내가 최적이라던 스필버그 감독의 숫자 감각은 정말 탁월한 것 같다). 연구 결과 경성정보에 대해서는 대부분 예측과 비슷한 결과가 나왔다. 작가의 수상 경력이 많고 이전에 영화화된 시나리오를 쓴 횟수가 많을수록 시나리오의 가격은 올라갔다. 그리고 시나리오를 구매하는 스튜디오의 규모가 클수록 구매한 시나리오의 가격도 높아졌다.

연성정보에 대한 결과 역시 이들의 가설을 크게 벗어나지 않았다. 시나리오 피치의 단어 수가 많을수록 시나리오의 가격은 낮아졌다. 즉 시나리오 설명 글이 짧고 간결할수록 더 비싸게 팔렸다는 의미다. 특히 시나리오 작가가 집필이나 수상 경험이 적은 경우 이러한 현상은 더 두드러졌다. 작가에 대한 신뢰가 떨어질수록 시나리오 피치 단어 수에 더 많이 좌우됐다는 이야기다. 또 규모가 큰 스튜디오일수록 설명이 긴 시나리오를 피했고, 규모가 작은 스튜디오들이 이런 시나리오를 구매하는 경향이 강했다. 설명이 짧은 좋은 시나리오들은 이미 큰 스튜디오에서 걸러졌을 가능성이 높기 때문이다. 이것 역시 금융 이론에서 관료화된 대형 금융기관일수록 경성정보를 중시하고, 소형 금융기관들이 연성정보를 더 잘 다뤄 관계형 금융에 적합하다는 결과들과 부합했다.

결국 이들의 연구 결과를 종합하면, 한 줄로 간결하게 설명할 수 있는 시나리오일수록 비싸게 팔리고, 비싼 시나리오일수록 높은 흥행을 거둘 가능성이 높다는 결론이었다. 시나리오 피치의 글자 수가 정보가 비대칭적으로 분포된 영화 투자 시장에서 효과적인 '신호 보내기' 역할을 했다는 의미다. 반박하고 싶은 분들이 많겠지만, 여하튼 결과는 이랬다. 억지스럽다고 느껴진다면, 봉준호 감독의 역작 〈괴물〉의 피치를 보는 게 좋겠다. 〈괴물〉 제작자가 밝힌 이 시나리오의 첫 피치는 "한강에 괴물이 나타났다"였다.

2

불황에는 어떤 영화가 뜰까

미디어 심리학

경기가 좋지 않을 때 신문에 오르내리는 단어 중에 '죄악주(Sin Stocks)'라는 것이 있다. 사람의 몸과 정신 건강에 해를 끼치는 사업 분야와 관련된 주식 종목을 뜻하는 말로 술, 담배, 도박, 게임, 대부업, 성 관련 상품 등이 이에 포함된다. 죄악주들은 일반적으로 기업 가치에 비해 낮게 평가되는 경우가 많은데, 경기 침체나 불황 등 경기 상황이 좋지 않을 때 매출과 이익이 늘면서 주가가 상승하는 경향이 있다. 경기가 좋지 않았던 2015년에도 이런 죄악주들의 수익률이 선방하면서 '불경기 수혜주'라는 통설을 다시 한번 확인했다. 불경기에는 우울한 사람들로 인해 술과 담배의 소비가 늘어나고, 경제난으로 출산을 피하기 위해 콘돔 소비량이 늘어나 죄악주의 수익률이 높아진다는 것이다.

죄악주들이 불황일 때 선방하는 까닭은 우울함 탓도 있겠지만, 이 종목들과 관련된 상품들이 비교적 값싸게 즐길 수 있는 오락거리이기 때문이기도 하다. 경기가 좋으면 여행도 가고, 차도 바꾸고, 옷도 사 입고, 새 집으로 평수 늘려 이사 가면서 가전제품도 바꿀 터다. 그런데 불황일 때에는 이런 일들이 쉽게 일어나지 않는다. 대신 술이나 마시며 게임을 하거나 영화를 보는 정도로 여가생활을 대신하게 된다. 죄악주들이 불황에 수익이 좋은 것은 이처럼 팍팍한 생활 속에서도 사람들에게 값싸게 숨통을 트일 기회를 제공해주기 때문이다.

영화산업은 불황산업이다?

죄악주까지는 아니지만 영화나 엔터테인먼트산업도 불황산업으로 분류되곤 한다. 그런 통설을 얻게 된 시점은 세계 대공황 당시로 거슬러 올라간다. 최초의 불황으로 꼽히는 1929년 세계 대공황 때 다른 산업은 모두 어려움을 겪었지만 월스트리트의 영화 관람객 수는 크게 늘었다. 당시가 기술적으로 영화산업이 막 꽃피기 시작한 때라는 시대적 배경도 있지만, 영화가 다른 레저 활동에 비해 돈이 덜 드는 오락 수단이라는 장점 때문이었다.

그 이후로 영화는 불황에 강한 산업으로 계속 인식되고 있다. 언론에 "불황엔 저가 문화생활, 영화·엔터테인먼트주 약진"과 같은 표현이 많이 등장하는 것도 이 때문이다. 최근에는 영화보다 훨씬 더 값싸게 여가를 즐길 수 있는 텔레비전, 게임 등이 폭넓게 보급되긴 했지만, 여전히 영화는 대표적인 불황산업 가운데 하나로 꼽힌다.

그런데 정말 불황일 때 영화산업의 매출이 더 오를까 하는 의문이 들수 있다. 주식 시장에서는 꼭 매출에 연동해 주가가 오르는 것은 아니다. 주식 시장은 언제나 상대평가가 이뤄지는 탓에 다른 산업보다 조금만 두드러진 점이 있어도 주가가 상승할 수 있다. 매출이 올라 주가가 오르기도 하지만 매출이 낮아도 경쟁력이 부각되어 주가가 오를 때도 많다. 때문에 불황에 주가가 오른다고 해서 꼭 매출 호황을 맞이하란 법은 없다.

언제나 '감'을 명확한 '숫자'로 증명하고 싶어 하는 경제학자들은 오랫동안 불경기에 실제로 영화산업 매출이 오르는지 확인하려 노력했다. 안타깝게도 결론은 그렇지 않았다. 영화 관람 행위도 다른 일반적인 재화들처럼 소득과 가격에 탄력적으로 반응했다. 다시 말해 소득이 줄어들면 영화 관람객도 줄어들고, 영화 티켓 가격이 싸지면 더 많이 보더라는, 다른 상품들과 크게 다를 게 없다는 참으로 밋밋한 결론이었다.

그러나 관람료가 낮아져서 영화를 더 보는 비율보다는 소득이 오를 때 영화 관람이 늘어나는 비율이 높아 다른 재화들과는 조금 다른 특성이 있음을 밝혀낸 것은 성과였다. 상식적으로 생각해보아도, 영화표가 조금 싸졌다고 영화를 더 본다기보다는 삶에 여유가 있어야 영화를 볼 생각을 더 많이 하게 되기 때문이다. 이 '감'은 실제에서도 역시 들어맞았다.

특히 미국의 경제학자들은 향후 경기 전망을 나타내는 소비자신뢰지수(CCI: Consumer Confidence Index)가 높아질 때 영화 관람을 포함한 서비스 관련 지출이 높아지는 것을 증명하기도 했다. 소비자신뢰지수는 미국의 경제 상태를 나타내는 경기선행지수의 하나로, 매월 5000여 가구를 대상으로 현재 경제 전반의 물가, 지출 패턴, 구매 조건 등에 대한 설문조사를 실시한 뒤 이에 대한 응답을 수집해 발표하는 지표다. 미국에서 통화정책을 결정할 때 가장 관심 있게 살펴보는 경기 지표 가운데 하나로, 보통 지수가 100을 넘으면 소비자들이 경기를 낙관한다고 평가한다.

그런데 소비자신뢰지수가 높아질 때 영화 관람 등 서비스 관련 지출이 높아진다는 것은 영화산업이 불황보다는 경기 호전과 밀접한 산업이라는 점을 밝혀낸 것이라 할 수 있다. 영화가 불황산업이라는 통설과는 달리, 오히려 경기가 좋아져야 영화산업도 호황을 누리게 된다는 것이다.

불황엔 멜로인가 코미디인가

영화산업이 불황산업인가 호황산업인가 하는 논란이 이렇게 종지부를 찍게 되자, 논란은 불황이 되면 사람들이 선호하는 영화 장르에도 변화가 생기는가 하는 주제로 넘어갔다. 예컨대 불황엔 멜로가 더 뜨는가 코미디가 더 뜨는가를 비롯해, 불황이 지속되면 영화의 내용에도 영향을 주는가라는 논쟁이었다.

이에 대해서는 예전부터 상반된 두 가지 가설이 있었다. 하나는 사회가 팍팍해질수록 사람들은 머리를 식히고 싶어 하기 때문에 오락 영화가 늘어난다는 주장이다. 불황이라는 어려운 현실에서 벗어나기 위해 코미디 영화 등을 보면서 위안을 얻는다는 논리는 제법 그럴싸해 많은 지지자들을 얻었다. 그러나 아쉽게도 이런 현상을 '숫자'로 뒷받침하는 연구 결과는 좀처럼 찾기 어렵다. 아마도 실제로는 검증이 잘 되지 않았던 것 같고, 사람들만의 '감'일 뿐 현실은 그렇지 않다는 것에 대한 반증일 수 있다.

반대로 사회적 위험이 높아질수록, 즉 경제 불황이 지속될수록 영화의 내용 역시 심각해진다는 주장도 있었다. 이를 뒷받침하는 연구들은 많다. 미국 코스털 캐롤라이나대에서 미디어 심리학을 연구해온 테리 페티존(Terry F. Pettijohn II) 교수 등이 정리한 '환경 안전 가설(Environmental Security Hypothesis)'이 이에 대한 대표적인 이론이다. 이 가설은 사회가 불안정하고 불확실한 환경에 처할수록 사람들은 미디어에서 보다 성숙하고 의미 있는 내용을 찾게 된다고 주장한다. 사람들은 경제력 등에서 자신감을 잃었을 때 성숙한 특질에 대한 갈망이 커지고 그런 대상에게서 심리적 안정을 느끼고 싶어 하기 때문이다.[2]

이 가설을 따르는 연구들은 다양하다. 윌리엄 매킨토시(William D. McIntosh) 등은 1960년부터 1990년까지 미국 텔레비전 시청률을 분석한 결과, 사회의 위험도가 높아질 때마다 진중한 이슈를 다루는 프로그램의 시청률이 높아진다는 사실을 밝혀냈다.[3] 아트 실버브래트(Art Silverblatt)는 2001년 9·11 사태 이후 범죄물들의 내용이 보다 어둡고 침울해졌으며, 불확실성 높은 세계관을 다루게 되었다고 주장한다.[4] 누구도 믿을 수 없다는 심리가 확산되었기 때문이라는 것이다.

이러한 현상은 단지 영화나 드라마의 내용뿐 아니라 음악이나 배우의 선호도에서도 나타났다. 페티존은 1955년부터 2003년까지 미국의 빌보드 차트에 오른 발라드 곡들을 분석한 결과, 사회 경제적 위협이 높아질수록 발라드 음악의 가사가 보다 편안하고 의미 있어지며 로맨틱해진다는 사실을 밝혀냈다.[5] 이 역시 불황일수록 사람들이 노래 속에서 심리적 안정감을 희구하는 성향이 커지기 때문이라 해석할 수 있다.

더 흥미로운 사실은 대중문화 인물들의 외모에도 이러한 영향이 미친다는 것이었다. 페티존은 1946년부터 2010년까지 가장 인기 있었던 컨트리 장르 가수들의 외모를 조사하면서 당대의 실업률, 소비자물가지수, 자살률 등과 같은 경제지표와 비교 분석했다. 분석 결과, 경기가 나쁠수록 사람들은 성숙한 인상을 가진 가수들을 선호하는 반면, 경제 상황이 좋을 때에는 아기와 같은 동안을 지닌 가수들을 선호한다는 사실을 밝혀냈다.[6]

이들은 컨트리 가수뿐 아니라 대표적인 성인잡지인 〈플레이보이〉의 주요 모델들을 시기별로 비교한 연구에서도 비슷한 결과를 얻었다.[7] 이들의 연구에 따르면 사회적 위협이 낮아질수록, 즉 경기가 좋아질수록 사람들은 눈이 크고 귀여운 외모를 가진 여배우들, 어린 외모의 여배우들을 더 선호했다. 반면 사회적 위험이 높아질수록 보다 현실에 가까운 성숙한 외모의 여배우들을 선호했다. 이들이 뜻하는 성숙한 외모의 여성이란 상대적으로 눈이 작고 허리도 굵으며 가슴 대비 허리의 비율이 낮은 여성들, 즉 글래머가 아닌 우리가 흔히 볼 수 있는 평범한 여성들의 모습에 가깝다. 경기가 나빠지면 문근영 스타일보다는 하지원 스타일이 더 뜨게 된다는 것이다. 이러한 변화에 대해 페티존 등은 사회가 어렵고 불안한 심리가 퍼질수록 사람들은 보다 힘 있고 성숙한 여성들을 더 선호하게 되기 때문이라고 분석했다.

이러한 분석은 사실 과거 스티븐 세일즈(Stephen M. Sales) 등이 어려운 시절일수록 사회가 권위적이 된다고 주장한 것과 비슷한 맥락이라고 볼 수 있다. 세일즈는 1920년대와 대공황 시대인 1930년대의 만화·잡지의 내용, 권투 경기 횟수 등을 분석한 결과 사람들은 사회적 위협이 높아질수록 힘의 지배에 심취하게 되고, 권위에 복종하고 싶어 한다는 사실을 밝혀냈다.[8] 이들의 분석에 의하면 사회적 위험도가 높아질수록 사람들은 자기성찰을 거부하고, 전통적 가치에 반하는 것에 제재를 가하기를 원한다. 보다 보수적인 가치관에 근접하는 것이다.

또 오락물에서도 폭력적인 내용이 더 증가하는 것으로 나타났다. 이후 다른 학자들도 사회적 위험이 높아질수록 폭력적인 유머가 담긴 코미디 영화와 청소년 관람불가 등급의 폭력물 비디오가 늘어나게 되는 현상을 동일한 맥락에서 분석하였다.

재미있는 점은 에로틱한 성인물에 대한 반응이다. 여러 학자들이 연구한 결과 사회적 위험이 높아질수록, 즉 불황일수록 성인물에 대한 수요는 높아지는 것으로 나타났다. 사회적 위협이 높아지면 사람들의 정신적 피로도는 매우 높아지는데, 이때 적절한(!) 수위의 성인물은 사람들의 피로를 풀어주는 효과적인 수단으로 여겨진다는 것이다.

불황기 성인물 수요 증가에 대한 학자들의 해석은 다음과 같다. 사회가 심각할 때 사람들은 홀로 밝고 행복한 느낌을 찾는 것은 부적절하다고 여긴다. 하지만 본인의 정신적 피로도는 매우 높아진 상태라 이를 낮춰줄 적당한 정서 배출구를 찾게 되는데, 그때 성인물이 적합한 대안이라는 것이다. 즉, 사회적 위기가 높아질 때 사람들은 유희거리를 찾아 거리를 헤매는 것보다는 조용히 집에 들어앉아 성인 영화를 보는 것이 사회적으로도, 정서적으로도 더 적당하다고 느낀다는 것이다.

사회적 불안과 경제적 불황은 다르다?

이와 같은 미디어 분석에서 사회적 위험은 다양한 위험을 반영해 측정되었다. 예를 들어 세일즈는 높은 실업률, 소득 하락, 물가 상승과 같은 경제적 변수를 비롯해 대형 범죄 증가, 시위 증가, 파업 증가, 전쟁 위험 증가, 암살, 불안 심리 지수 등 정치·사회 환경을 포괄하는 변수들을 사회적 위험을 측정하는 데 사용하였고, 이후 학자들도 대체로 비슷한 방법을 활용하였다.

그런데 이런 방식으로 사회적 위험을 측정하는 것은 너무 폭넓기 때문에 사회적 위험과 경제적 위험을 분리하는 것이 필요하다는 주장이 제기되었다. 사회적 위험과 경제적 위험이 사람들에게 가하는 위협의 성질이 조금 다르기 때문이라는 것이다. 갑자기 발생하는 우발적인 위협, 인간이 가하는 직접적인 위협, 그리고 우리를 두렵고 화나게 하는 위협에 대해 인간의 뇌는 본능적으로 반발하도록 되어 있다. 범죄나 테러와 같은 폭력은 이러한 범주의 위협이기 때문에 인간은 이것에 본능적으로 저항하고 반응한다.

그런데 경제적 불황은 사람들의 물리적 안전을 직접 위협하지는 않기 때문에 그에 대한 반응이 다르다. 인간은 겪어보지 못한 위협에 대해서는 과장해 생각하는 경향이 있고, 이미 겪었던 위협에 대해서는 무덤덤하게 느끼는 경향이 있기 때문이다. 즉 경제적 불황은 폭력이나 테러에 비해 너무나 익숙한, 그리고 주기적으로 찾아오는 위협이고, 그런 이유로 사람들도 상대적으로 덜 저항적이라는 것이다.

이러한 시각에 따라 매킨토시 등이 2000년부터 2009년까지 미국 내 텔레비전 시청률을 비교 분석한 결과, 9·11 사태 이후 심각하고, 폭력적이고, 선정적인 방송물의 시청률이 크게 오른 것으로 나타났다.[9] 물리적 안전에 직접적인 위협이 발생하자 미디어물에 대한 시청 형태가 유의하게 변화한다는 사실이 확인된 것이다.

반면 2008년 경제 위기 이후에는 이런 변화가 나타나지 않았다. 2000년부터 2010년까지 독일, 영국, 스페인의 개봉 영화의 흥행을 분석한 연구에서도 비슷했다. 특히 이전 미디어 연구에서 하지 못했던 엄밀한 계량경제학적 방법을 동원해 확인했지만, 불황이 영화 장르 수요에 그다지 영향을 주지 않는 것으로 나타났다. 아마도 학자들의 주장대로 경제적 불황이 이미 우리의 삶에 너무 익숙해졌고, 너무 자주 나타났기 때문인지도 모른다.

오히려 경제 불황으로 인해 영화를 보는 관객들의 장르 수요 변화는 크지 않은데, 심각한 영화들은 더 많이 제작된 것으로 나타났다. 즉, 불황기엔 심각한 영화가 더 흥행할 것으로 기대해 공급은 늘어났지만 수요는 그에 별로 부응하지 않았다는 이야기다. 영화 기획시 경제 상황에 대한 과도한 기대로 헛발질을 한 셈이다.

2015년 우리나라 영화관을 찾은 누적 관객 수가 2억 명을 돌파했다. 2013년부터 2015년까지 경제 상황이 그다지 좋지 않았던 탓에 3년 연속 영화 관객 2억 명이 돌파한 것에 대해 '역시 불황엔 영화산업이다'라는 기사를 누군가 쓰고 싶을지 모르겠다. 그런데 최신 계량경제학 기법을 동원한 연구 결과들은 그건 경제 탓이 아니라 개별 영화들의 질적 특성일 뿐이라고 말하고 있다. 하지만 어떤 현상을 해석하고 싶어 하는 사람들은 이게 다 불황 탓이라고 말하고 싶은 유혹을 계속 느끼게 된다. 그래서일까, 경제 불황이 세계 영화 장르 수요에 영향을 주지 않는다는 분석 결과를 보인 논문의 제목은 1992년 미 대선에서 클린턴이 내걸었던 구호 "바보야, 문제는 경제야"를 위트 있게 인용한 「바보야, 문제는 경제가 아니야」[10]였다. 나도 논문에 이런 재미난 제목을 꼭 한번 붙여보고 싶다.

3

소녀시대 '태티서'와 빅데이터 비즈니스
빅데이터

나의 첫 직장은 대기업 시스템 통합 회사였다. 대학 다닐 때까지 컴퓨터를 겨우 켜고 끌 줄만 알았고, 리포트나 잡문 쓸 때 워드 프로세서를 이용하는 것 말고는 컴퓨터를 써본 적 없던 내가 시스템 엔지니어로 입사를 한 것이었다. 대학 졸업을 앞두고 취업을 준비하던 그해 가을, 대한민국 역사에 가장 큰 획을 그었다는 IMF 구제금융이 몰아쳤다. 거짓말같이 채용 회사들이 자취를 감추기 시작했다. 언론사 취업을 목표로 스터디를 하던 나도 마음이 급해졌다. 그 혼란 속에서도 세상이 IT로 크게 변화할 것이란 전망들이 나오고 있었다. 세상일은 어찌될지 모르는 것이고, 점 찍어둔 곳들은 채용 계획을 철회하기 시작했고, 어수선한 가운데 뭐라도 배워보자는 생각에 뭘 하는 곳인지도 모르면서 시스템 통합 회사에 원서를 넣었다. 그리고 오직 그곳에서만 합격통지서가 왔다.

하지만 이 또한 쉽지 않았다. 회사에서는 IMF 때문에 기존 직원들도 구조조정을 하고 있다며 입사 지연 안내장을 보내왔다. 〈응답하라 1994〉의 나정이처럼 입사 취소 통지서를 받는 경우도 왕왕 있을 때였다. 1년여를 기다려 회사에 들어갔으나, 진짜 시련은 그때부터였다. 시스템, 코딩, 비트, 자바, 오라클, 데이터베이스, 미들웨어…. 평생 상관없이 살던 단어들과 힘겨운 싸움을 벌여야 했다. 회사는 나와 같은 신입들을 위해 장장 6개월의 연수를 마련했다. 말이 좋아 연수지, 시험에서 두 번 낙오하면 연수 과정에서 나가야 하는 피 말리는 시간이었다. 마치 몇 가지 언어를 동시에 A, B, C부터 배우기 시작해 유창하게 글쓰기까지를, 그것도 단 몇 달 안에 배우는 것과 같은 일이었다. 그리고 그 언어로 어느 정도 의사소통이 가능해졌을 무렵, 나는 그 세계를 떠났다.

첫 직장을 떠나면서 여기서 보낸 시간들이 헛된 것은 아니었을까 걱정이 들기도 했다. 하지만 사람의 인생에 공짜도 없지만 말짱 헛수고도 없다는 걸 알게 되었다. 그처럼 가열차게 한 세계와 조우한 덕에 내 인생에서 IT는 비교적 두려움 없이 마주할 수 있는 대상이 되었기 때문이다. 두 번째 직업인 기자 생활을 할 때에도 IT와 관련된 취재는 수월했다. 경제학 논문을 쓸 때에도 10여 년 전 손 놓았던 코딩 무공을 다시 꺼내 어마어마한 양의 데이터를 조금은 손쉽게 가공할 수 있었다. 논문의 질까지 좌우하지는 못했겠지만 시간은 꽤 단축할 수 있었으니 감사한 일이었다.

비정형 데이터까지 분석하는 '빅데이터'

덕분에 가끔 생뚱한 IT 단어가 등장할 때에도 슬쩍 보면 대략 짐작이 갔다. 그런데 최근, 당최 그 의미를 가늠하기 어려운 단어가 눈에 들어왔다. '빅데이터'였다. 아니 큰 데이터라니, 데이터는 웬만하면 다 용량이 큰데 이건 도대체 얼마나 크기에 이름이 이렇단 말인가. 새로운 단어를 만들 땐 주요 개념어를 조합해 머리글자를 따곤 하는데 빅데이터에선 그런 흔적조차 찾을 수 없어 더 오리무중이었다.

예상대로 빅데이터는 단순히 큰 데이터가 아니었다. 빅데이터란 기존의 기업환경에서 사용하던 '정형화된 데이터'는 물론, 소셜미디어, 센서 데이터(소리, 압력, 온도, 초음파, 위치, 방향 등 각종 센서로 수집한 모든 데이터), 사진, 이미지 등 지금까지 활용하기 어려웠던 '비정형 데이터'를 모두 포함해 분석하고자 하는 것이었다.

정형화된 데이터란 이미 수집하기로 마음먹고 일정한 형태로 입력을 받은 데이터를 말한다. 예를 들어 우리가 어떤 인터넷 사이트에 가입을 하려면 이름, 나이, 성별, 직업, 전화번호, 관심사, 기념일 등과 같은 신상명세를 입력한다. 이때 이 사이트는 고객의 나이와 성별, 직업, 관심사 등을 수집하겠다는 의지가 있는 것이고, 실제로 내가 입력한 정보를 마케팅이든 무엇에든 활용한다.

이때 입력된 정보의 형태가 일정하기 때문에 정형화된 데이터라고 이야기한다. 나이는 숫자로, 성별 역시 남이나 여로, 관심사 역시 제시된 몇 가지 중에 고르는 형태이기에 기업들이 그 데이터들을 다루기 편하다. 즉, 엑셀과 같은 프로그램에 각 셀별로 정리할 수 있는 데이터를 '정형화된 데이터'라 생각하면 이해하기 쉽다. 하지만 입력받지 못한 정보 이외의 내용, 즉 이 사람이 특정한 시기에 뭘 하고 싶어 하는지, 무슨 책을 좋아하는지, 무슨 음식을 좋아하는지, 취향이 어떤지 등은 알 수 없다. 오로지 내가 수집하기로 마음먹은 정보만 알 수 있을 뿐이다.

반면 비정형 데이터란 엑셀로 정리하기 어려운 모든 데이터라 생각하면 된다. 인터넷과 스마트폰을 통해, 그리고 최근 폭발적으로 늘어난 소셜미디어를 통해 우리는 엄청난 정보를 쏟아내고 있다. 우리나라에서만 하루에 수백만 건의 트윗이 올라오고, 수십만 개의 블로그 포스트가 생성된다. 전 세계 데이터의 90%가 최근 2년간 만들어진 것이라고도 하고, 전 세계의 디지털 데이터가 2년마다 2배씩 증가한다는 분석도 있다. 기쁨이나 슬픔 같은 감정을 포함해 어떤 물건에 대한 느낌, 정치적인 의견, 주장, 분석, 사진 등등이 넘쳐나지만, 이런 것들은 모두 엑셀 시트에 정리할 수 있는 정형화된 형태가 아니다.

빅데이터란 이런 엄청난 양의 비정형 데이터에 대해 분석을 시도하는 것을 말한다. 하지만 무조건 대용량이라고 빅데이터인 것은 아니다. 데이터 그 자체보다는 그 데이터를 효과적으로 처리하고 분석할 수 있는 기술에 초점을 둔 용어다. 시장조사기관인 IDC(International Data Corporation)는 빅데이터 기술을 "다양한 형태로 구성된 방대한 크기의 데이터로부터 필요한 가치를 추출할 수 있도록 디자인된 차세대 기술"

로 정의한다.

　사실 정보기술이 발전하면서 저장할 수 있는 데이터의 형태는 점점 늘어났다. 내가 따로 입력하지 않아도 인터넷에서 클릭한 결과들이 데이터베이스로 저장되기도 한다. 내가 인터넷 서점에서 A책을 구매한 뒤 B책을 눌러보게 되면, 내 정보에 A책과 B책이 모두 추가돼 내 독서 취향 프로파일을 형성하는 식이다. 나에게는 이런 사실이 보고되지 않지만, 인터넷 사이트의 뒷면에서는 내가 클릭하는 항목 하나하나가 모두 데이터베이스화되고 있었다는 이야기다. 기업들은 이 정보로 사용자의 취향을 분석하고 그에 맞춰 관심을 둘 만한 상품을 추천하기도 했다. 이런 측면에서 나온 개념이 바로 고객관계관리, 즉 CRM(Customer Relationship Management)이었다.

　그런데 또 세상이 바뀌었다. CRM은 고객의 프로파일이나 구매이력 등 회사에서 내부적으로 모은 데이터를 바탕으로 기존 고객을 이해하고 접점을 강화하는 활동이다. 하지만 내가 직접 가입 확인을 받은 고객들만의 데이터라 매우 제한적이다. 내 고객이 아닌 사람들의 의견이나 생각을 반영할 수는 없다는 뜻이다. 여기에 사람들이 클릭하지 않은 채 품고 있는 마음의 상태, 생각 등은 읽어낼 수 없다는 한계도 있었다.

　그런데 갑자기 소셜미디어가 폭발적으로 증가하면서 사람들의 엄청난 생각들이 쏟아졌다. 많은 사람들은 마치 친구에게 말하듯 자기 생각을 표현했다. "어제 A쇼핑몰에 갔는데 거기 B브랜드 옷들이 좋았다. 가격은 좀 비싼 듯했는데 고급스런 느낌의 옷들이 많았다. 워킹맘들이 가면 좋을 것 같다"와 같은 이야기 속에는 마케터의 눈을 반짝이게 할 꽤 많은 정보가 들어 있다. 이 생각들을 잘 분석하고 가늠할 수 있다면 앞으로 어떤 상품 혹은 어떤 시장이 부상하게 될지, 특정 브랜드에 호감을 느끼는 층들은 누구인지 등 다양한 분석이 가능하다.

하지만 이런 생각들은 형태가 잘 구분된 '정형화된 정보'가 아니다. 게다가 "어제 소녀시대 뮤비를 보았는데 노래는 별로인데 춤이 멋지더라", "대선 토론회에서 A후보는 공격을 잘 하던데, 그래도 B후보에게 정이 갔다"와 같이 여러 내용이 섞여 있는 경우도 많다. 따라서 어떤 대상을 언급한 양은 물론이고 문장에서 중립, 긍정, 부정 표현을 걸러내고, 어느 부분에 호감도가 높고 어느 부분에 거부감이 있는지 등을 모두 나누어 데이터화할 수 있어야 제대로 된 정보가 될 수 있다. 즉 사람들이 일상적으로 쓰는 말들을 모두 쪼개고 구조화해 그 안에서 건질 수 있는 정보들을 다시 모아야 한다는 의미다.

빅데이터 전문가 송길영의 저서 《여기에 당신의 욕망이 보인다》에는 이러한 데이터 분석의 과정이 소개되어 있다. 예를 들어 "내가 케옥이를 샀는데 디자인은 맘에 드는데 승차감은 영 좋지 않네요"라는 문장을 분석해야 한다면, 첫 단계에서는 이 문장을 의미를 가진 절 단위로 분리해야 한다. '내가 케옥이를 샀다', '디자인은 맘에 든다', '승차감이 영 좋지 않다'로 나누는 것이다.

두 번째 단계에서는 품사를 표시해 분리한다. '내+가/ 케옥이+를/사+았+는데' 식으로 문장성분을 나누고 그 안에서 의미 있는 정보를 추출한다. '내가'는 주어니까 이 행위를 한 사람이라는 것이고, '케옥이'는 고유명사인데 자동차 K5의 별명이라는 것을 인식해야 하며, '사'라는 형태소에서 구매가 일어났음을 뽑아내야 한다. 따라서 데이터를 분석하려면 사람들이 많이 쓰는 별칭, 줄임말 등에 대해서도 모두 파악하고 있어야 한다.

그런 다음에는 '패러프레이징(Paraphrasing)'을 통해 의미를 다시 확립해준다. '좋지 않다'의 경우 '나쁘다'라는 부정적 의미이므로, 그것을 대표하는 표현 '나쁘다'로 바꾸는 식이다. 마지막으로 구문 분석을 하고 정보화한다. 이 문장에서는 '내가 K5를 샀다(중립)', '디자인이 좋다(긍정)', '승차감이 나쁘다(부정)' 등과 같은 정보를 찾아 다시 데이터베이스화한다는 의미다. 이때 분석이 잘못되면 K5가 좋다는 건지, 디자인이 나쁘다는 건지 내용이 뒤죽박죽될 수 있다. 때문에 문장을 잘 나누고 구조화해야 사람들의 생각을 정확히 추출할 수 있다.[11]

예전에도 슈퍼컴퓨팅을 이용해 이러한 데이터들을 분석할 수는 있었다. 하지만 위에서 본 바와 같이 정말 엄청난 작업량을 요하는 일이라 수십억 원의 비용이 들었고, 때문에 비용 대비 효과가 낮았다. 하지만 최근에는 자연어 처리 기술과 텍스트 분석, 하둡(여러 개의 컴퓨터를 하나인 것처럼 묶어 대용량 정보를 처리하는 분산 데이터 기술) 등과 같은 기술이 발전하면서 과거와는 비교가 안 될 정도로 저렴한 비용으로 데이터에서 정보를 추출하는 것이 가능해졌다. '빅데이터 기술'이 경제성을 가지기 시작한 것이다.

막걸리가 뜨면, 다음에는 무엇이 뜰까?

빅데이터 기술을 활용할 수 있는 분야는 무궁구진하다. 가장 빈번히 드는 사례 가운데 하나가 구글의 독감 확산 예측이다. 검색사이트를 운영하는 구글은 특정한 시기에 사람들이 '열이 난다', '독감인 것 같다', '어느 병원이 좋을까' 등을 검색한 결과를 모두 취합할 수 있다. 구글은 이 정보들을 분석해서 독감이 현재 어디에서 어디로 퍼져나가고 있는지 파악할 수 있었다. 그런데 그 결과가 국가기관에서 병원 환자 기록을 취합해 파악한 것보다 더 빠르고 정확해 유용한 정보가 되었다는 것이다.

가장 많이 쓰일 수 있는 곳은 역시 시장 트렌드 예측이다. 앞서 언급한 《여기에 당신의 욕망이 보인다》에서는 다음소프트가 2010년경 실시한 막걸리에 관한 소셜미디어 분석 사례를 소개한다. 당시는 막걸리에 대한 언급은 꾸준히 증가했지만 관련 시장이 미처 확립되지 않았던 때였다. 막걸리에 대한 여러 연관어 분석을 한 결과, 막걸리와 어울리는 안주로 '전'이 떠올랐다. 찜과 탕은 소주 안주로, 양식 요리는 맥주와 와인이 이미 짝을 이루었는데 막걸리와 짝을 이루는 음식에 대해서는 독자적인 시장이 없는 것이 확인되었다. 분석팀은 막걸리 시장 부상에 맞춰 연관 음식인 전 사업을 하는 것이 필요하다고 결론 내렸다. 이윽고 1년 안에 전 프랜차이즈 20여 개가 떠올랐다. 막걸리가 언급되기 시작하면 관련 시장인 '전' 시장이 필요해진다는 것을 예측한 경우다.

특히 문화산업은 사람들의 취향과 감정, 트렌드를 다루는 산업이기 때문에 빅데이터를 적용할 수 있는 여지가 매우 많다. 트렌드를 찾아낼 뿐 아니라 이를 활용해 이야기를 만들어낼 수도 있다. 빅데이터를 스토리텔링 도구로 활용한 '스토리 헬퍼'도 그 가운데 하나다. 소설《영원한 제국》의 저자 이인화 이화여대 디지털미디어학부 교수는 디지털 저작 지원 도구인 '스토리 헬퍼'를 만들었다. 창작을 고민하는 작가가 자신의 대략적인 구성에 따라 장르, 타깃, 행위 등에 관한 27개 객관식 문항에 답하면 기존에 창작된 작품 중 유사도가 높은 순서대로 30여 편의 시나리오를 검색해 보여준다. 작가는 비슷한 구조 속에서 등장인물, 에피소드 등을 교체해가며 자신만의 새로운 시놉시스를 만들 수 있다.

이 교수 팀은 이 도구를 만들기 위해 2만 4000편의 영화와 애니메이션 시나리오를 검토하여 대표작 1450편을 선정한 뒤 해당 영화들을 장면과 시퀀스로 나누어 11만여 개 요소의 데이터베이스를 만들었다. 이러한 데이터를 바탕으로 창작자들에게 가장 대중적인 이야기 모티브 205개를 제공한다. 사람들이 친숙하거나 흥미를 느끼는 이야기는 대체로 비슷하다는 점에서 착안한 것이다. 실제로 시스템을 작동해보면 2008년 영화〈아바타〉와 1990년 영화〈늑대와 함께 춤을〉은 스토리의 87%가 유사하고, 한국영화〈최종병기 활〉과 할리우드 영화〈아포칼립토〉역시 스토리 구조상 79%가 비슷하다고 한다.[12] 이 교수는 자신의 소설《지옥설계도》도 스토리 헬퍼를 이용해 집필했다.

드라마 캐스팅부터 '태티서'까지, 대중의 숨겨진 기호를 읽다

예전부터 빅데이터의 활용처로 언급되던 영화 추천 프로그램은 물론 감독과 배우의 캐스팅에도 빅데이터가 활용된다. 작품 제작 과정에서 빅데이터를 활용해 성공한 대표적 사례로 넷플릭스가 드라마 〈하우스 오브 카드〉의 미국판을 새로 제작한 것을 꼽을 수 있다. 스트리밍 비디오 서비스를 제공하는 넷플릭스는 공격적인 사업 확장을 위해 자체 드라마를 제작하기로 결정하고 영국 BBC의 미니시리즈 〈하우스 오브 카드〉의 리메이크 라이선스를 취득했다. 제작에 앞서 넷플릭스는 영국판 오리지널 시청층 및 유사 드라마 시청층에 대한 빅데이터 분석을 수행했다.

분석 내용은 이들이 사이트에서 무엇을 검색했는지, 시청한 동영상에 매긴 별점은 몇 점이었는지, 이들이 어디 살고 있는지, 이용하는 기기가 주로 무엇인지, 플레이 버튼을 몇 번 눌렀는지, 어떤 구간에서 다시보기 버튼을 클릭하는지, 평일과 주말에 각각 어떤 프로그램을 선호하는지, 자신의 소셜미디어에 자신이 본 프로그램을 언급하고 있는지 등과 같은 것이었다. 이 내용들을 모두 분석한 결과, BBC에서 제작한 드라마를 좋아하는 사람들은 케빈 스페이시가 주연한 드라마와 데이비드 핀처 감독의 작품을 주로 검색해서 본다는 사실이 드러났다. 이러한 분석을 토대로 넷플릭스는 미국판을 제작하며 데이비드 핀처에게 연출을 맡기고, 케빈 스페이시를 캐스팅함으로써 큰 성공을 거두었다.

특히 넷플릭스는 3700만 명이 넘는 가입자들의 시청 특성 등을 데이터

〈하우스 오브 카드〉의 캐스팅 디렉터는
'빅데이터'였다.

화한 것을 기반으로 이런 성공 사례를 연달아 만들어내고 있다. 자사 가입자들의 시청 정보에 대한 빅데이터 분석을 한 뒤, 이것을 반영해 선호도가 높을 것으로 예상되는 자체 드라마를 만들고, 이 드라마를 볼 가능성이 높은 잠재 시청자들에게 다시 추천함으로써 엄청난 광고비를 절약하면서 효율적으로 드라마의 성공을 이끌고 있는 것이다.

할리우드에서는 소셜미디어 빅데이터 분석을 통해 영화 흥행을 예측하는 서비스도 많이 소개되고 있다. 영화가 개봉되기 전 사람들이 나누는 이야기를 분석해 영화 흥행을 가늠하는 것이다. 이미 제작이 끝난 영화라 하더라도 흥행 성적을 예측할 수 있으면 마케팅 비용을 얼마나 집행해야 할지, 얼마나 오랫동안 상영할 것인지, 스크린을 얼마나 확보할 것인지 등을 결정하는 데 활용할 수 있어 다양한 업체들이 관련 서비스들을 내놓고 있다.

이미지 분석을 통한 엔터테인먼트 마케팅도 가능하다. 아이돌 그룹 소녀시대의 유닛그룹인 '태티서'는 네티즌의 평가를 분석, 활용해 탄생했다. 소셜 분석업체인 버즈인사이트는 텍스트 마이닝 기법을 활용해 '소녀시대' 검색 키워드로 각 멤버들의 이미지, 재능, 퍼포먼스, 스타일 등을 분석했다.[13] 이런 분석을 토대로 SM엔터테인먼트는 태연, 티파니, 서현 3명의 멤버로 유닛그룹을 구성하는 것이 효과적이라 판단했고, 결과도 성공적이었다.

이밖에도 위기관리, 트렌드, 이미지 및 브랜드 분석 등 대중의 관심을 기반으로 한 문화산업에서 빅데이터를 활용할 수 있는 일은 무궁무진하다. 오히려 문제는 빅데이터 관련 기업과 인력이 턱없이 부족하고, 기술 인프라가 부실하다는 점이다. 빅데이터 분석은 하드웨어와 소프트웨어는 물론 컴퓨터공학, 인간공학, 언어학, 심리학 등이 모두 적용되는 분야이기 때문이다. 기술에 대한 이해는 물론 사람의 마음을 읽어낼 수 있어야 가능한 일이라, 통합적 사고를 할 수 있는 인재가 필요하다.

경제학적으로도 이런 데이터들이 잘 갖추어진다면 더 다양한 연구가 가능해지지 않을까 싶다. 물론 만능상자는 아니다. 사실 빅데이터는 인과관계가 아니라 상관관계를 보여주는 기술이다. 빅데이터를 활용하면 a라는 현상이 일어나면 b라는 현상도 함께 발생한다는 상관관계에 대해서는 많은 것들을 밝혀낼 수 있다. 하지만 a라는 현상의 원인이 과연 b일까라는 질문에 대해서는 똑 부러진 답을 주지 못한다. 때문에 원인을 밝히는 것은 다시 연구자들, 즉 인간의 몫으로 남게 된다.

그러나 원인을 이해하는 데 도움이 될 수 있는 많은 재료들이 생겨났다는 것만으로도 분명 훌륭한 이점으로 작용할 것이라 기대한다. 아무런 흔적도 없는 것보다는 좀 더 많은 흔적들을 가지고 있으면 범인을 찾아낼 가능성이 더 높아지는 것과 같은 이치다.

하지만 빅데이터가 마치 모든 것을 해결할 수 있는 듯 이야기하는 것은 문제가 있어 보인다. 내가 IT 기술을 '코피 흘리며 세게' 배우면서 깨달은 게 있다면, 사람은 거짓말을 할 수 있어도 기계는 거짓말을 하지 않는다는 점, 그리고 기술은 무언가를 찾고자 하는 사람을 도와줄 수는 있지만 무엇을 찾아야 하는지를 알려주지는 않는다는 점이었다. 오히려 거짓말을 하려는 사람에게 그것은 틀렸음을 보여주려는 것이 기계와 기술 이곤 했다.

결국 내가 무엇인가를 알고자 하는 방향을 잘 잡았을 때에만 빅데이터가 큰 도움이 될 수 있다는 이야기다. 좋은 기술이 나왔다고, 언제나 먹기 좋은 해결책들이 '뚝' 하고 떨어지지는 않는다는, 그런 교훈을 한번 더 새기게 된다. 그것이 빅데이터든 뭐든.

스크린, 라이벌, 타이밍: 영화 수익률의 법칙

규모의 경제와 택일 전략

영화 〈역린〉을 뒤늦게 챙겨 보았다. 2014년 상반기에 가장 주목받으리라 예상했는데 기대보다 관객이 들지 않은 까닭이 궁금했던 영화다. 평론가들은 당시 흥행몰이에 실패한 이유로 인물과 이야기가 너무 많고, 주인공 역의 배우 현빈의 비중이 크지 않다는 것 등을 꼽았다. 무엇보다 세월호 사건이 영화 개봉과 맞물린 사실이 주요 원인으로 거론되었다. 〈역린〉의 개봉일은 2014년 4월 30일이었는데, 세월호가 침몰한 날이 2014년 4월 16일이었다. 세월호 사건은 많은 사람들에게 큰 충격을 줘 그 후 몇 달 동안 전반적인 레저, 여가 활동이 크게 줄어들었다.

뒤늦게 챙겨본 영화는 충분히 감동적이었다. 몇 가지 아쉬운 점도 있었지만 〈광해, 왕이 된 남자〉나 〈관상〉 같은 사극들에 견줘도 손색없었다. 물론 우리나라에서 천만 관객 영화가 되기 위해 반드시 갖춰야 하는 '유머' 코드가 부족하다는 단점은 있었다. 그래도 관객 400만 명을 끌어들이지 못할 영화는 아니라는 생각이 들었다. 〈역린〉의 흥행 실적은 385만 명에 조금 못 미쳤다.

나름대로 원인을 몇 가지 꼽아보았다. 첫 번째는 역시 개봉일이었다. 대부분의 흥행 영화들은 개봉과 동시에 관객이 많이 들었다면서 화제가 되고, 여기에 영화가 재미있다는 입소문이 돌면서 관객들을 끌어들여야 승승장구할 수 있다. 그런데 〈역린〉은 개봉일이 세월호 사건과 겹치면서 입소문을 낼 환경이 되지 못했다. 우리나라 문화상품 내수 시장은 그리 크지 않아 작은 바람에도 크게 흔들린다. 월드컵 등 대형 특수가 있으면 대작 영화들도 개봉 시기를 조정하고 소설, 연극 등의 문화상품도 출시 일자를 바꾸곤 한다. 하물며 세월호 사건은 국상에 비유될 만큼 대형 악재였다.

다른 이유로 짚을 만한 것은 라이벌 영화의 견제였다. 〈역린〉이 개봉하던 날 영화 〈표적〉도 함께 개봉했다. 두 영화는 사극과 액션물이라 장르는 다르지만, 우리나라 양대 메이저 투자배급사인 롯데엔터테인먼트와 CJ엔터테인먼트가 각각 배급하는 영화라 자존심을 걸 만한 상대였다. 개봉 전의 평가로는 롯데가 배급하는 〈역린〉이 우세했다. 〈역린〉은 개봉 전부터 호화 캐스팅, 높은 제작비, 스타 드라마 감독의 영화 데뷔작 등의 화제성으로 관객들의 기대를 받고 있었다. 하지만 막상 뚜껑을 열자 역습이 일어났다. 〈역린〉이 기대와는 달리 오밀조밀한 맛이 떨어진다는 평가가 나오자 틈이 발생한 것이었다. 반면 CJ가 배급하는 〈표적〉은 기대 이상으로 흥미진진하다는 입소문이 나면서 두 영화의 관객 수가 엇비슷하게 유지되기 시작했다. '기대 이하'와 '기대 이상'이라는 평가가 묘한 시너지를 낸 셈이다.

'규모의 경제'가 지배하는 영화산업

영화 제작에서 중요한 것은 무엇보다 수익률이다. '예술' 영화를 만드는 게 아니라 영화 '산업'에 종사한다면 보다 높은 수익률을 추구하는 게 당연하기 때문이다. 수익률을 높이기 위해 더 좋은 배우, 더 좋은 감독, 더 좋은 시나리오를 확보하려 하고, 요즘에는 스토리 자체에도 '수익률을 높일 수 있는 요인'들을 넣기 위해 노력한다. 예를 들어 영화를 촬영한 뒤 에피소드별로 나누어 예비 관객 평가단에게 보여주면서 재미있어 하는 장면은 편집에 반영하고 그다지 호응이 없는 장면은 빼는 식으로 스토리 자체를 '수익형'으로 만들기도 하는 것이다. 그렇게까지 해야 하나 싶겠지만, 투자 논리가 개입된 탓에 실제로 많은 영화 제작사들이 이런 식으로 관객의 호응도를 최종 편집에 반영한다.

이런 작업들이 수익률을 높이기 위해 영화의 '질'을 개선 혹은 변형하는 것이라면, '양'적 개선 작업도 병행한다. 좋은 투자 배급사와 계약을 맺어 상영관 수를 많이 확보하는 것이 대표적이다. 한꺼번에 많은 상영관에서 영화를 상영해 입소문도 빠르게 내고, 매출도 확보하려는 전략이다. 특히 대기업이 운영하는 멀티플렉스 영화관이 일반화되면서 이렇게 양적으로 밀어붙이는 전략이 매우 중요해졌다. 영화산업에서도 '규모의 경제'가 확고하게 자리 잡게 된 것이다.

규모의 경제란 생산량이 늘어남에 따라 단위당 생산비가 감소하는 현상을 말한다. 보통은 할리우드에서 막대한 자본을 투입해 대형 블록버스터 영화를 제작할 때 이 이론을 많이 거론한다. 대자본을 투입해 대중적 인기를 모을 수 있는 블록버스터를 제작한 뒤 많은 스크린에서 동시에 상영하게 되면 손익분기점 이후의 흥행 수입은 거의 다 순이익이 되기 때문이다.

일반 재화의 경우 생산량을 늘리기 위해서는 생산비용도 꾸준히 투입해야 하므로 규모의 경제가 늘 적용되지는 않는다. 예컨대 대규모 생산을 위해 원자재를 대량 구입할 때 비용이 감소하는 식으로 '규모에 대한 수확 증가'가 가능할 때에만 적용될 수 있다. 규모에 대한 수확 증가란 생산을 늘려갈 때 생산요소들의 투입량 증가율보다 생산량 증가율이 더 큰 경우를 말한다. 즉 생산 규모를 늘려갈수록 제품 하나에 대한 생산 단가가 줄어든다는 의미다.

예를 들어 자동차를 100대 생산하는 데 드는 총생산비용이 100만 원이라면, 생산비용을 200만 원으로 늘렸을 때 자동차를 200대보다 더 많이 생산할 수 있어야 '규모에 대한 수확 증가'라고 말할 수 있다. 만약 생산비용을 200만 원으로 늘렸는데 딱 200대의 자동차를 생산했다면 '규모에 대한 수확 불변'인 상황이다. 자동차 1대당 생산비가 양쪽 모두 1만 원으로 똑같기 때문이다. 혹은 생산비를 200만 원으로 늘렸는데 오히려 자동차를 150대밖에 못 만들 수도 있다. 이런 경우는 '규모에 대한 수확 감소'라고 한다. 때문에 생산량을 늘릴수록 제품 하나당 생산 단가를 줄일 수 있는 '규모에 대한 수확 증가'가 가능해야만 규모의 경제를 실현할 수 있다. 그렇지 않다면 생산량을 늘리는 것이 아무런 이득이 되지 않기 때문이다.

그런데 영화의 경우 일반적인 재화들과 달리 판매를 늘리기 위한 추가 비용이 거의 제로에 가깝다는 특징이 있다. 영화 한 편을 만드는 데 들어가는 제작비는 관객 1명이 보든 천만 명이 보든 거의 달라지지 않는다. 즉 관객을 1명 늘려갈 때마다 추가로 들어가는 생산비용이 0에 가까우므로 관객이 늘어갈수록 생산 단가가 크게 떨어진다는 의미다. 예를 들어 1000만 원 들여 만든 영화를 1명이 본다면 생산 단가가 1000만 원이지만, 1000명이 이 영화를 본다면 생산 단가가 1만 원으로 뚝 떨어지게 된다. 일반 제품보다 규모에 대한 수확 증가 비율이 매우 높은 산업이라는 뜻이다. 때문에 일단 영화를 제작했다면, 되도록 많은 스크린을 확보하는 것이 규모의 경제를 실현할 수 있는 방법이 된다.

여기에 규모의 경제를 강화하기 위해 마케팅비를 높이는 방법이 덧붙여진다. 최근 영화 제작에서 관심이 높아지고 있는 부분이 마케팅비다. 업계에서는 P&A(Print & Advertisement) 비용이라고 부르는데, 보통 영화에 대한 광고홍보비용에 해당한다. 그런데 영화 제작비에서 이 비용이 계속 상승하고 있다. 2014년의 경우 한국 상업영화 개봉작 67편의 평균

연도별 한국 상업영화 개봉작 평균 제작비

구분	순제작비(A)		마케팅비(P&A)(B)		총제작비 (A+B)
	평균 순제작비 (억 원)	비중(%)	평균 마케팅비 (억 원)	비중(%)	평균 총제작비 (억 원)
2010	27.2	64.9	14.7	35.1	41.9
2011	32.5	67.6	15.6	32.4	48.1
2012	30.4	65.0	16.4	35.0	46.8
2013	40.4	70.4	17.0	29.6	57.4
2014	43.8	74.2	15.2	25.8	59.0

자료 : 영화진흥위원회

제작비가 59억 원이었는데, 이 가운데 마케팅비의 비중이 25.8%였다. 즉, 대략 60억 원짜리 영화를 만드는 데 순수하게 제작에 드는 돈은 45억 원 정도고, 15억 원 정도는 마케팅에 쓰인다는 뜻이다.

특이한 점은 마케팅비가 제작비 규모에 상관없이 일정하게 쓰인다는 것이다. 평균 총제작비의 경우 그해에 블록버스터 영화가 한두 편 있으면 크게 올라가곤 해서 2014년에는 이 수치가 조금 높았다. 그런데 2010년에는 상업영화의 평균 총제작비가 42억 원 정도로 조금 낮았는데도 평균 마케팅비는 15억 원 정도로 비슷한 수준이었다. 즉, 이 해에는 총제작비 가운데 마케팅비가 차지하는 비율이 35%가 넘었던 것이다. 싼 영화를 만들건 비싼 영화를 만들건, 마케팅에는 평균적으로 15억 원 정도는 쓰고 있다는 이야기다.

규모의 경제를 실현할 수 있다는 확신이 있기 때문에 영화 제작자는 마케팅비를 더 올릴 수 있다. 규모의 경제를 실현하기 어려운 산업이라면 추가로 투입하는 마케팅비가 생산비용 증가라는 부담으로 돌아오지만 영화의 경우 마케팅비를 많이 써서 관객 수를 늘리게 되면 규모의 경제에 더욱 쉽게 접근할 수 있다 보니 마케팅비 집행도 늘어날 수밖에 없다.

유명 배우 vs 마케팅비, 어느 쪽에 투자할까

이렇게 규모의 경제를 위한 노력이 의미가 있다는 사실은 많은 연구를 통해서도 입증되고 있다. 영화산업을 다루는 많은 논문들은 다양한 통계 기법을 동원해 영화 투자수익률에 영향을 미치는 요소들을 골라낸다. 제작비 규모, 마케팅비, 배우, 감독, 스크린 수, 관람 등급 등이 영화 투자수익률에 얼마나 영향을 미치는지 우선순위를 가늠해보기 위해서다.

일례로 서울대 이동기·김상훈 교수 등의 연구에 따르면, 2005년에서 2006년 사이 개봉된 한국 영화의 투자수익률에서는 제작비, 마케팅비, 스크린 수 등이 배우나 제작사, 배급사, 감독보다 더 큰 영향을 미치는 것으로 나타났다.[14] 즉 훌륭한 배우나 감독, 유명 배급사 등을 내세우는 것보다 제작비가 높을수록, 마케팅비가 높을수록, 그리고 스크린 수가 많을수록 수익률이 더 높게 나타났다는 이야기다. 이는 우리나라 영화 시장에서도 물량 공세가 강하게 통한다는 것을 의미한다.

또 일정한 제작비 수준에서 마케팅비 수준을 점차 높일 때 수익성이 증가할 확률은 높아지지만, 일정한 마케팅비 수준에서 제작비 수준을 높일 때에는 수익성 변화가 적은 것으로 나타났다. 즉 똑같이 50억 원짜리 영화를 만들 때 마케팅비를 10억 원, 20억 원, 30억 원으로 늘려가면 수익성이 증가할 확률도 그만큼 높아지지만, 똑같이 마케팅비를 10억 원쓸 때 제작비를 50억 원, 60억 원, 70억 원으로 늘려도 수익성이 그만큼 늘어나지는 않는다는 이야기다. 게다가 영화 흥행의 결정적 요소로 거론되곤 하는 배우의 경우, 마케팅비와 상대적인 영향력을 비교했을 때 수익성에 크게 도움이 되지 않는 것으로 나타났다. 즉 보다 수익 지향적인 투자자라면 제작비를 높여야 하지만, 제작비 중에서도 몸값 높은 배우를 끌어오는 데 돈을 들이는 것보다는 마케팅비를 더 쓰는 게 수익 면에서는 훨씬 나을 수 있다는 결과다.

영화 성공의 절반은 개봉일 택일에 달렸다

이렇게 규모의 경제로 밀어붙이기만 한다면 수익률은 자동으로 보장되는가 싶다가도 그렇지 않은 변수들이 많기에 예측하기 어려운 분야가 영화산업이다. 좋은 스토리, 좋은 감독, 좋은 배우 등과 같은 본질적인 요소 외에도 흥행에 영향을 끼치는 여러 요소들이 곳곳에 숨어 있다. 〈역린〉의 예에서 보듯 개봉일을 언제로 하는가, 또 어떤 영화들과 맞붙는가 하는 점들도 중요한 변수로 작용한다. 말하자면 '택일 효과'와 '라이벌 효과'도 흥행에 영향을 끼친다는 이야기다.

이런 이유로 영화 배급, 투자를 하는 처지에선 언제 개봉할 것인가에 대한 고민이 깊다. 배급사라면 당연히 전통적인 영화 특수 시기에 영화를 내놓고 싶어 한다. 무더위를 피해 시원한 영화관으로 찾아드는 여름방학, 추석이나 설과 같은 명절 연휴, 연인과 영화 한 편은 꼭 봐야 할 것 같은 연말연시 및 크리스마스 전후 등이 그런 시기다.

하지만 이런 특수에는 쟁쟁한 대작 영화들이 함께 걸릴 가능성도 높다. 영화는 라이프 사이클이 매우 짧은 상품이다. 2012년 기준 우리나라에서 제작된 총비용 10억~80억 원 규모의 일반 상업영화의 평균 상영일수는 52일, 총비용 80억 원 이상의 블록버스터 영화의 평균 상영일수는 88일이다. 길어야 두세 달 안에 바짝 판매를 해야 하고, 이 판매고에 따라 2차 시장, 즉 VOD나 인터넷 영화관에서의 가격도 정해지는 특성이 있다. 그런 데다 영화 박스오피스 매출의 60~70%가 보통 개봉 3주안에 이루어진다. 이렇게 짧은 시간 안에 승부를 봐야 하는데, 개봉할 때 강력한 경쟁작이 있으면 흥행 전략에 차질이 생길 수밖에 없다.

무엇보다 개봉일 택일이 중요한 이유 가운데 하나는, 개봉일에 대작 영화들과 맞붙게 되면 '개봉 첫 주 효과'를 기대하기가 어렵기 때문이다. 최근 영화들은 전국의 여러 상영관에서 동시에 개봉하는 '와이드 릴리스'가 일반화되면서 평균 상영일수가 점점 짧아지는 추세다. 이렇게 상영일수가 짧아지면서 개봉 첫 주말의 관객 수가 전체 관객 수를 좌우하는 '개봉 첫 주 효과'는 더 높아지고 있다. 특히 개봉 첫 주 관객들이 내는 입소문과 평가가 큰 영향을 미치기에 개봉 첫 주의 성적은 매우 중요하다.

따라서 영화 성공의 절반 이상이 개봉일 택일에 달려 있다고 할 정도다. 전체 수입에서 개봉 첫 주의 수입 비중이 가장 높은 데다, 영화 상품은 판매가격을 조정할 수 없어 개봉 시기 조정이 판매자가 취할 수 있는 유일한 전략이기 때문이다. 우리나라에서 천만 관객을 끈 영화들을 살펴보면 미리미리 입소문을 퍼트려 경쟁작들이 미리 개봉일을 피해가게끔 만들어 유리한 대진운 속에서 무혈입성을 한 사례도 많다.

이렇게 택일이 중요하다 보니 고려할 변수들이 조금 더 생겨난다. 강력한 경쟁작은 피하는 것이 상책이겠지만, 시기를 많이 조정할 수 없다면 경쟁작보다 먼저 개봉하는 게 유리할 것인가, 나중이 유리할 것인가 하는 문제부터 부딪친다. 경쟁작을 피하는 것도 중요하지만 개봉 첫 주 성적에 영화의 운명이 좌우되는 만큼 유리한 시기를 선점하는 것도 중요하다. 영화의 주 관객층이 어떤 특성을 갖느냐에 따라 전략에 미세한 차이가 생기기도 한다.

대작 영화와 붙는다면, 개봉 전이 나을까 후가 나을까?

최근 스페인의 한 연구팀이 이런 문제를 해결하기 위해 2000년부터 2009년 사이 미국, 영국, 독일, 프랑스, 스페인 개봉작들을 대상으로 라이벌 영화 성적과 개봉일 효과에 대해 검증해보았다.[15] 영화 흥행에 가장 큰 영향을 주는 요소는 무엇인지, 강력한 경쟁작과 붙어야 한다면 개봉

전이 나올지 후가 나올지, 타깃 관객층에 따라 그 차이는 없는지 등을 실제로 살펴본 것이다.

분석 결과, 일단 규모의 경제가 영화 흥행에 가장 중요하게 작용한다는 사실이 재확인되었다. 개봉 첫 주 상영관 수가 영화 매출에 가장 큰 영향을 주는 것으로 나타났기 때문이다. 사실 개봉 첫 주의 스크린 수에는 이 영화의 장르, 배우, 감독, 품질 등 모든 결정 요소들이 담겨 있다고도 할 수 있다. 배급사에서 최종 판단할 때 영화의 완성도와 제작비 등등을 모두 고려해서 개봉일 스크린 수를 결정하는 일이 많기 때문이다. 하지만 영화에 대한 관객 반응이 떨어진다면 배급사는 재빨리 상영관 수를 줄일 것이고, 전체 판매량 역시 크게 늘지 않게 된다. 따라서 개봉 첫 주 상영관이 많았던 모든 영화가 꼭 전체 매출이 높다고는 할 수 없다. 개봉 첫 주 스크린 수가 완벽한 측정 변수는 아니라는 의미다.

그런데 개봉 첫 주 상영관 수가 무한정 늘어난다고 계속 매출이 늘어나는 것이 아니라 일정 수 이상으로 늘어나면 오히려 효과가 떨어지는 것으로 나타났다. 이 수치를 계산하면 약 1966개가 임계점인 것으로 추정되었다. 즉 개봉 스크린 수가 1966개까지 늘어나면 흥행은 계속 늘지만, 이 숫자를 넘어서면 오히려 매출이 떨어졌다는 이야기다. 분석 영화들이 미국, 영국, 독일, 프랑스, 스페인 영화들인 탓에 우리와 수치의 차이는 좀 있다. 이들이 분석한 영화들의 개봉 스크린 수 평균은 422개, 최대는 4366개였다. 우리나라의 경우 2015년 흥행 50위 한국 영화의 평균 개봉 스크린 수는 694개, 최대 스크린 수가 영화 〈암살〉의 1519개였다.

데이터 분포의 차이가 커 바로 비교는 힘들다.

경쟁 영화의 흥행 역시 매출에 영향을 미치는 것으로 분석되었다. 경쟁 영화는 같은 주에 개봉하는 영화, 1~3주 전에 개봉한 영화, 1~3주 후에 개봉한 영화 등으로 나누어 측정하였다. 분석 결과, 같은 주에 개봉하는 영화의 성적이 가장 영향이 큰 것으로 나타났다. 그런데 개봉 전과 후를 비교한다면 개봉 전 영화보다는 개봉 후 영화가 미치는 효과가 더 컸다. 즉 어떤 영화를 개봉한다면, 앞서 개봉한 영화의 흥행보다는 나중에 개봉할 영화의 흥행에 더 영향을 받는다는 이야기다.

이와 같은 결과가 나온 이유를 추측해본다면 보통 영화들은 개봉 첫 주 효과가 중요하고 좋기 때문에 나중에 개봉한 영화들이 앞서 개봉한 영화의 매출을 뺏어올 가능성이 더 높은 탓이 아닐까 싶다. 반대로 경쟁작이 먼저 개봉했을 때에는 첫 주 효과의 힘으로 반격할 가능성이 높아진다는 것이다. 하지만 경쟁 영화의 흥행 효과는 개봉 첫 주 스크린 수 효과보다는 떨어졌다. 얼마나 좋은 경쟁작과 맞붙는가, 또 언제 맞붙는가보다는 내 영화가 얼마나 많은 스크린에 걸리는가가 흥행에 더 중요하다는 결과다.

이 두 결과를 종합해 분석한다면 다음과 같은 결론을 내릴 수 있다. 개봉일을 선택할 때 되도록 많은 스크린을 확보할 수 있는 시기를 잡는 것이 중요하다. 그러나 경쟁 영화가 근접해 개봉할 것으로 예상되면 그 영화보다 개봉을 한두 주 뒤로 미루는 것이 좋다. 경쟁 영화보다 먼저 개봉할 것인가, 나중에 개봉할 것인가를 택해야만 한다면 나중에 개봉해야 한다는 것이다. 물론 이 기간은 멀면 멀어질수록 좋다. 어쨌든 그 영화와 같은 주에 개봉하는 것은 무조건 피해야 한다.

하지만 이런 경쟁작 효과가 모든 영화에 똑같이 적용되는 것은 아니다. 영화 관객의 연령에 따라 개봉 전후의 경쟁작 효과에 차이가 있었다. 연구팀은 6세 이상 관람가 영화, 13세 이상 관람가 영화, 17세 이상 관람가(청소년 관람불가) 영화 등으로 나눠 개봉 전후 경쟁작 효과를 비교했다. 분석 결과, 청소년 이하 관람 영화에서는 개봉 후 경쟁 영화의 영향이 더 컸다. 반면 청소년 관람불가 영화에서는 개봉 전 경쟁 영화의 영향이 큰 것으로 나타났다. 즉 청소년들이 보는 영화에서는 앞서 개봉한 경쟁작보다는 뒤에 개봉하는 경쟁작이 있을 때 매출 손실이 커지는 반면, 성인 영화에서는 뒤에 개봉하는 경쟁작보다 앞서 개봉한 경쟁작이 있을 때 매출 손실이 더 높다는 결과였다.

연구에서는 성인들의 경우 입소문 효과가 느리지만 꾸준히 증가하기 때문에 개봉 이전 영화의 효과가 오래 유지되어서인 것으로 해석하고 있다. 반면 청소년들은 '새로움'에 더 민감해, 새 영화가 더 재밌을 것 같으면 바로 새 영화로 갈아타는 속성이 있어 이런 상반된 결과가 나왔다고 해석한다. 제법 맞아떨어지는 분석인 것 같다.

다시 영화 〈역린〉으로 돌아와 생각해보면 여러 가지 아쉬운 점들이 있다. 개봉일 당시는 영화 관람 수요가 뚝 떨어진 대형 참사 직후였다. 심지어 개봉일엔 대형 경쟁 배급사의 유력 새 영화가 함께 개봉됐다. 마케팅비를 많이 들이고, 개봉 스크린 수를 늘려 규모의 경제를 누리고자 해도 이런 변수들을 통제하지 못하면 흥행 성공을 기대하기 어렵다는 현실을 보여준 것이다.

상품 시장으로서 영화 시장의 매력 가운데 하나는 경제학적 논리를 아예 배제할 수는 없지만, 그렇다고 그것만으로 모두 해결할 수는 없다는 것이 인정되는 시장이라는 점이다. 시장에서 뛰는 관계자들은 이런 점들 때문에 아마도 더 숨 막히는 전쟁을 벌여야 할 것이다. 단순히 영화를 잘 만들고 못 만들고를 떠나, 경제 논리는 물론 여가를 즐기는 사람들의 심리를 파악해 세세한 부분을 선택해야 하기 때문이다. 게다가 그 승부를 대략 한 달 안에 보아야 하고, 가격 차별화와 같은 전략들을 활용하기 어려우며, 경쟁 상품을 예측하기 어렵다는 등 기존 시장에서는 보기 힘든 여러 조건들까지 있다.

그래서 많은 사람들이 "영화 흥행은 운이다"라고 쉽게 정리하곤 한다. 하지만 조금씩 시장에 대한 데이터가 축적되면서 '운'의 영역이 '확률'의 영역으로 바뀌어가고 있다. 물론 아무리 이런 논리를 제시해도 "편집된 영화를 미리 한번 보기만 하면 흥행 예측은 뻔하다"고 주장한다면 할 말은 없다. 그런데 우리, 100년 전만 해도 내일 비가 몇 ㎜ 올 지 알 수 없었다. 요즘은 날씨 예측이 조금만 틀려도 기상청에 비난을 퍼붓는다. 최고의 품질만 갖추면 시장에서 최고의 매출을 얻을 수 있다는 이야기는 사실 좀 공허하다. 그냥 그렇다는 이야기다.

'강남스타일'이 뜨면 휴대폰 수출도 늘어날까

문화상품의 수출 증진 효과

교도소 감방 업그레이드 비용 1박에 82달러, 인도인 여성의 대리모 서비스 비용 6256달러, 멸종 위기에 놓인 검은 코뿔소를 사냥할 권리 15만 달러, 제약회사의 약물 안전성 실험에 자원했을 때 받는 비용 7500달러…. 《정의란 무엇인가》로 매우 유명해진 하버드대 마이클 샌델 교수가 《돈으로 살 수 없는 것들》이란 책에서 물질만능주의를 꼬집으며 거론한 '돈으로 살 수 없어야 할 것들의 경제적 가치'다. 시장 지상주의가 퍼지면서 모든 것을 사고파는 세상이 된 것이 과연 옳은지를 이야기하며, 이런 것들에도 가격이 매겨지고 있음을 통탄하며 거론한 예들이다.

경제학을 다루는 사람으로서, 이 대목에서 일말의 책임을 느끼지 않을 수 없었다. 비록 목적은 달랐을지언정, 모든 것을 경제적 가치로 환원해 이야기하는 못된 버릇을 익히고, 사람들을 설득해야 할 일이 있을 때 서슴없이 그런 방법들을 써왔다. 반성한다. 회사 다니며 뒤늦게 논문을 쓰는 남편이 특정 산업정책을 비교하면서 경제적 가치평가가 꼭 들어가야 하냐고 '경제학 전문가' 아내에게 질문을 해왔을 때에도, 그런 기본적인 것도 넣지 않고 어떻게 논문을 쓰려 하냐며 면박을 준 것도 반성한다.

하지만 비겁하게나마 변명을 한다면, 특정한 정책이나 사건 등이 중요한 의미를 가지게 되었을 때 그것의 파급 크기를 알기 쉽게 비교하려다 보니 숫자로 환원해야 했고, 가장 익숙한 숫자가 가격이라 그럴 수밖에 없었다고 말하고 싶다. 예를 들어 "A는 엄마 100명의 정성만큼의 가치, B는 엄마 150명의 정성만큼의 가치로 추정됨"이라는 표현을 많은 사람들이 명확히 이해할 수 있었다면 그렇게 환원하고 싶었다는 이야기다. 아, 말할수록 점점 구차해지는 기분을 피할 수 없다. 하여간에 잘못했다. 나 역시 모든 것을 돈으로 환산해 추정하는 방식에 깊이 동감할 수는 없었다는 이야기를 하고 싶은 것이다.

일단 '경제적 가치'로 환산할 때의 문제는, 모든 것을 돈으로 바꿔 생각한다는 천박함은 제쳐두고라도 추정 방식이 얼마나 정밀한가라는 질문을 피할 수 없다는 점을 들 수 있다. 어떤 방식을 활용했느냐에 따라 추정 숫자는 제각각으로 나올 수밖에 없는데, 일단 숫자가 나오면 그 과정에 대해서는 아무도 논하지 않고 결과에만 집중하므로 더 위험한 방식이 될 수 있기 때문이다.

물론 이런 식의 사고가 널리 확산되면서 많이 용인되는 추정 방식이 있는 것도 사실이다. 예를 들어 싸이의 〈강남스타일〉이 해외에서 크게 히트하자, "〈강남스타일〉로 거둬들인 총매출액 약 330억 원, 연관산업 효과 및 한국 홍보 효과 등을 포함하면 1조 원 이상 경제적 가치 추정"과 같은 뉴스가 많이 나왔다. 이런 숫자들이 열거될 때, 보통의 상식을 가진 사람들이라면 도대체 저런 숫자들이 어떻게 계산되는지 궁금해하지 않았을까?

〈강남스타일〉의 경제적 효과는 1조 원?

보통 이런 식의 경제적 가치 혹은 경제 효과를 이야기할 때 숫자는 크게 두 가지로 분류된다. 먼저 "〈강남스타일〉이 거둬들인 총매출액 330억 원"은 직접 효과로 볼 수 있다. 구체적으로 〈강남스타일〉이라는 노래가 거둬들인 음원 판매량, 공연 수익, 이 노래를 부른 싸이의 광고료, 출연료 등을 모두 합친 액수로 생각하면 된다. 즉 정확하게 싸이 개인 혹은 싸이의 소속사가 번 돈을 합친 것이라 할 수 있겠다.

그나마 총매출액은 눈에 보이는 숫자들이기 때문에 빼놓지 않고 더해주기만 하면 된다. 누가 의도적으로 숫자를 빼돌리지 않았고 계산하는 사람이 '농업적 근면성'만 가지고 있다면 누구나 할 수 있는 계산방식이다. 문제는 그 다음부터다. "연관산업 효과 및 한국 홍보 효과 등을 포함하면 1조 원"을 어떻게 계산하느냐가 문제의 핵심이다. 보통 특정 사건 혹은 정책의 '경제 효과'라 할 때에도 이 부분을 뜻하는 경우가 많다.

경제학에서는 이럴 때 '산업연관분석'이라는 방식을 많이 사용한다. 산업연관분석은 산업 간의 투입과 산출이 상호의존관계가 있다고 보고, 특정 산업이 유발하는 생산, 고용, 소득 등 국민경제의 다양한 파급 효과를 추정하는 것이다. 예를 들어 특정 상품이 매우 히트를 쳐서 A 상품에 대한 수요가 증가했다면, 1) A 상품을 제작하기 위한 본원적 생산요소, 즉 노동, 자본과 중간재 투입 증가분을 더하고 2) A 상품의 연관 산업, 이를테면 A 상품을 운반하는 데 쓰인 운송 증가량, 판매하는 데 투여된 서비스 증가량 등을 더한 뒤 3) 연관 산업의 생산 증가를 위해 늘어난 본원적 생산요소와 중간재 증가분 등 연쇄적 파급 효과를 모두 더해 산출하는 것이다.

1930년대에 자리 잡은 방식이지만 이를 따라갈 마땅한 방법이 없어 경제 효과를 추정할 때 가장 많이 쓰인다. 우리나라에서는 이런 분석을 위해 해마다 한국은행에서 산업연관표를 작성해 발표한다. 각각의 산업에서 한 단위의 생산을 했을 때 서로의 산업에서 생산을 얼마큼씩 유발시키는지를 작성한 표이다. 매우 복잡하기는 하지만 이 표를 기초로 특정한 분야의 생산량이 늘어났을 때 연관 효과를 추정할 수 있다.

그런데 이 방식은 〈강남스타일〉처럼 해외에서 큰 호응을 얻은 문화상품을 논하기에는 불충분하다. 예전처럼 CD나 테이프를 통해 음악이 판매되는 상황이 아니어서 상품에 대한 본원적 생산요소 증가분이 거의 없다는 게 일단 큰 문제다. mp3로 된 음원의 다운로드가 늘어났다고 해도, 한번 만든 음원을 추가 생산하는 데 추가로 드는 비용이 거의 없기 때문이다. 추가로 늘어나는 생산이 없으면 연관 계산 자체가 불가능해진다. 또 연관 효과가 세계적으로 파급되는 상황이라 우리나라 산업연관표를 차용하기도 어렵다. 산업연관표는 기본적으로 한 나라 안에서 발생하는 연관 산업끼리의 유발 관계를 계산하는 것이라 해외에서 발생하는 유발 효과는 계산할 수 없기 때문이다.

무엇보다도 "한국 홍보 효과 등"이라는 간접 부분은 여전히 해결 불가능하다는 문제가 있다. 특히 문화상품의 경우 생산을 직접 유발하기보다 다른 상품의 소비를 유발시키는 간접효과가 있다고 알려져 있다. 특정한 문화상품이 알려졌을 때 그 문화상품을 알고 있기 때문에 다른 제품을 소비할 때 영향을 줄 수 있다는 것이다. 이런 부분은 산업연관표에도, 어디에도 나타나지 않는다. 실제로 그런 효과가 실재하는지부터 확인을 해야 하는 부분이기도 하다.

때문에 저 기사의 1조 원이 어떻게 산출됐을지, 나도 궁금하다. 아마 〈강남스타일〉이 크게 히트하자 언론사 문화부 부장이 담당 기자에게 경제 효과를 알아오라고 '쪼았을' 것 같다. 어디에서도 숫자를 찾을 길 없던 담당 기자는 전문가로 칭해지는 사람에게 제발 좀 가치를 추정해달라고 울며불며 매달렸을 것이고, 기자가 안쓰러웠던 전문가가 "한 1조 원쯤?"하고 이야기한 것이 기사화된 것은 아니었을까 상상해본다. 꽤 높지 않겠냐는 의미에서 '1조 원'일 뿐, 실제로 존재하는 숫자는 아닐 것이라는 뜻이다. 우스갯소리 같지만 가능성은 높다. 언론은 사실 이렇게 허술한 부분을 종종 보여주곤 한다. 신문에 나온 말이라고 100% 다 믿어서

〈강남스타일〉의 수출은
다른 소비재에 대한 문화적 거리를 좁힌다.

는 안 되는 이유다.

문화를 공유하면 무역도 늘어난다

하는 수 없이 문화상품의 '간접효과'가 실재하는지를 직접 추정해보기로
했다. 예컨대 한류가 아시아에 폭넓게 보급되면서 해당 지역에서 한국
화장품이나 휴대폰 등의 판매가 더 높아졌다는 이야기를 많이 하는데,
실제로 그런지 확인해보고자 한 것이다.

　사실, 많은 사람들이 한류가 인기를 끄니까 관련 효과가 있을 것이라
고 막연하게 이야기해온 측면이 있었다. 한국 영화와 드라마, 노래가 인
기를 끌고 한국 스타들을 좋아하게 되었으니 한국 제품들도 더 판매가
되지 않겠냐는 것이다. 심증은 갔지만 실제로 이런 효과가 있는지, 있다
면 얼마나 있는지를 확인하기는 어려웠다. 모든 것을 돈으로 환산하고
싶어서가 아니라 진짜 그런 효과가 있는지를 확인하고 싶어서 추정에 나
서보기로 한 것이다.

　경제학 연구자로서, 이를 위해 가장 먼저 찾아본 것은 과연 이런 효과
가 실재하는지에 대한 이론적 토대였다. 경제학자들이 어떤 숫자를 추정
한다고 할 때 마구잡이로 칼을 들이대는 것은 아니다. 그런 효과가 존재
한다는 것을 타당성 있게 뒷받침하는 이론과 선행 연구들을 먼저 찾아보
면서, 가장 합리적으로 추정하는 방식을 찾아내야 한다. 만약 내가 생각
하기에 제법 그럴싸해 보이는 가설이라 해도, 이론적으로 그것을 뒷받침

할 수 없다면 그 방식은 옳지 않을 가능성이 높다. 그리고 그런 경우 대부분 딱 맞아떨어지지는 않더라도 비슷한 측면으로 접근한 연구들은 찾아낼 수 있다. 그런 퍼즐 조각들을 찾아내고 연결해서 진짜 내가 찾고 싶은 곳으로 가는 길을 이어 가야 하는 것이다.

다행히 이 경우에도 선학들이 건너간 흔적들이 있었다. 이들의 연구는 과연 국가 간 무역은 어떤 요소에 의해 늘어날 수 있는가를 따져보는 것에서 출발했다. 경제학자들은 두 나라 사이의 정치적인 관계나 경제 규모, 물리적 거리, 교역 정책 등에 의해 무역량이 영향을 받는다는 사실을 검증해왔다. 그런데 이러한 요소들에 덧붙여 두 나라 사이의 '문화적 근접성(Cultural Proximity)'이 높아도, 즉 문화가 서로 비슷한 측면이 많아도 국가 간 무역이 늘어난다는 사실을 밝혀낸 학자들이 있었다. 자크 멜리츠(Jacques Melitz), 데이비드 굴드(David M. Gould), 키스 헤드(Keith Head), 존 라이스(John C. Ries), 제임스 라우쉬(James E. Rauch) 등이 그들이다. 이들은 문화적 근접성이 높을수록, 즉 서로 친밀한 문화를 가지고 있는 나라일수록 양국 간의 무역량이 늘어난다는 사실을 여러 방식으로 증명하였다.

특히 이들은 공통된 언어 사용, 이민자 등을 통한 시장 정보 공유, 동일한 식민지 경험 등 두 나라 간 역사적·문화적 공통 기반이 있으면 무역이 증가한다는 현상에 주목하였다. 예를 들어 멜리츠는 국제 무역에서 같은 언어를 쓰는 국가끼리 거래가 늘어나는 현상을 통해 공통 언어가 거래 비용을 감소시킨다는 사실을 증명하였다.[16] 한 국가 안에 여러 언어가 존재할 경우 국가 내 무역은 줄어드는 반면 같은 언어를 함께 쓰는 국가 간의 무역은 더 늘어났기 때문이다.

그런데 두 국가가 동일한 언어를 사용한다 해도 성격에 따라 두 가지로 나뉜다. 하나는 두 국가가 서로 같은 언어를 공식어 등으로 공유하는 '간접적 동일 언어권'인 경우이고, 또 하나는 두 국가가 특정한 동일 언어를 쓰는 사람들을 보유하고 있어 이 사람들 사이의 '직접 소통'이 원활한 경우다. 예컨대 '간접적 동일 언어권'은 국가의 고유 언어 외에 영어나 프랑스어 등을 공식어로 선택한 경우 등이 해당하고, '직접 소통'의 경우는 각 나라에 최소 4% 이상의 국민들이 특정 언어를 공유할 때였다. 두 경우를 비교했을 때 '직접 소통'이 가능한 나라 사이에서 교역이 늘어나는 비율이 '간접적 동일 언어권'의 국가들보다 높은 것으로 나타났다. 영어나 프랑스어와 같이 '공식어'를 공유하는 것은 단지 소통을 할 수 있다는 점을 의미하지만, 두 나라 사이에 특정한 언어를 쓰는 국민들을 보유한다는 것은 그만큼 두 나라가 문화적으로 친밀한 관계가 있다는 것을 의미해 두 나라 간 동일한 재화를 쓸 가능성도 높아져 교역이 늘어난다는 것이다.

헤드와 라이스는 이민자가 많은 국가에서는 이민자들이 모국에 대한 시장 정보가 풍부하므로 교역 비용을 낮추는 역할을 하기 때문에 모국과의 무역량이 높아진다는 사실을 밝혔다.[17] 이들은 캐나다의 예에서 이런 사실을 증명했는데, 캐나다는 동아시아 등에서 이민을 적극적으로 받아들인 결과 분석 기간인 1980년에서 1992년까지 인구 증가분의 절반 이상을 이민자들이 달성했을 정도로 이민자들의 유입이 컸다. 이 기간 동안 136개국과의 캐나다 교역을 분석한 결과, 이민자가 10% 증가하면 해당 국가에서의 수입이 3% 증가하는 한편, 그 국가로의 수출도 1% 증가하는 것으로 나타났다. 이민자들이 모국에서 상품을 주도적으로 수입해 오는 동시에 캐나다의 재화를 모국에 수출하는 역할도 컸다는 결과였다.

이 과정에서 라우쉬는 모든 재화에서 이러한 현상이 나타나는 것이 아니라 소비자들의 선호가 중요한 '차별화된 재화'의 무역에서 이러한 현상이 나타남을 밝혀 주목받았다.[18] 즉 문화적 친밀도를 통해 거래가 늘어나는 재화는 가격 등에 의해 판매량이 좌우되는 상품들보다는 소비자의 선호에 크게 좌우되는 재화들, 즉 기호품이나 취향이 가미된 소비재들이라는 것이다.

또 수라펠 기르마(Sourafel Girma)와 지하오 유(Zhihao Yu)는 영국 식민지 경험이 있는 나라 26개국과 그렇지 않은 나라 22개국으로 나눠 영국과의 무역량을 비교했을 때 이민자 증가에 의한 무역 증진 효과가 식민지 경험이 없던 나라에서 더 높다는 것을 증명했다.[19] 식민지 경험이 있는 국가는 이미 영국과 문화적 공유가 높기 때문에, 이민자 증가에 의한 수출 증진 효과는 비식민지 국가 이민자들에게서 더 높게 나타난다는 의미였다.

특히 이 연구의 의의는 이민자 증가에 따른 수출 증대 효과가 단순히 이민자들의 개인적인 비즈니스 관계가 많아져서가 아니라, 외국 시장과 제도에 대한 지식의 증가, 즉 문화 공유의 결과 때문이라는 것을 밝혔다는 점이다. 그 이전까지 많은 사람들은 이민자들이 늘어나 모국과 무역량이 늘어나는 것에 대해, 거래할 수 있는 사람들이 많아졌기 때문이라고 여겨왔다. 그러나 이들의 연구를 통해 이러한 현상은 단순히 거래선이 증가했기 때문이 아니라 문화적 파급 및 문화 공유의 효과임이 밝혀진 것이다.

예를 들어 어떤 나라에 영국 사람들이 많이 이민을 가면서 영국 홍차의 수입이 늘어나게 되었다고 생각해보자. 이때 홍차 수입이 늘어난 이유는 단순히 홍차를 수입할 거래선이 늘어났거나, 홍차를 원래 마시던 사람이 이민을 와서 수요가 지역적으로 옮겨졌기 때문만은 아니라는 것이다. 이 경우에는 새로운 이민 지역에 홍차를 마시는 문화가 공유되면서 이민자 이외의 사람들도 홍차를 마시게 되었기 때문에 홍차의 수입이 늘어난다는 것이다. 그리고 그 지역이 과거 영국의 식민지가 아니었던 곳일수록 홍차 무역 증진 효과가 더 크게 나타난다는 결과였다. 이전에 영국 식민지였던 지역이라면 이미 홍차 문화에 익숙하므로 홍차를 새로운 문화로 받아들이는 비율이 높지 않지만, 식민지 경험이 없던 나라라면 홍차를 새로운 문화로 받아들이며 수입을 더 늘린다는 것이다.

이와 같은 연구들은 모두 '문화적 근접성과 공유'라는 측면을 언어, 종교, 신뢰, 비즈니스 및 사회적 네트워크, 식민지 경험, 민족적 네트워크 등 사람들의 선천적 요인을 통해 측정했다는 공통점이 있다. 언어, 종교, 신뢰, 식민지 경험, 민족적 네트워크 등은 한 나라에서 살았다면 모두 비슷하게 가지는 문화이지 특별히 선택에 의해 달라지는 것이 아니라는 의미에서 '선천적 요인'이라고 본 것이다. 그런데 최근에는 문화적 근접성을 이와 같은 선천적 요인이 아니라 동일한 문화상품의 소비와 같은 후천적 요인들로 측정하는 연구들이 등장하고 있다. 즉, 두 나라에서 동일한 문화상품을 함께 향유하면 이들의 문화적 근접성이 높아져, 다른 재화의 무역량도 늘리더라는 것이다.

이런 설명은 최근과 같이 매스컴과 문화상품의 소비가 확산되는 시점에 곱씹어볼 만한 대목이다. 사실 한 나라 안에 사는 사람들이라 하더라도 문화적 취향은 매우 다를 수 있다. 오히려 나라는 다르지만, 또 동일한 역사를 공유하지는 않았지만 같은 영화와 드라마를 보고 같은 노래를 듣는 사람들의 취향이 더 유사할 가능성이 높다. "한국을 좋아합니까?"라는 질문에 국적이 같은 사람들이라고 유사한 답변을 끌어내기는 어려울 수 있지만, 한국 영화, 드라마, 음악을 공유하는 사람들에게 "한국을 좋아합니까?"라는 질문을 던졌을 때에는 오히려 더 유사한 답을 끌어낼 가능성이 높다는 것이다. 한국에 대한 문화적 근접성은 특정한 국경 내에 살고 있는 사람들 단위로 파악하는 것이 아니라, 한류에 노출된 사람들이 많이 분포하고 있는가를 통해 측정하는 것이 더 정확할 수 있기 때문이다.

〈강남스타일〉의 수출 견인효과, 수출액 기준 4배 이상

최근 한류가 세계적으로 인기를 얻으면서 한류 확산 지역에서 한국 화장품, 의류, 식품 등도 덩달아 잘 팔린다는 뉴스들은 모두 이러한 시각과 맥이 닿을 수 있다. 동일한 스타, 동일한 음악, 동일한 드라마를 향유하면서 두 나라 사이의 문화적 근접도가 높아졌다면, 한국에서 판매하는 다른 제품들, 특히 취향을 잘 드러내는 소비재에서 한국 제품의 선호도도 증가한다고 예측할 수 있기 때문이다. 한국의 문화상품을 경험한 집단이 그렇지 않은 집단에 비해 한국 제품에 대한 호감도가 높다는 조사 결과도 이런 배경이 뒷받침될 때 설명이 가능하다.

이런 연구 결과를 바탕으로, 우리나라 문화상품 수출 증가가 다른 소비재의 수출을 늘리는지를 직접 추정해보았다.[20] 먼저 2001년부터 2011년까지 우리나라가 92개국에 수출한 문화상품의 수출액, 즉 영화, 방송, 음악, 출판 수출액을 연도별, 나라별로 집계하였다. 이와 함께 제품을 선택할 때 취향이 크게 좌우하는 소비재 제품들, 즉 IT 제품, 의류, 화장품, 가공식품의 수출액도 연도별, 나라별로 집계하였다. 소비재 제품으로 한정한 것은 라우쉬의 연구에 따라 소비자의 선호에 좌우되는 기호품이나 취향이 가미된 소비재가 문화적 근접성에 크게 영향을 받는다고 보았기 때문이다. IT 제품도 매우 종류가 다양하기 때문에 휴대폰, 텔레비전 등 일상생활에서 많이 사용하는 가전제품들만 집계하였다. 식품도 농산물 등까지 포함하면 취지에 맞지 않기 때문에 과자, 라면, 주류 등 사람들이 한국 제품임을 알고 살 수 있는 가공식품으로 한정하였다. 이 둘 사이의 관계를 실증 분석해, 특정 국가에 문화상품 수출액이 늘어나면 소비재 수출액도 함께 늘어나는지를 추정해본 것이다.

그 결과, 실제로 특정 국가에 문화상품 수출이 늘어나면 소비재의 수출을 함께 늘리는 경향이 있다는 것이 검증되었다. 물론 나라 사이의 무역량에 영향을 주는 다른 요소들도 있다. 두 나라 사이의 거리, 두 나라의 환율 차이, 두 나라의 GDP 규모 등이 일반적으로 나라 사이의 무역량에 영향을 주는 요소들인데, 이 요소들의 영향력까지 모두 고려했을 때 문화상품 수출이 소비재 수출에 주는 영향만 걸러내어 추정한 것이다. 즉, 다른 이유 때문에 특정 국가에 소비재 수출이 늘어난 부분은 다 제외하고, 딱 문화상품 수출이 소비재 수출에 영향을 주는 것만을 살펴보았다는 뜻이다. 두 나라 사이에 원래 무역량이 증가하던 시기라 문화상품 수출과 소비재 수출이 함께 늘어나고 있는 상황이 '잘못' 포착된 것 아니냐고 물으신다면, 그런 효과들까지 다 통계적으로 제거한 뒤에도 문화상품 수출이 소비재 수출을 견인하고 있는 것이 검증되었다는 이야기다.

구체적으로는 문화상품 수출이 100달러 늘어날 때 IT 제품, 의류, 화장품, 가공식품 수출액이 약 412달러 증가하는 것으로 분석되었다. 즉, 문화상품을 일정액 수출하게 되면 다른 영향으로 인한 수출 증가를 모두 제외하고도 문화상품 수출의 4배 이상의 소비재 수출이 뒤따른다는 것으로, 문화상품의 소비재 수출 견인효과가 매우 높다는 결론이었다.

문화상품 항목별로는 방송 수출의 식품 수출 견인효과, 음악과 영화 수출의 의류 수출 견인효과 등이 의미 있게 나타났다. 즉 한국 드라마가 해외에 소개될수록 그 지역에 한국 식품의 소비가 늘어나고, 음악과 영화의 수출이 늘어날수록 한국 의류에 대한 관심이 늘어난다는 사실이 통계적으로 입증된 것이다.

또 지역별로는 한류의 영향력이 가장 강한 곳으로 알려진 아시아 지역에서 음악 수출이 화장품 수출을 견인하는 효과와, 방송 수출이 IT 제품 수출을 견인하는 효과가 유의한 것으로 나타났다. 한류의 영향으로 아시아 지역에서 한국 화장품과 휴대폰 판매가 크게 늘고 있다는 뉴스 역시 통계적으로 유의하다는 것이 확인된 셈이다. 또 한류 핫플레이스로 떠올랐던 중남미 지역에서도 음악 수출이 IT 제품 수출을 견인하는 효과가 유의한 것으로 나타났다.

결국 〈강남스타일〉의 경제적 연관 효과는 있다는 결과였다. 그것도 싸이의 노래가 그 지역에 팔린 금액의 대략 4배 정도의 수출량을 늘리는 효과라 할 수 있다. 꼭 이렇게 돈으로 환산하고 싶지는 않았는데, 효과의 크기를 추정하자니 이렇게 '돈'으로 표현할 수밖에 없었다. 이 연구를 발표하자, 많은 뉴스들이 보고서의 수치를 인용했다. 다들 한류의 경제효과가 궁금했는데 숫자로 처음 추정이 되자 반가웠기 때문일 것이다. 한류를 경제적으로 접근한 연구들이 부족했던 까닭에 더 많이 주목받게 된 측면도 있었다. 또 한류를 직접 다루는 사람들의 입장에선 한류 확산으로 도대체 무엇을 얻을 수 있냐는 질문에 최소한 이 숫자라도 들이밀 수 있게 되어 더 반가웠을 테다.

모든 것을 이렇게 돈으로 환산하는 사람이 되고 싶었던 것은 아니었는데, 사실 연구자로서 내 목적은 그런 효과가 진정 존재하는지를 밝혀 보고 싶은 것이었는데 또 그 과정은 사라지고 '4배 수출 효과'만 동동 떠다

니게 되어 그리 기쁜 것만은 아니었다. 하지만 '아마도'라는 심증을 계량적으로 직접 추정해냈다는 자부심은 감출 수 없다. 경제학을 하는 사람으로서, 이런 때가 가장 짜릿한 것은 사실이다.

하지만 그래도 혹여나, 그래서 한류의 가치가 소비재 수출액을 한류 수출액의 4배 정도 늘리는 것밖에 되지 않는다는 것이냐라고 누군가 물으신다면, 그건 아니라고 답하고 싶다. 문화의 가치는 더 다양하겠지만 소비재 수출액을 늘리는 부수적 효과도 있더라는 정도로 이해해달라고 말하고 싶다. 이것 때문에 한류를 키워야 한다고 누군가 주장한다면 뛰쳐나가 말리고 싶은 심정이지만, 한류는 이런 측면도 있으니 좀 더 세심한 지원을 해야 한다고 주장하는 데 이 숫자를 쓰신다면 기꺼이 내어드리겠다는 이야기다. 아, 나는 아직도 흔들리는 경제학자다.

6

베스트셀러 광고에 숨은 함정
출판 광고의 효과

초등학생 아이를 키우다 보니 시기에 맞춰 좋은 책을 잘 들여놓는 게 중요한 일이 되었다. 같이 도서관 다니면서 이 책 저 책 골라 읽히는 게 제일 좋다는 건 알고 있지만 일하는 엄마라 도서관 나들이가 쉽지 않다. 그래서 책을 구입할 때가 되면 인터넷 광클릭을 통해 소문난 책들을 찾아보곤 하는데, 옛날보다 책들이 정말 좋아졌다는 것을 느끼게 된다. 나 어릴 적에도 이런 책이 있었으면 끼고 살았겠다 싶은, 아이 책인데 내가 더 탐나는 훌륭한 책들이 많다.

오랜 연식을 드러내는 것 같아 부끄럽지만, 어린 시절 내 인생의 책은 계몽사에서 펴낸 《컬러학습대백과》 시리즈였다. 그 시절 내 눈에도 10년은 더 되어 보이던 오래된 사진과 그림으로 가득 찬 그 백과사전을, 틈날 때마다 보고 또 보며 외우다시피 했던 것을 생각해보면 격세지감을 느끼지 않을 수 없다. 그 책들과 비교하면 하늘과 땅 차이가 날 만큼 좋은 책들을 구해다줬는데, 한두 번 보고 던져놓는 아이가 참으로 무정하게 느껴진다.

그런데 책을 찾을 때마다 느끼는 점은 책에 대한 정확한 정보를 찾기가 너무 어렵다는 것이다. 보통 인터넷에서 후기를 찾아 읽곤 하는데, 요즘은 인터넷에 판매자들이 '전략적 후기', 이른바 물품을 제공한 뒤 쓰게 하는 품평이 많아 이게 진짜 독자 후기인지 출판사의 기획 글인지 구분하기가 쉽지 않다. 그나마 아이 책은 후기에 포함된 사진과 내용에 대한 객관적 느낌, 나의 오랜 노하우로 포착한 후기 글의 진정성 등을 기준으로 찾다 보면 대략 느낌이 오는데, 정작 내가 읽을 책은 뚜렷한 방법이 없다. 책 제목이 주는 주관적 느낌과 출판사에서 정리해놓은 소개 글, 작가 프로필, 다른 사람들의 후기, 판매순위 등을 종합해보면서 절반은 속을 각오를 하고 고르곤 한다.

그런데 최근 우리나라 서점들의 베스트셀러 집계 방법에 대한 논란이 불거져 판매순위를 믿는 것도 부질없다는 생각이 들었다. 논란은 한 유명 작가의 산문집이 발간되기도 전에 베스트셀러 차트에 진입하면서 촉발되었다. 오프라인 서점에선 볼 수도 없는 책이 베스트셀러 순위에 오르자 순위 조작 논란이 일었고, 이를 해명하는 과정에서 베스트셀러 순위 집계 방식이 공개되자 많은 사람들은 더 의문에 빠지게 되었다.

베스트셀러 집계 방식 논란

우리나라에서 집계되는 유일한 도서 베스트셀러 차트는 한국출판인회의가 매주 집계하는 1~20위 순위다. 논란이 인 당시 한국출판인회의는 서울의 교보문고·영풍문고·반디앤루니스와 부산 영광도서, 대전 계룡문고, 온라인 서점인 YES24·알라딘 등 8개 서점에서 제공받은 '서점별 순위'를 종합해 순위를 집계했다. 각 서점별로 1위 20점, 2위 19점, 20위 1점과 같은 식으로 1~20위에 대한 배점을 준 뒤, 모든 서점들의 점수를 합산해 순위를 다시 매긴 것이다. 이때 서점의 규모와 지역적 특성, 온오프라인 공동운영 여부 등을 감안해 교보문고, 영풍문고, 반디앤루니스의 점수에는 1.7배의 가중치를 줘 합산을 했다.

그런데 이 방식에는 다소 문제가 있었다. 일단 책의 실제 판매량을 기준으로 합산을 하는 것이 아니라 순위 점수로 다시 순위를 매기는 방식이라는 점이다. 즉 대형 서점 3곳에 가중치가 있기는 하지만, 한두 서점에서라도 높은 순위에 오르게 되면 높은 총점에 근접할 수 있다. 예를 들어 주문이 손쉬운 온라인 서점에서 사재기를 통해 순위를 올려놓을 경우, 전체 총점을 보다 쉽게 올릴 가능성이 있는 것이다. 또 가중치도 3개 서점에 대해서만 1.7을 주고 있어 시장 점유율을 제대로 반영하지 못했다. 동일한 1.7배 가중치를 받는 서점 가운데에서도 교보문고와 반디앤루니스의 시장 점유율은 꽤 차이가 난다.

무엇보다 각 서점별 순위가 절대적인 도서 판매량 기준이 아니라는 게 가장 큰 문제였다. 각 서점들의 실제 판매량을 합하는 것이 아니라 각 서점별 순위를 합산하는데, 해당 서점마다 순위 방식은 다를 수 있다. 어느 기간 동안 판매한 도서를 집계하는가도 다르고, 온라인 주문과 오프라인 판매에 시간차가 있다는 문제도 있다. 문제가 되었던 책도 8개 서점 중 온라인 서점 3개를 포함한 4개 서점에서만 순위에 올랐다. 온라인 서점에서는 예약 판매량을 순위에 집계하므로 오프라인에는 책이 배포되지도 않았더라도 높은 총점을 얻을 수 있다. 특히 가중치를 부여하는 반디앤루니스에서 높은 순위를 얻으면서 총점을 크게 높여 전체 베스트셀러 순위에 진입하게 된 것이었다.

결국 논란이 일자 한국출판인회의는 서점별 전년 매출액 규모로 가중치를 적용하고, 집계 서점도 지방 서점들을 대거 포함한 18개로 늘리는 형태로 베스트셀러 집계 기준을 바꿨다. 이전보다 시장 분위기를 더 반영할 수는 있으나, 여전히 실제 판매량을 집계하지 못한다는 한계는 있다. 영화관 입장권 통합전산망과 같은 인프라가 뒷받침되지 않는 한 순위 집계에 대한 의혹은 계속 제기될 가능성이 높다는 이야기다.

이런 사정을 접하고 나니, 베스트셀러에 오른 책이라 해도 딱히 믿기 어려워졌다. 사실 많이 팔린 책이라고 꼭 내 취향일 리도 없다. 결국 내 자신이 직접 좋은 책을 선별해야 한다는 것인데, 그러자니 더 머릿속이 복잡하다. 도대체 무엇을 보고 골라야 하나.

한정된 광고비, 어떤 책에 집중해야 할까

다른 방식들도 많이 있지만, 그래도 출판 시장에서 가장 기본적으로 쓰이는 책 소개 방식은 온오프라인 서점에 집행하는 광고다. 하지만 많은 출판사들의 주머니 사정이 넉넉하지 않으니 한정된 광고비를 어떤 책에 집행할 것인가 하는 문제에 부딪치게 된다. 많은 경우, 편집자들의 '감'과 '경험'에 의해 판매에 집중할 책을 선택해왔다.

그런데 살짝 의문이 드는 부분이 있다. 광고를 집행할 책을 고른다는 것은 마케팅에 집중할 책을 고른다는 뜻이다. 대개는 가장 판매가 많이 될 만한 책을 고르게 된다. 이전에 유명 베스트셀러를 냈던 작가의 신작이라던가, 유명 필자가 쓰는 책이 그에 해당한다. 그런 경우, 가장 판매가 잘 될 만한 책을 집중적으로 광고하는 것이 과연 광고비를 가장 효율적으로 쓰는 것일까?

가장 판매가 잘 될 만한 책이라면 광고 없이도 어느 정도 판매고를 올릴 가능성이 높다. 물론 광고를 집행하면 판매고가 더 오르겠지만 그 효과를 100% 광고 효과라고 단정할 수는 없다. 그 책은 광고 없이도 그 판매고 가운데 일부는 스스로 해낼 수 있는 책이었기 때문이다. 그렇다면 순수한 광고 효과로 계산하면 다른 책에 광고를 집행하는 것이 더 효율적인 것은 아닐까.

경제학에서는 이런 경우 '선택 효과'에 의해 왜곡이 나타날 가능성이 높다고 본다. 예를 들어 과외에 의한 학습 향상 효과를 비교한다고 해보

자. 이때 두 그룹으로 나눠 한 그룹에는 과외를 실시하고, 다른 그룹에는 과외를 하지 않은 뒤 시험 성적을 비교해볼 수 있다. 그런데 두 그룹을 나눌 때 과외 그룹에는 학습 향상 가능성이 높은 학생들이 많았고, 비과외 그룹은 반대였다면 그 효과를 순수한 과외 효과로 보기 어렵다. 그룹 분류 때 이미 선택 효과가 반영되었기 때문이다.

책 광고 효과 역시 비슷하다. 유명 작가의 책에 광고를 집행했을 때 10만 권이 판매되고, 비유명 작가의 책에 똑같은 광고비를 집행해 5만 권이 판매될 수 있다. 이때 광고를 집행하지 않았을 때 유명 작가의 책의 판매량이 8만 권이고, 비유명 작가의 책이 2만 권이었다면 더 높은 광고 효과를 얻을 수 있는 것은 비유명 작가의 책이다. 유명 작가의 광고 효과는 2만 권(10만 권-8만 권)이지만, 비유명 작가의 광고 효과는 3만 권(5만 권-2만 권)이기 때문이다. 하지만 대부분 이런 증감효과를 정확히 가늠할 수 없어 안전하게 유명 작가의 책에 광고를 집행하게 된다.

이런 의문에 해답을 찾기 위해 출판 강국 독일의 한 연구팀이 소설책의 광고 효과를 비교하는 연구를 실시했다.[21] 이 연구의 가장 큰 목적은 광고할 책을 고를 때 나타나는 '선택 효과'를 제거한 후 순수한 광고 효과가 얼마나 되는지를 추정하는 것이었다. 이를 위해 이들은 '성향점수 매칭(Propensity Score Matching)'이라는 방법을 활용했다.

이 방식은 광고가 되지 않은 책들 가운데 광고가 된 책과 성향이 유사한 책들을 골라 비교함으로써 광고된 책의 순수한 광고 효과를 추정하는 형태다. 말하자면 광고가 집행된 특정 책과 비교했을 때 저자의 유명도,

출판 시기 등 책의 판매량에 영향을 줄 수 있는 다른 요소들은 광고가 된 책과 거의 비슷하지만 광고만 집행되지 않은 책을 짝으로 찾는다. 그런 식으로 광고가 집행된 책들 100권에 대하여 그와 성향은 똑같지만 광고가 되지 않은 책 100권을 골라, 각각 판매량을 비교하는 형태다. 광고가 된 책들이 광고를 하지 않았다면 얼마나 팔렸을지를 비슷한 책들의 판매량으로 확인하는 셈이다.

사실 경제학에서는 이런 문제, 즉 선택 효과나 내생성 문제를 해결하기 위해 많은 방식을 써왔다. 7장에서 소개할 '도구변수 추정법'도 그런 해결방식 가운데 하나다. 예를 들어 '페이스북의 활용 효과'를 검증하고 싶은데, '페이스북 사용자들의 성향'이라는 내재적 요인 때문에 페이스북만의 효과를 분류하기 어려울 때, '인터넷 통신망이 설치된 정도'를 도구변수로 활용하여 페이스북 활용 효과를 추정하는 식이다. 인터넷 통신망이 많이 깔리면 페이스북을 많이 쓸 가능성이 있지만, 사용자들의 개별적인 성향과는 상관이 없는 인터넷 통신망의 구축 정도로 페이스북의 효과를 에둘러 확인하는 것이다.

이 연구에서도 도구변수를 찾는다면, 책의 광고에는 영향을 주지만 책의 다른 성향에는 영향을 주지 않는 변수를 찾으면 된다. 그런데 도구변수의 단점은 그런 변수를 찾기가 매우 어렵다는 점이다. 그리고 간신히 찾았다 하더라도, 이 연구에서와 같이 그 효과가 얼마나 되는지를 추정할 수 없다는 한계가 있다. 광고가 책 판매에 영향을 주었는지 안 주었는지를 통계적으로 확인할 수는 있지만, '얼마나' 주었는지를 계산하기는 어렵기 때문이다. 도구변수 추정법은 B(페이스북 활동 증가)에는 영향을 주지만 다른 요인에는 영향을 주지 않는 원인 A(인터넷 통신 확대)를 찾은 뒤, A가 C(사회적 자본의 변화)에 영향을 주는 것을 확인해 B가 C에 영향을 주었다는 것을 확인하는 형태다. 따라서 B가 C에 영향을 준다는 사실을 확인할 수 있지만, 간접적으로 확인을 하는 것이라 B가 C에 얼마나 영향을 주었는지 정확히 계산하기에는 조금 무리가 있다.

반면 성향점수매칭 방식은 간접적 방식이기는 하나 '얼마나' 영향을 주는가를 추정하는 데 조금 더 유용하다는 장점이 있다. 비교를 원하는 샘플과 똑같은 성향을 가진 샘플을 또 하나 만드는 형태로 가상의 세트를 구성해 그 세트 안에서 '얼마나' 영향을 주는지를 살펴보는 것이기 때문이다. 만약 사람 손으로 일일이 가상의 세트를 찾아내야 한다면 불가능에 가까운 일이었겠지만 컴퓨터 기술이 발전하면서 이런 '짝 샘플'을 찾아내는 일이 수월해져 많이 이용되고 있다.

'팔릴 책'의 실제 광고 효과는 '100권 중 59권'

연구팀은 2003년에서 2005년 사이에 독일어로 발간된 소설책 가운데 1500권 이상 팔린 책 598권으로 비교 분석을 했다. 먼저 광고를 집행한 책들이 다른 책들에 비해 어떤 특성이 있는지를 살펴보았다. 실제로 광고를 집행한 책들이 작가의 유명도, 출판 시기 등에서 다른 책들에 비해 판매에 더 유리했는지를 확인해본 것이다.

분석 결과, 실제로 광고가 집행된 책들이 판매에 영향을 미칠 만한 요소들을 더 강하게 가지고 있는 것으로 나타났다. 광고가 된 책들이 작가의 지명도, 이전 베스트셀러 발간 경험 등에서 광고를 하지 않은 책들에 비해 통계적으로 유의하게 높은 점수를 얻었다. 또 독일의 경우 가을에 열리는 세계 최대 출판 전시회인 프랑크푸르트 북 페어가 끝나면 크리스마스 시즌이 이어지기 때문에 보통 3분기에 주력 판매 도서들을 가장 많이 내놓는다. 때문에 4분기에 내놓는 책은 그다지 주목받지 못하는 경우가 많은데, 4분기에 내놓은 책들이 광고 집행 비율도 가장 떨어졌다. 이른바 '비수기' 책들은 광고도 잘 안 한다는 이야기다. 또 평론가들의 호평을 얻은 책들이 더 많이 광고되었으며, 제목이 매력적인 책들이 광고가 되는 비율이 더 높았다. 즉, 광고가 되는 책들에 이미 선택 효과가 반영되었음이 확인된 것이다.

이런 책들에 광고를 집행했을 때 판매량은 당연히 광고를 하지 않은 책들에 비해 높았다. 단순 비교를 했을 때 광고를 한 책들의 평균 판매량은 3만 5749권이고 광고를 하지 않은 책들의 평균 판매량은 1만 216권이었다. 평균 2만 5533권 차이가 나는 셈이다. 그런데 성향점수매칭 방식으로 선택 효과를 제하고 비교했을 때에는 그 차이가 크게 줄어들었다. 비슷한 성향을 가진 책들로만 모은 뒤 단지 광고를 했는지 안 했는지로만 차이를 줘 비교를 해보니, 광고를 한 책의 평균 판매량은 3만 258권이고 광고를 하지 않은 책들의 평균 판매량은 1만 5203권이었다. 두 그룹의 차이가 1만 5055권으로 줄어든 것이다.

이 결과는 선택 효과가 없었다면 광고를 한 책과 광고를 하지 않은 책의 판매가 1만 5055권 차이가 나야 하는데, 선택 효과가 개입되었기 때문에 2만 5533권의 차이가 났다고 해석할 수 있다. 즉 실제 판매량의 차이 2만 5533권에서 1만 5055권을 뺀 1만 478권은 선택 효과에 의한 차이라는 의미다. 다시 말하면 광고로 인해 늘어난 판매량 가운데 41%(10,478/25,533)는 선택 효과 덕분이고, 광고를 한 책이 하지 않은 책에 비해 평균 100권 더 팔렸을 경우 41권 정도는 광고 없이도 판매가 될 권수였다는 이야기다. 광고를 안 해도 이 책들은 41권 정도는 팔릴 조건을 갖추고 있었기 때문이다. 따라서 출판사가 집행한 광고비의 효과는 엄밀하게 보면 100권이 아니라 59권이라는 뜻이니, 광고의 효과가 부풀려져 있다고 볼 수 있다.

그렇다면 이렇게 잘 될 만한 책이 아닌 신진 작가들의 책에 광고를 집행했다면 어땠을까? 분석 결과 유명 작가의 소설이 성공했을 때 그 성공은 광고 여부에 크게 영향을 받지 않는 것으로 나타났다. 반면 신진 작가의 소설 판매량은 광고 여부에 따라 큰 영향을 받는 것으로 분석되었다. 즉 유명 작가의 책은 광고를 하든 안 하든 팔릴 책은 팔리지만, 신진 작가의 책은 광고를 집행할 경우 판매량이 훨씬 높아진다는 이야기다. 경제학적으로 광고의 판매 탄력도는 신진 작가들의 책이 훨씬 크다는 의미이다.

이런 결과를 감안하면, 출판사 관계자들의 머릿속도 굉장히 복잡해질 것 같다. 집행할 수 있는 광고비 주머니가 작으니 유명 작가가 쓴, 될 만한 책에 광고를 몰아보자는 게 출판사들의 일반적인 생각이었을 게다. 하지만 엄밀히 비교해보면 그런 책보다는 신진 작가들의 책에 광고비를 쓸 때 판매 효과는 더 클 수 있음을 연구 결과가 보여준다. 유명 작가가 쓴 책에 광고를 했을 때 효과는 판매 증가량의 약 60% 정도만 생각하는 게 옳다는 이야기니, 한번 기존 판매고로 비교 분석해보는 것도 좋을 것 같다.

'페친'과 '좋아요'가 자본이 될 수 있을까

사회적 자본

살다 보면 굉장히 많은 선택의 순간들이 주어진다. 그때그때 고민하며 선택의 상황을 즐길 수도 있지만 고통스런 결정 장애로부터 벗어나기 위해 미리 마음의 갈피를 정해놓을 때도 있다. 짜장면을 먹을 것인가 짬뽕을 먹을 것인가와 같이 인생의 근원적인 질문일 수도 있고, 회식 2차가 끝난 후 3차를 갈 것인가 말 것인가와 같이 까다로운 복합 방정식의 상황일 수도 있다.

직장인들이라면 그런 애매한 상황 가운데 하나가 직장 동료나 상사가 페이스북으로 친구 신청을 해올 때가 아닐까 싶다. 허물없이 지내는 사이라면 별 문제가 되지 않겠지만, 개인적인 친분이 그리 깊지 않은 동료나 상사라면 꽤나 고민이 된다.

내 마음속 답안을 살짝 공개한다면, 나는 직장 동료나 상사와는 친구를 맺지 않는다는 원칙을 세웠다. 친분의 정도를 기준으로 삼을까 고민을 해보았는데, 그러면 곤란한 상황이 적잖이 생길 것 같았다. 페이스북을 이용하다 보면 단순히 게시글에 '좋아요'만 눌러도 나의 고민, 가치관, 정치적 지향, 취향 등이 적나라하게 공개되기 때문이다. 페이스북을 써본 사람들이라면 한두 번씩 경험했겠지만, 때로는 그렇게 드러난 취향이 오해를 불러일으키기도 하고, 생각하지도 못했던 '페친'으로부터 의외의 반응을 가져오기도 한다. 그래서 글을 쓰거나 '좋아요'를 누를 때마다 이걸 보면 안 되는 사람은 없나 생각하는 수고를 겪어야 한다.

그렇다고 내가 꺼리는 사람들에게 밉보이지 않으려고 공감 가는 글에 '좋아요' 하나 누르지 못하는 상황도 싫었다. 하지만 관계라는 게 서로 그물처럼 엮여 있는지라 회사 사람 몇 명과 친구를 맺다 보면 꼬리에 꼬리를 물어 조금 꺼려지는 사람과도 친구를 맺어야만 하는 불가피한 상황이 생길 것 같았다. 하는 수 없이 친한 동료들에게 내 원칙을 밝히면서 직장 사람들과는 '페친'을 맺지 않기로 결정했다.

페이스북은 어떤 '경제적 인센티브'를 주는가

이런 고민이 생기는 까닭은 사람들마다 사회연결망서비스(SNS)를 이용하는 이유가 조금씩 다르기 때문이다. 나처럼 친한 사람들끼리 정서를 교감하면서 위로하거나 위로받고 싶어서 개인적인 용도로 이용하는 경우도 있고, 자신의 활동 분야의 연장선으로 삼는 경우도 있다. 때로는 사업이나 장사를 위해 페이스북을 하기도 하고, 자신의 작업이나 의견, 생각을 알리는 장으로 삼기도 한다. 아마도 후자라면 어떤 사람과 페친을 맺을 것인가는 크게 문제되지 않을 것 같다. 내 목소리에 귀 기울일 사람이 많을수록 좋을 테니 말이다. 하지만 그런 목적이 아니라면 이용자들마다 페친 선정 기준은 다를 수 있다.

이렇듯 서로 목적은 다르지만, 많은 사람들이 페이스북에 무언가를 적고 있다. 많은 사람들이 이렇게 많은 글들을 그곳에 방출한다는 것은 그 활동에서 어떤 가치가 창출되고 있을 가능성이 높다는 의미이기도 하다. 정서적 교류를 통한 심리적 안정감이나 기쁨 외에, 페이스북은 사람들에게 어떤 가치를 주고 있는 것일까? 보다 경제학적 차원에서 접근한다면, 페이스북은 이용자들에게 어떤 '경제적 인센티브'를 주고 있는가 하는 궁금증이 들었다.

먼저, 페이스북을 통한 상업 활동이나 마케팅 등은 잠시 옆으로 미뤄두도록 하겠다. 그런 가치들은 이미 많은 책과 강좌 등을 통해 논의되고 있고, 명확한 목적의식이 있는 것이기 때문이다. 많은 사람들이 오가는 곳에 세우는 입간판을 인터넷 공간으로 들여온 것이라 생각해도 무방하다. 물론 이용자들을 더 세밀하게 분류할 수 있어 보다 효율적으로 타깃팅을 할 수 있다는 차이는 있지만, 일반적인 인터넷 마케팅이란 틀에서 크게 벗어나지 않을 것으로 보인다.

그런 활동 외에 이용자들이 페이스북을 통해 얻을 수 있는 이득에 좀 더 집중해 생각을 해본다면, 사회과학분야에서 가장 주목하고 있는 것은 '사회적 자본(Social Capital)'이란 개념이다. 사회적 자본이란 사람들 사이에 협력을 가능하게 하는 공유된 제도, 규범, 네트워크, 신뢰 등과 같은 무형의 자본을 뜻한다.

지금까지 경제학은 물적 자본과 인적 자본을 중심으로 대부분의 논의를 전개해왔다. 그런데 1990년대 후반에 접어들면서 사회적 자본이 사회거래 비용을 절감시켜 물적·인적 자원의 생산성을 높인다는 점이 밝혀지면서 경제학에서도 사회적 자본에 많은 관심을 갖게 되었다. 이른바 사회적 자본을 잘 갖춘 나라들의 경제 발전이 더 용이하다는 것인데, 그런 점 때문에 세계은행이나 OECD 같은 국제기구들에서 사회적 자본에 관한 많은 연구를 진행 중이다. 동일한 조건을 가진 국가 간에도 경제 발전의 차이가 나타나는 까닭을 규명하다 보니 사회 전체에 공유된 가치의 차이가 차별적인 요소로 드러났기 때문이다.

이러한 사회적 자본의 핵심 가운데 하나가 '사회적 신뢰'다. 똑같은 물적·인적 자원을 갖췄다 하더라도 사회 안에 신뢰가 부족하면 치러야 할 부가비용이 높아진다. 서로 믿지 못하기 때문에 여러 법적 장치를 갖춰야 하고, 그 법적 장치까지 믿지 못하는 경우에 대비해 2중, 3중의 부가 장치를 고안해야 한다. 그러고도 서로 맺은 계약을 믿지 못할 수 있고, 그러다 보면 결과적으로 거래는 줄어들 수밖에 없다. 반면 신뢰가 높은 사회라면 이미 갖춰진 법제도나 규범만 가지고도 계약을 충분히 보장할 수 있다. 쓸데없는 비용이 줄어들기 때문에 생산성도 높아지고, 경제적 발전도 더 기대할 수 있다.

사회적 자본과 '나홀로 볼링'

사회적 자본을 연구하는 사람들이 페이스북과 같은 SNS에 주목하게 된데에는 사회적 자본이란 개념을 세상에 널리 알린 로버트 퍼트넘(Robert D. Putnam)이 기여한 바가 크다. 로버트 퍼트넘은 2000년 그의 저서 《나홀로 볼링》을 통해 미국 사회에서 사회적 자본이 쇠퇴하는 현상을 분석했다. 그에 의하면 1960년대 이후 미국에서는 정치단체, 시민단체, 지역 공동체, 클럽, 노동조합, 종교단체 등과 같은 공적인 단체에서부터 친구 모임, 카드 게임 모임 등 사적인 단체에 이르기까지 거의 모든 단체 활동 분야에서 사람들의 참여율이 떨어졌다. 공적인 부분에서든 사적인 영역에서든 남과 어울려 무언가를 하는 활동들이 수치적으로 뚜렷하게 줄어들었다는 것이다.

이렇게 사람들이 타인과 어울리는 일이 줄어들면서 나타난 대표적 현상 가운데 하나가 '혼자 볼링치기'다. 원래 볼링을 치는 사람들이 늘면 팀을 꾸려 같이 볼링을 치는 '리그 볼링' 가입자 수도 함께 늘어나기 마련인데, 혼자 볼링을 즐기는 사람들이 늘어나면서 리그 볼링 가입자 수가 크게 줄어든 것이다. 퍼트넘은 이것을 미국 사회에서 개인화가 심화된 대표적 예로 포착했다. 퍼트넘은 이와 같이 사회 공동체가 해체되고 '혼자 놀기'를 즐기게 된 현상들이 나타나게 된 원인과 의미 등을 분석하면서 '사회적 자본'의 중요성을 역설했다.

그가 강조한 사회적 자본이란 "개인들 사이의 연계, 그리고 이로부터 발생하는 사회적 네트워크, 호혜성과 신뢰의 규범"과 같은 개념이다. 그에 따르면 사회적 자본이 줄어든 사회는 많은 문제가 생길 수밖에 없는 반면, 사람들이 사회적 참여를 늘려 사회적 자본이 살아나게 되면 공동체가 살아나고 공공의 선이 실현될 수 있다. 사회적 자본이 풍부하면 네트워크가 개인과 집단에게 높은 생산성, 능률, 상호이익 등을 가져다줄 뿐 아니라, 사람들이 기회주의적 처신을 하거나 부정행위를 할 동기도 줄어들게 된다고 본 것이다. 게임이론으로까지 설명할 필요는 없겠지만, 서로 어떤 혜택을 줄지 모르기 때문에 기회가 되면 서로에게 먼저 혜택을 제공하는 경우가 늘어나게 된다는 것이다. 예전에 우리나라에서도 사람들이 모두 알고 지내던 마을에서는 서로 해를 끼치는 행동을 하기 어렵던 것과 비슷한 이치다.

이런 퍼트넘의 아이디어에 착안하여 많은 경제학자들은 '사회적 자본의 경제적 함의'를 측정하는 연구를 시도했다. 사회적 신뢰가 높은 사회에서 경제 발전이 더 용이할 뿐 아니라 개인적 차원에서도 사회적 자본이 긍정적인 영향, 즉 경제적 이득을 준다는 사실을 많은 연구를 통해 검증한 것이다. 예컨대 어떤 사람이 사회적 네트워크를 잘 갖췄을 때 그렇지 않은 사람에 비해 직업을 얻을 기회가 높아지고, 승진도 빠르며, 소득도 높더라는 사실이 학문적으로도 검증되었다는 이야기다. 사실 우리가 평소 술자리에서 많이 나누는 이야기인데, 데이터를 가지고 경제학적 분석을 해도 이 이야기가 제법 잘 맞아떨어졌다는 것이다.

때문에 사회적 자본 연구자들은 페이스북 활동에도 관심을 갖게 되었다. 페이스북은 이미 알고 있던 사람이든 모르던 사람이든 서로 친구를 맺고 정보와 글을 나누며 친교를 도모하는 장을 제공한다. 온라인에서라도 친구를 맺는다는 것은 네트워크 활동에 해당한다. 따라서 페이스북 활동이 이용자의 네트워크 활동을 향상시켜 사회적 자본을 늘리는 데 긍정적인 영향을 준다면, 사람들의 페이스북 활동은 경제적으로 유의미한 결과를 추구하는 활동으로 볼 수 있게 된다. 과연 페이스북 활동은 사회적 자본을 늘리는 데 도움이 될까? 만약 도움을 준다면 개인적 차원에서 더 도움이 될 것인가, 사회적 차원에서 더 도움이 될 것인가? 연구자들의 관심은 이런 방향으로 전개되었다.

페이스북은 사회적 자본을 향상시킬까?

이와 관련해 재미있는 결과를 보여주는 연구가 있다. 독일사회경제연구소(GESIS)에서 2014년 발표한 「페이스북은 사회적 자본을 축적할 것인가, 파괴할 것인가?」라는 연구 논문에 의하면 페이스북 활동은 분명 사회적 자본을 늘리는 효과가 있다.[22] 페이스북 활동을 통해 이전에는 느슨하게 맺어져 있던 집단 구성원들이 대면 접촉도 늘리고 신뢰도도 높여 구성원 간의 결속력이 강해진다는 사실을 밝혀냈기 때문이다.

사실 이 부분만으로도 이 연구의 의미는 크다. 1980년대에 인터넷이 등장하면서 인터넷 사용이 사회적 자본에 어떤 영향을 주는가에 대한 연구가 많이 이루어졌다. 그런데 당시의 연구들은 대부분 인터넷 활동이 개인의 소외를 더 증가시키는 경향이 크다고 결론 내렸다. 하지만 이 연구들은 몇 가지 문제가 있었다. 우선, 인터넷 사용 초기라 지금의 SNS만큼 이용자층이 넓지 않았다는 점을 들 수 있다. 특히 초기 인터넷 사용자들의 경우 '사회적 외골수'들이 더 많았던 점을 간과했다. 즉 인터넷 이용자 자체가 사회 평균적인 집단과는 다른 성향을 지녔다는 이야기다. 이럴 경우 인터넷 사용을 많이 하면 외골수가 된다는 잘못된 인과관계를 추론할 가능성이 높아진다. 과거의 연구들은 이런 오류가 적지 않았다.

그런데 이 문제는 요즘 다시 측정을 한다 해도 여전히 논란거리가 될 수 있다. 만약 페이스북 사용자들이 오프라인에서도 상대적으로 타인과 교류를 더 많이 하는 사람들이라면, 페이스북 사용이 사회적 자본을 높인다고 결론을 내리는 것도 똑같은 문제를 보일 수 있기 때문이다. 원래 사회적으로 사람들과 교류를 많이 하는 사람들이라 온라인에서 페이스북 활동도 많이 하는 것이라면, 이들 역시 사회 평균적인 집단과는 거리가 있기 때문에 사용자들 사이에 사회적 자본이 높아진 것을 페이스북 활동의 결과로 볼 수 없다는 이야기다.

때문에 이 연구팀은 페이스북 사용자들이 으레 가질 수 있는 습성을 걷어내고 순수하게 페이스북만의 효과를 측정하기 위해 다른 방식을 취했다. 바로 인터넷 통신망이 깔린 정도를 가지고 사회적 자본을 측정한 것이다. 인터넷 통신망이 많이 깔리게 되면 페이스북 이용도가 높아질

수 있다는 점에서 착안한 방식이다.

즉 페이스북 사용자들로 샘플을 구성해 분석을 하게 되면, 원래 사회성 높은 사람들로 추출되었을 가능성이 있어 분석 결과를 페이스북만의 결과로 보기 어렵게 된다. 하지만 인터넷 통신망이 깔리는 정도에는 사람들의 성향이 개입될 수 없다. 인터넷 통신망이 많이 깔렸는가 안 깔렸는가는 지형적 문제에 영향을 받을 뿐 사람들의 성향과는 관련이 없기 때문이다. 하지만 인터넷 통신망이 더 많이 구축된 지역일수록 페이스북 활용도는 높아질 것이고, 인터넷 망이 부실한 지역에서는 페이스북을 원활히 사용하기가 어려울 것이므로 '인터넷 통신망이 깔린 정도'를 '페이스북 활용도'를 대신해 사용하는 것이다. 이처럼 분석하고자 하는 현상의 원인(페이스북 활용도)과는 유사성이 깊지만 다른 영향(이용자들의 원래 성향)에서는 벗어난 변수를 찾아 추정을 하는 것을 '도구변수 추정법'이라 하는데, 경제학 분석을 할 때 아주 유용하게 쓰인다.

도구변수에 대해 조금만 더 이야기해보자면, 사실 경제학 분석을 할 때 유용한 도구변수를 찾아내는 것은 정말 '유레카'와 같은 일이다. 인과관계를 밝히고자 할 때 원인이 결과에 영향을 주기도 하지만 결과가 거꾸로 원인에 영향을 주는 경우도 있고, 혹은 페이스북 연구에서처럼 다른 문제(이용자들의 원래 성향 등) 때문에 원인이 잘 드러나지 않는 경우가 많기 때문이다. 경제학 용어로 '내생성' 문제라고 하는데, 이런 문제가 예상되면 현상의 원인으로 삼고 싶은 부분을 변수로 딱 쓰지 못한다. 잘못된 추론으로 이끌 수 있기 때문이다. 그럴 때 유용한 도구변수를 찾아내는 것이 가장 훌륭한 해결법인데, 결코 쉽지 않은 일이다. 사실 아주 창의적인 경제학 논문들은 그런 도구변수를 새롭게 찾아내어 현상의 본질을 잘 밝혀낸 경우들이 많다.

대표적인 도구변수 추정 연구로 《괴짜경제학》 저자이자 시카고대 경제학과 교수인 스티븐 레빗(Steven D. Levitt)의 「선거기간을 활용한 범죄율에 대한 경찰 효과 추정」이란 논문이 유명하다.[23] 범죄율과 경찰 수의 관계는 행정학에서도, 경제학에서도 매우 골치 아픈 주제였다. 경찰 수를 늘려 범죄율이 확실히 줄어든다면 범죄가 많이 발생하는 지역에 경찰을 많이 배치하면 된다. 그런데 실제 데이터 추정을 해보면 그 관계가 그렇게 명확하지 않은 경우가 많았다. 예를 들어 미국 디트로이트 시의 경찰력은 다른 시의 2배였지만 강력범죄는 4배나 많이 일어났기 때문이다. 이런 경우 범죄가 너무 많이 발생하는 지역이라 경찰 수를 늘렸는데도 효과가 덜 나는 것일 수도 있다. 즉 범죄율이 거꾸로 경찰 수에도 영향을 미치는 것인데, 이런 경우 단순한 추정으로는 경찰력의 범죄율 억제 효과를 뚜렷하게 살펴볼 수 없다.

레빗은 이 문제를 해결하기 위해 '시장 및 지사 선거 시기'를 도구변수로 활용해 경찰력이 범죄를 줄이는 효과가 있음을 입증했다. 미국은 선거철에 도시 경찰력이 대폭 증가하는 경향이 있다. 선거에 출마하는 정치인들 때문일 테지만, 여하튼 선거 기간에 경찰력이 늘어나는 것은 범죄율과는 관련이 없다. 즉, 선거 기간은 범죄율에 영향을 받지 않지만 경찰력을 증가시키는 요인이 되기 때문에, 선거 기간 이후 범죄율이 줄어드는지를 살펴보면 경찰력의 범죄 억제 효과를 보다 명확히 분석할 수 있을 것으로 본 것이다. 분석 결과 레빗은 경찰력이 1% 증가하면 강력범죄가 1% 감소하는 효과가 있음을 밝혀냈다. 경찰력 증가가 범죄율 감소에 유의하다는 결과를 '선거기간'이라는 참신한 도구변수를 통해 보여준 것이다.

집단 내부 결속은 강화, 외부 신뢰도는 하락

다른 이야기가 조금 길어졌지만, 이 독일 연구팀도 페이스북의 힘을 추정하기 위해 인터넷 통신망이 깔려 있는 정도를 도구변수로 삼아 페이스북이 구성원 간 사회적 자본을 늘리는 데 효과가 있음을 밝혀냈다. 인터넷 통신망이 많이 깔린 지역일수록 페이스북 활용도가 높았는데, 인터넷 통신망이 많이 깔린 지역에서 구성원들의 사회적 자본이 높은 것으로 나타났기 때문이다.

그런데 이 연구팀은 다른 점도 함께 밝혀냈다. 바로 페이스북 사용은 이미 알고 있던 집단에서의 내부 결속을 강화하는 측면이 크지만, 새로운 집단과의 연계를 늘리지는 못한다는 점이었다. 이보다 더 충격적인 사실은 페이스북 사용이 집단 외부인에 대한 신뢰는 더 떨어뜨린다는 것이었다. 즉, 이미 소속된 집단에 대해서는 더 끈끈한 유대를 보이게 되지만, 내가 속하지 않은 집단의 외부인을 불신하는 마음은 더 강해진다는 말이다.

페이스북은 우리가 가진 네트워크를 강하게,
그러나 좁게 만든다.

사회적 자본은 여러 가지 개념이 중층적으로 섞여 있는 탓에 관련된 집단의 동질성에 따라 '결속적(bonding) 사회적 자본', '교량적(bridging) 사회적 자본', '연결적(linking) 사회적 자본'이라는 세 가지 차원에서 접근을 한다. 결속적 사회적 자본은 가족이나 친구, 이웃 등 이미 동질적인 성향을 가진 구성원들 속에서 형성되는 개념이고, 교량적 사회적 자본은 이보다 조금 먼 이질적인 동료나 조직 외 구성원들과 맺는 개념이다. 연결적 사회적 자본은 이보다도 더 먼 집단과 집단, 혹은 공공기관과 같은 조직과 맺는 개념이다. 이 연구팀의 결과는 페이스북 사용이 매우 동질적 집단에서 나타나는 결속적 사회적 자본은 강화시키지만, 이질적 집단 간에서 나타나는 교량적 사회적 자본은 더 떨어뜨린다는 내용이었다.

이 같은 결과가 나타난 원인에 대해 연구팀은 SNS의 사용이 외부인과의 접촉면은 더 늘렸지만, SNS에서 나타나는 사람들의 태도가 현실보다 더 공격적이어서 외부인에 대한 신뢰가 더 떨어지게 된 것으로 분석한다. 페이스북을 사용하다 보니 나와 다르게 생각하는 사람들이 예상보다 더 많다는 사실도 깨닫고, 서로 물고 뜯는 논쟁들을 자주 접하면서 외부인에 대한 신뢰도는 더 하락했다는 이야기다.

사회적 자본의 이런 상충적인 특성은 이미 많이 논의된 내용이기도 하다. 집단 내부의 결속을 강화하는 것은 거꾸로 집단 외부인에 대한 불신을 더 키우는 측면이 잠재되어 있기 때문이다. 즉, 결속적 사회적 자본이 강화되는 것은 교량적 사회적 자본이나 연결적 사회적 자본을 약화시키는 경향이 있어, 과연 이러한 결과가 사회 전체적으로 유의미한 것인가

하는 논의가 진행되어왔다. 나와 타자의 차이가 더 도드라지고, 내가 소속된 집단 외에는 더 믿을 수 없는 그런 사회가 과연 궁극적으로 우리가 더 원하는 사회인가에 대한 철학적 문제가 제기되기 시작한 것이다.

경제적 차원으로 본다 해도, 보호를 받아야 하는 어린이나 노인들의 경우엔 결속적 사회적 자본이 중요하지만, 구직활동을 하거나 사회활동을 하는 성인에게는 교량적 사회적 자본이 더 중요하다는 측면도 있다. 때문에 성인들의 페이스북 활동이 결국 개인적 차원의 경제적 이득에도 별 도움을 주지 못할 거라는 주장도 나온다. 물론 자신이 속한 집단의 확장 가능성에 따라 집단 내부에서 더 많은 경제적 기회를 줄 수 있다면, 그것은 다른 문제일 수 있다. 페이스북 활동을 통해 아버지 친구 회사에 인턴으로 들어갈 기회를 얻는다거나, 동창생 모임에서 후배를 채용할 수도 있다. 하지만 사회 전체적인 차원에서 본다면 이것을 긍정적인 결과로만 볼 수 있을까?

이런 점에 착안해 이탈리아의 한 디지털 마케팅 전문가가 SNS 활동과 개인의 주관적 행복감의 관계를 50개 나라에서 7년간 비교해 분석해보았다.[24] 안타깝게도, SNS 활동이 10% 늘어날수록 사람들의 주관적 행복도는 0.8% 감소한다는 결과가 나왔다. SNS 활동을 많이 하는 나라의 사람들일수록 덜 행복했다는 이야기다. 물론 이러한 결과가 과연 페이스북 때문일까 하는 의문이 있는 것도 사실이다. 주관적 행복도란 실제로 얼마나 행복한가를 나타내기보다는, "얼마나 행복하다고 여기십니까?"라는 질문에 대한 개인의 평가 수준이라 사실 나라마다 행복에 대한 기준 차이가 많이 날 수 있기 때문이다. 하지만 논문은 행복에 영향을 줄 수 있는 여러 요소들을 모두 통제했을 때에도 SNS 활동이 사람들의 주관적 행복감을 떨어뜨리는 효과가 있음을 보여주었다. 유명 저널에 실린 유명 경제학자의 논문은 아니지만, SNS의 효과를 이렇게 대담하게 추론하는 연구를 진행한 것이 인상적이었다.

결국 페이스북 이용을 통해 이미 알고 지내던 사람들과는 유대감이 강화되지만, 사회 전체적인 통합력이나 신뢰는 떨어질 수 있다는 이야기다. 내가 속한 집단에서 유대감이 깊어져 경제적 이득도 얻을 수 있겠지만, 사회 전체적으로는 못 믿을 사람들이 더 많다고 느끼게 되는 것을 어떻게 해석하는 것이 좋을까 생각하게 된다. 내가 페친을 선별하게 된 것도 이런 점 때문이 아니었을까. 이 논문을 읽던 날 페이스북을 여는 것이 썩 내키지 않았다.

PART 2

복잡하고, 변덕스럽고,
생각보다 합리적인

문화경제학이 인간에 관해 말해준 것들

할리우드는 왜 '청소년 관람불가' 영화를 사랑할까

신호이론

주류 경제학은 인간의 '합리적 이성'이라는 기본 명제를 중심으로 발전해왔다. 과연 '합리적'이라는 게 어떤 것인가에 대해서는 논쟁의 여지가 있지만, 일반적으로 경제학에서 말하는 '합리적 이성'이란 손해와 이득이 있을 때 이득을 택하는 인간 본연의 마음쯤으로 이해할 수 있다. 효용 극대화, 수요와 공급 곡선, 자원의 최적 배분 등 수식으로 풀 수 있는 모든 경제학의 문제들은 모두 이 명제가 뒷받침되기 때문에 가능하다.

하지만 경제학의 '합리적 이성'으로만 설명할 수 없는 현상들은 너무나 많다. 손해를 감수하며 남을 위해 선행을 베풀거나, 그만큼의 가치가 없다는 것을 뻔히 알면서도 훨씬 높은 값을 치르며 투기에 뛰어드는 등 비합리적인 일들은 차고 넘친다. 물론 이러한 현상들에 대해 행동경제학이 일정 정도 설명을 보태기는 한다. 확률이 똑같은 게임일지라도 위험 회피 심리 때문에 다르게 판단한다든가, 확실한 실마리나 근거가 없을 때 직감이나 직관 등 '휴리스틱'에 의존해 비합리적인 판단을 내리게 된다든가 하는 식의 해석들이 그것이다.

행동경제학이 바라보는 인간은 주류 경제학에서 말하는 '합리적 이성'의 인간보다 훨씬 생동감 넘치고 감정도 풍부하다. 비합리적인 판단을 내린 사람이 울상을 하고 내가 이러이러해서 이런 짓을 했다고 하소연을 터놓으면 조곤조곤 맞장구를 쳐주는 것 같다. 하지만 행동경제학 역시 인간의 '합리적 이성'을 완전히 버리지는 못한다. 인간이 비합리적인 판단을 내리는 이유는 마음속에 여러 장애물이 있어 '이성'을 살짝 가리기 때문이라는 것이 행동경제학자들의 입장이다. 결국 이런 장애물들을 조금씩 걷어낼 수 있다면, 혹은 그런 불완전한 마음 상태를 충분히 이해하고 바라본다면 '합리적인' 설명이 가능하다는 것이다.

그런데 이런 행동경제학적 접근으로도 여전히 풀리지 않는 블랙박스와 같은 분야가 있으니, 문화와 예술 분야가 그것이다. 물론 이것이 취향과 취미의 문제로만 국한된다면 경제학이 끼어들 틈도, 필요도 없다. 하지만 이 분야가 '자본'과 '수익'에 연결되기 시작하면서 많은 난감한 문제들이 터져 나오게 되었다. 똑같은 돈을 들여 만들어도 초대박을 터뜨리는 영화가 있는가 하면 일주일도 버티지 못한 채 상영관에서 내려지는 영화도 있기 때문이다. 로또처럼 완전한 확률 게임도 아니지만, 그렇다고 이성적 태도를 가지고 완벽한 추정을 할 수 있는 것도 아니다.

무엇보다 이런 추정을 어렵게 만드는 요인 중 하나가 대중성과 예술성 사이의 줄타기다. 돈을 잘 벌 수 있는 영화를 만들려면 많은 사람들이 좋아할 만한 대중성만 잘 확보하면 될 것 같은데, 실제로는 꼭 그렇지 않기 때문이다. 예상치 못한 부분에서 사람들의 감성이 터지기도 하고, 확실하게 대중적 성공을 보장할 것 같던 코드들이 순식간에 진부함으로 치부되기도 한다. 위험을 피하기 위해 스타 배우, 스타 감독, 스타 작가 등을 기용하며 전작의 흥행에 의지해 또 한번의 성공을 기대하기도 하지만 이 역시 꼭 맞아떨어지지 않는다. 스타 배우나 감독, 작가들이 무엇을 잘하고 무엇에 능한 사람인지를 이해해야 할 뿐 아니라 그들이 다른 사람과 대상들을 어떻게 이해하고 싶어 하고 표현하고자 하는지, 그 가운데 대중들이 좋아할 부분은 어떤 것인지 등을 따져야 하니 보통 복잡한 일이 아니다.

문화와 자본의 결합이 오래전부터 이뤄진 할리우드에서도 이런 고민은 여전하다. 할리우드의 경우 훨씬 더 많은 자본과 인력들이 참여하고 전 세계를 대상으로 수익을 거두는 것을 목표로 하기에 우리보다는 경제적인 시각으로 접근하는 데 좀 더 능숙하다. 하지만 이들이라고 언제나 합리적 계산으로 움직이는 것은 아니다. 특히 이들도 어쩔 수 없이 바라보기만 하는 현상 가운데 하나가 R등급 영화 제작에 대한 선호다. 즉, 대중성과 수익률이 아닌 다른 이유 때문에 특정 취향의 영화가 만들어지는 경우가 많다는 것이다.

'돈 안 되는' R등급 영화가 가장 많이 제작되는 이유

미국영화협회(MPAA)가 부여하는 미국 영화 등급은 총 다섯 가지다. G(General Audientes)는 전체관람가 등급, PG(Parental Guidance Suggested)는 미성년자들이 부모의 지도하에 관람할 것을 권유하는 등급, PG-13은 13세 이하의 아이들은 부모가 반드시 동반해야만 관람이 가능한 등급, R(Restricted)은 17세 미만은 성인 동반 하에 관람이 가능한 등급, NC-17(No Chidren Under 17 Admitted)은 17세 미만 관람불가 등급이다.

일반적으로 할리우드에서 제작하는 블록버스터급 상업영화에선 R등급을 절대적으로 피해야 할 등급으로 여긴다. 수억 달러나 들인 블록버스터가 R등급을 받으면, 블록버스터의 타깃층인 중고등학생들이 성인 보호자 없이는 영화를 볼 수 없기 때문이다. 우리나라 역시 천만 흥행 영화를 기대하려면 청소년 관람 가능 등급으로 만들어야 하는 것과 비슷한 이유다.

그렇다면 상업성을 최고로 치는 미국 영화계에선 R등급 이상의 영화는 겨우 명맥만 유지해야 정상이겠지만, 현실은 그렇지 않다. 오히려 제작 편수로는 R등급 영화들이 다른 영화들을 압도한다. 영화산업 경제학의 대가로 손꼽히는 UC어바인의 아서 드 배니(Arthur S. De Vany) 교수의 연구[25]에 따르면, 1985년부터 1996년까지 제작된 2015편의 영화 가운데 절반 이상인 1057편의 영화가 R등급 이상이었고, 고작 3%인 60편이 G

등급, 20%인 399편이 PG등급, 25%인 499편이 PG-13등급이었다.

그렇다면 혹시 청소년층을 포기한 R등급 영화들이 평균 매출은 더 높은 게 아닐까 하는 궁금증이 들 수 있다. 블록버스터까지는 아니더라도 R등급 영화들이 웬만큼 흥행이 담보되기 때문에 많이 제작되는 거라면 수긍할 수 있기 때문이다. 그런데 연구 결과에 의하면 미국 내 박스오피스 수입 기준으로 2500만 달러 이상의 매출을 거두는 R등급 영화의 수는 PG등급 영화의 절반에 못 미친다. 매출 기준을 2500만 달러로 잡은 것은, 미국 내에서 히트작이라 할 만한 영화의 매출 수준이 대략 5000만 달러이기 때문이다. 즉 '중박' 정도의 매출을 기준으로 잡았다는 의미다.

각 등급별 영화 매출 분포를 비교했을 때에도 결과는 비슷했다. PG등급 영화들의 매출 분포의 중간값이 R등급 영화보다 3배나 높았고, 심지어 전체관람가인 G등급 영화들의 매출 분포 중간값은 영화들 가운데 가장 높은 것으로 나타났다. 평균값이 아니라 중간값으로 비교하는 이유는 집단 내에 아주 높은 흥행작이 한두 편만 있어도 평균값에서 큰 편향을 줄 수 있기 때문이다. 이런 이유로 집단 수치를 비교할 때 종종 중간값을 활용한다. 여하튼 PG-13등급 이하의 영화들이 R등급 영화보다 훨씬 높은 매출을 안겨주는 것으로 나타났다.

그래서 보수적인 영화평론가로 유명한 마이클 메드베드(Michael Medved)는 "PG등급 영화들이 R등급 이상의 영화들보다 3배 정도의 매출을 올리지만, 실제로는 R등급 영화들이 2배 이상 제작되고 있다"며 할리우드의 비이성적 제작 행태를 비판하기도 했다. 메드베드는 할리우드에서 이와 같은 '반상업적' 제작 행태가 가능한 이유가 수익보다는 "특이하고 대담한" 영화를 통해 명성을 얻으려는 할리우드의 제작자, 배우, 감독들이 영합한 결과라고 주장했다.

메드베드의 주장은 사실 여러 면에서 수긍할 만하다. 이런 비이성적 선택이 계속될 수 있는 까닭은 이런 선택이 시장을 움직이는 또 다른 메커니즘을 가지고 있기 때문이다. 할리우드의 스타급 배우라면 평범한 G등급의 영화보다는 화제를 모을 수 있는 R등급 영화 출연을 선호한다. 스필버그 영화에 엄마 아빠 역할로 출연하는 것보다는 타란티노 영화에서 살인마나 팜므파탈이 되기를 더 원한다는 이야기다. 그런데 이렇게 스타 배우가 특정 영화에 출연하기로 결심하면, 제작자들은 이 스타 배우 덕분에 투자금을 쉽게 모을 수 있다. 앞서 설명한 것처럼 투자자들은 위험 회피를 위해 전작의 성공 또는 스타의 출연을 중요한 척도로 삼곤 하기 때문이다.

투자자가 많이 몰려 손쉽게 제작을 할 경우 자연스럽게 배급할 수 있는 극장도 늘어나 대규모 개봉도 가능해진다. 이렇게 대규모로 개봉을 하게 되면 박스오피스 매출도 어느 정도 더 늘어날 수 있다. 이름 모르는 배우들이 나오는 평범한 대중 영화들보다 투자, 제작, 배급 등이 더 수월해진다는 이야기다. 아무리 상업성이 지배하는 할리우드라 하더라도 강렬하고 특이한 작품을 만들고자 하는 '불꽃 예술 투혼'이 시장을 움직이는 순기능을 하게 되는 것이다.

'자본'과 '수익'이 지배하는 할리우드.
그러나 강렬한 캐릭터를 원하는 배우들의 선택은
시장의 작동 방식을 바꾸기도 한다.

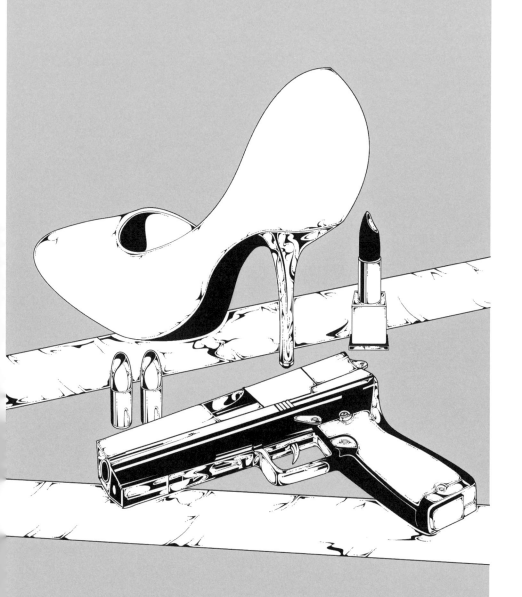

R등급 영화의 성공 가능성은 얼마나 될까

그런데 이것은 어디까지나 '매출' 차원에서 그렇다는 뜻이다. 매출이 아니라 투자 수익으로 보아도 이런 논리가 적용될 수 있을까? 매출이 높더라도 이것저것 제하고 나면 실제 수익은 별 볼 일 없을 수도 있기 때문이다. 할리우드의 제작자들은 정말 수익보다는 '예술혼'에 꽂혀 반상업적인 제작을 하고 있을까?

이를 확인하기 위해 드 배니 교수는 영화산업에 계량경제학의 메스를 들이댔다. 드 배니 교수는 기업의 주가수익률을 예측하는 계량경제학 모형을 차용해 할리우드에서 수익에 상관없이 R등급 영화를 과다하게 제작하고 있는지를 살펴보았다. 우선 그는 영화의 매출만으로 성과를 비교하는 것은 결과를 왜곡할 가능성이 높다는 점을 고려했다. 매출이 높아도 투자 규모나 수익 등을 감안하면 신통치 않은 성과를 거둔 영화들이 많기 때문이다. 또 통계 작업을 할 때에는 값이 너무 큰 이상 수치가 있을 경우 전체 통계치의 평균값, 중간값 등이 모두 왜곡되는 현상이 나타나는데, 영화산업에서는 이렇게 어마어마한 성공작이 나올 가능성이 빈번하기 때문에 이런 점들을 감안해 다양한 방법을 동원해야 한다고 보았다.

그러나 드 배니 교수의 엄밀한 계량 분석 결과도 메드베드의 주장, 즉 '할리우드의 비이성적인 R등급 사랑'이라는 주장에서 크게 벗어나지 못했다. 그는 고급 통계 기법을 동원해 각 등급의 영화를 제작했을 때 그 영화가 히트할 가능성, 즉 성공작이 될 확률을 각각 구해보았다. 미국에서 5000만 달러 이상의 박스오피스 매출을 거두는 영화를 '매출 히트작'으로 분류했을 때, R등급 영화 가운데에서 매출 히트작이 나올 확률은 6%밖에 되지 않았다. 즉 R등급 영화 100편을 만들었을 때 6편 정도가 매출 히트작이 될 수 있다는 뜻이다. 하지만 G등급이나 PG등급 영화 중에서 매출 히트작이 나올 확률은 각각 13%, PG-13등급의 경우에도 10%나 됐다. 각 등급별로 똑같이 100편씩 영화를 제작했을 때 R등급에서 히트작이 나올 확률은 다른 등급의 절반 이하라는 분석이었다.

투자수익률을 측정했을 때에도 결과는 비슷했다. 제작비 대비 3배 이상의 매출을 거둔 영화를 '수익률 히트작'으로 분류했을 때, G등급 영화에서는 20%가 수익률 히트작이 될 가능성이 높았다. PG등급에선 16%, PG-13등급에선 12%, 그리고 R등급에선 이 비율이 11%로 가장 낮았다. G등급 영화 100편을 만들면 20편은 수익률 성공을 거둘 가능성이 높지만, R등급 영화는 100편 중 11편밖에 되지 않는다는 분석이다.

결국 현명한 영화 제작자라면 영화 제작 포트폴리오에서 R등급 영화의 수를 줄이고 G등급이나 PG등급 영화를 늘려야 한다고 드 배니 교수는 말한다. 포트폴리오 안에 R등급 영화가 늘어갈수록 최대손실금액(VaR: Value at Risk, 정상적인 시장 여건 하에서 일정 기간 동안 발생할 수 있는 최대 손실금액. 예를 들어 목표기간 1년, 신뢰수준 95%에서 산출된 VaR이 10억 원이라면 1년 동안 발생할 수 있는 최대 손실금액이 10억 원보다 적을 확률이 95%, 즉 최대 손실금액이 10억 원 이상이 될 확률이 5%라는 의미로 금융기관의 시장위험지표로 쓰인다.)은 높아지기 때문이다.

강렬한 캐릭터에 모험을 거는 배우들, '값비싼 신호 보내기'

하지만 할리우드의 이런 비이성적 행태 역시 경제학적 현미경으로 보면 설명이 가능하다는 반론도 있다. 바로 배우들이 신호를 보내기 때문이라는 것이다. 사실 이렇게 R등급 영화를 제작할 수 있는 궁극적인 힘은 유명 배우들의 선택에 달려 있다. 아무리 제작자들이 불꽃 예술 투혼으로 특이한 시나리오를 제안한다 해도, 배우들이 그 영화를 선택하지 않는다면 제작은 물거품이 된다. 그러므로 배우들이 그 영화를 선택할 수 있게 하는 힘이 무엇인지가 매우 중요해진다. 배우들은 왜 흥행이 보장되는 대중성 높은 영화가 아니라 흥행이 떨어질 수도 있는 영화에 출연하려고 하는 걸까?

배우의 입장에서는 출연료가 그리 높지 않아도 강렬한 캐릭터를 택했을 경우 얻게 되는 다른 이점들이 있다. 평론가로부터 진정한 연기력을 보여줬다는 호평을 들을 수도 있고, 특정한 캐릭터를 통해 특유의 이미지를 얻어 광고와 같은 부가 수익을 올릴 수도 있다. 즉, 현재 시점에서 다소 비합리적으로 보이는 선택일지라도 궁극적으로는 자신의 연기 인생이나 경제적인 면에서 더 이득을 볼 수 있는 것이다.

정보경제학에서는 이와 같은 현상을 '값비싼 신호 보내기(costly signaling)'로 설명한다. 굶주린 사자를 만난 영양이 달아나는 대신 껑충 껑충 뛰는 이상 행동을 하는 것이 이런 신호의 대표적인 사례다. 평범한 영양이라면 사자를 만났을 때 가장 먼저 취할 행동은 도망가는 것이다.

그런데 정말 잘 달리는 영양이라면 다른 전략을 취할 수도 있다. 사자에게 나를 쫓아봐야 부질없는 짓이라는 '신호'를 보내서 사자를 포기시킬 수도 있는 것이다.

사자 역시 많고 많은 영양 가운데 군이 가장 잘 뛰는 영양을 쫓아야 할 이유는 없다. 때문에 잘 달리는 영양이 사자 앞에서 껑충껑충 뛰면서 자신의 능력을 보여주면, 사자 역시 이내 포기를 한다. 목숨을 건 도박이 될 수 있기에 '값은 비싸지만' 아주 효율적인 '신호'가 되기 때문에 때때로 나타나는 현상이다. 정리하자면 '값비싼 신호 보내기' 가설은 이처럼 매우 비싼 값을 치러서라도 자신의 능력을 드러낼 수 있는, 혹은 특정한 정보를 나타내는 신호를 보내는 것이 의미 있는 행위가 될 수 있음을 설명하는 이론이다.

다시 할리우드로 돌아오면, 배우들 역시 자신의 연기력이 뛰어남을 증명하거나 특정한 이미지를 구축하기 위해 이와 같은 비합리적 선택을 종종 한다. 우리나라에서도 홍상수 감독 영화에 배우들이 노 개런티로 출연을 하는 것 등을 비슷한 현상으로 볼 수 있다. 홍상수 감독 영화에 출연하는 순간, '연기 좀 하는 배우' 혹은 '홍상수 감독의 영화 세계를 이해하는 배우' 등으로 인정받는 계기가 될 수 있기 때문이다. 여기에 운이 좋다면 칸 영화제와 같은 세계적 영화제에 초청받는 기회까지 쥘 수 있다. 그런 영화제에 초대된 배우만이 얻을 수 있는 '특별한' 이미지는 분명 존재한다. 그리고 할리우드에서는 이런 배우들의 선택이 투자자들과 제작자들까지 움직이는 힘이 우리나라에 비해 훨씬 더 크다.

"누구도 모른다"

하지만 '값비싼 신호 보내기'만으로 할리우드의 R등급 선호를 말끔하게 설명할 수는 없다. 투자자들도 단지 유명 배우가 나왔다는 이유만으로 투자를 하는 것은 아니기 때문이다. 아마도 이런 현상의 궁극적인 배경에는 영화 성공은 누구도 점칠 수 없다는 일종의 '천운' 심리가 깔려 있기 때문이라고 할 수 있다.

드 배니 교수의 연구에서도 단지 확률에 대해 이야기할 뿐, 어떤 영화가 성공할 것인가 혹은 실패할 것인가, 성공을 한다면 얼마나 성공할 것인가를 추정하는 것은 불가능하다는 결론을 내린다. 드 배니 교수 역시 무시무시한 성공작이 나오면 모든 확률값을 다 뒤엎을 만큼 영화 수익률의 편차가 크기 때문에 통계를 적용하기 어렵다는 것을 인정한 상태에서 아주 제한적인 부분에 대해서만 확률을 따졌을 뿐이다.

때문에 통계의 확률 결과를 무색하게 만들 정도로 높은 수익을 거둔 R등급 영화들이 수두룩하다는 것이 할리우드 제작자들을 끊임없이 R등급 영화로 이끄는 힘일 가능성도 있다. 기록적인 SF영화로 남아 있는 1990년 작 〈토탈리콜〉의 경우 R등급 영화임에도 엄청난 성공을 거두었고, 1998년 개봉한 〈메리에겐 뭔가 특별한 것이 있다〉 역시 R등급이었는데도 무려 1억 7000만 달러의 북미 흥행 수익을 거두었다. 영화 〈매트릭스〉도 저예산 R등급 영화로 개봉해 큰 성공을 거두면서 2편, 3편을 이어 제작하게 되었다.

그래서 시나리오 작가 윌리엄 골드먼(William Goldman)이 남긴 유명한 한마디, "누구도 모른다(Nobody knows anything)"가 계속 회자되고 있는지도 모른다. 영화의 흥행은 뚜껑을 열어볼 때까지 절대 알 수 없다는 이야기다. 문화산업의 투자가 여전히 어려운 이유다.

아카데미상 수상 배우들의 이혼율이 급증하는 까닭은?

인센티브의 역효과

해마다 연말이면 한 해를 정리하는 이런저런 수상 소식들이 들려온다. 노벨평화상, 노벨문학상과 같은 세계적인 상들에 대한 뉴스가 전해지고, 연말 이벤트로 열리는 각종 연예대상, 연기대상, 가요대상 시상식도 이어진다. 어릴 적 경험에 비추어볼 때, 상은 분명 받으면 기분 좋은 것임에 틀림없다. 그간의 업적을 평가한다는 의미이건, 발전 가능성에 대한 잠재력을 고취하는 의미에서건 수상자에겐 뜻깊고 명예로운 것이다.

경제학적으로도 상은 매우 유용한 인센티브 기제다. 경제학에서 인센티브란 어떤 행동을 하도록 사람을 부추기는 자극 또는 동기부여 수단이다. 경제학에서는 인간은 합리적인 선택을 한다고 가정하기 때문에 적절한 인센티브가 있다면 사람들은 그 인센티브를 얻기 위해 움직인다고 본다.

나 역시 가끔 아이의 행동을 이끌어내기 위해 인센티브를 쓰곤 한다. 아이가 보드게임이나 조금 비싼 장난감을 갖고 싶어 할 때가 있다. 그럴 때마다 아이에게 책읽기 미션을 주고 미션을 완수하면 그걸 사주겠다고 약속한다. 책 5권을 정해주고, 그 책을 한 달 안에 다 읽으면 원하는 장난감을 사주기로 하는 식이다. 평소에 책을 잘 안 읽던 아이는 그 장난감을 얻기 위해 눈에 불을 켜고 책을 읽어치운다. 책을 읽다 조금 속도가 떨어질 때도 있는데, 그럴 때 "그럼 뭐 인생게임 안 사면 되겠네. 엄마 돈 굳었다, 신난다" 하고 한마디 던져주면 다시 책을 잡고 인고의 시간을 보낸다. 장난감이라는 인센티브가 매우 유용하게 작동하는 셈이다.

보통 인센티브를 경제적인 이득으로만 생각하는 경우가 많은데(장난감 역시 돈을 주고 사는 것이니 경제적 인센티브의 하나다) 이 때문에 한편에서는 인간이 경제적인 이익만 따져서 움직이지는 않는다는 점을 거론하면서, 인센티브가 우리 모두를 움직일 수는 없다고 말하기도 한다. 인간은 파블로프의 개처럼 돈을 흔든다고 다 침을 흘리는 존재는 아니라는 이야기다. 나 역시 이런 관점에 매우 동조하는 입장이었다.

복잡하고 미묘한 인센티브 문제

그런 논란을 어느 정도 정리한 이가 시카고대 경제학과 교수인 스티븐 레빗이다. 레빗은 그의 유명한 저서《괴짜경제학》을 통해 경제적인 인센티브뿐 아니라 사회적·도덕적 인센티브도 있음을 소개하면서, 세 가지 형태의 인센티브가 복잡 미묘하게 얽혀 있는 현상들을 다양한 사례와 함께 보여주었다.

경제적 인센티브란 우리가 잘 알고 있듯 손해를 줄이고 경제적인 이득을 늘리는 인센티브인 반면, 도덕적 인센티브는 나쁜 짓을 하고 싶어 하지 않는 사람들의 심리적인 측면을 자극하는 인센티브다. 사회적 인센티브는 나의 부정한 행위가 다른 사람에게 공개되는 것을 막고자 하는 것, 즉 자신의 사회적인 지위를 지키는 것과 관련된 인센티브다.

예를 들어 부동산 투기를 막기 위해 보유세와 거래세를 인상한다면 이것은 경제적 인센티브를 활용하는 것이다. 여기에 부동산 투기 세력으로 인해 경제가 어려워지고 서민들이 힘들어진다고 언론에서 대서특필해 부동산 투기 세력이 사회적으로 매우 나쁜 사람들이라는 분위기가 조성된다면 도덕적 인센티브를 활용한 셈이 된다. 그리고 투기꾼 한둘을 잡아내 실제로 그들이 수사대상이 된다면 이는 사회적 인센티브를 활용하는 것이라 할 수 있다.

특히 레빗은 이런 인센티브들이 적절하게 적용되지 않으면 오히려 성과를 거두기 어렵다는 점을 밝혀내 큰 시사점을 던졌다. 그의 책에 소개된 탁아소 사례가 대표적이다. 한 탁아소에서 아이들을 데리러 오는 부모들이 자주 지각하는 문제가 발생하자, 이를 막기 위해 한 시간 지각할 때마다 3달러의 벌금을 물리기로 했다. 하지만 그 결과 지각 발생률은 더 높아졌다. 아이를 늦게 데려가는 것에 대해 미안함과 죄책감(도덕적 인센티브)을 느끼던 부모들에게 3달러의 벌금(경제적 인센티브)만 내면 그런 마음을 버려도 된다는 일종의 면죄부를 주었기 때문이다. 몇 달러만 내면 탁아소에 미안해하지 않아도 된다고 생각하자 오히려 부모들은 당당하게 지각을 하게 된 것이다. 도덕적 인센티브가 중요한 상황에서 섣불리 경제적 인센티브를 쓴 것이 문제를 악화시켰다는 이야기다. 때문에 인센티브는 언제나 상황에 맞게, 세부적인 상황을 잘 디자인하는 일이 중요하다는 이야기를 많이 하곤 한다.

다시 상으로 돌아와 보자. 영화나 음악, 문학작품, 연구업적 등에 수여하는 상 역시 사회적으로는 명예를, 경제적으로는 상금을 제공한다는 의미에서 분명 중요한 인센티브 기제다. 하지만 꼭 상을 받기 위해 예술 활동이나 학문을 하는 건 아니다. 이렇게 보면 일반적인 인센티브에서 살짝 벗어난 측면도 있다. 그렇더라도 상을 받게 되었을 때의 명예와 기쁨, 이후 따라올 경제적 이득 등은 분명 만만치 않다. 효율적인 인센티브의 조건은 갖추었다는 이야기다.

그런데 문화예술 분야나 학문 업적 등에 수여하는 상에 대해서는 그 의미를 긍정적으로만 보기 어렵다는 주장도 있다. 수상을 위해 과연 공정한 평가가 이뤄졌는가, 수상을 함으로써 이득을 보는 주체는 누구인가, 상이 수상자나 후보자들의 역량에 어떤 영향을 미치는가와 같은 질문에 부딪치면 상의 효과를 논하는 것이 매우 복잡한 문제가 되기 때문이다.

상의 효과가 긍정적이지만은 않다는 주장을 뒷받침하기 위해 많이 언급되는 예가 필즈상 수상자의 연구 성과에 대한 분석이다. 필즈상은 '수학계의 노벨상'으로 불리는 권위 있는 상으로, 캐나다의 수학자 존 찰스 필즈(John Charles Fields)의 유언에 따라 제정되어 수학의 새로운 분야 개척에 공헌한 수학자에게 수여하는 상이다. 국제수학연맹이 4년마다 개최하는 세계수학자대회에서 2~4명의 수학자를 선정해 수여한다.

필즈상 수상 이후 오히려 연구 성과가 떨어지는 이유

특히 필즈가 "이미 이룬 업적을 기리면서 향후 연구를 지속하도록 격려하고 다른 수학자들의 분발을 촉구하는 뜻에서 이 상을 수여한다"라고 유언을 남긴 탓에, 필즈상은 40세 이하의 젊은 수학자들에게만 기회가 주어진다. 때문에 뛰어난 업적을 남기고도 필즈상을 수상하지 못한 수학자도 많다. 필즈상 수상이 수학자들 사이에서 더 명예롭게 여겨지는 것도 이 때문이다. 신인왕의 기회는 단 한 번밖에 없는 것과 비슷한 이치다.

이 필즈상을 두고 전미경제연구소(NBER)에서 수상자들의 수상 전후 연구 성과를 분석해 발표한 자료가 있다.[26] 필즈상 수상자들의 연구 성과를 비슷한 연구 능력을 가진 수학자들과 비교할 때 어떤 차이가 나타나는지 보여주는 내용이었다. 비교 그룹의 수학자들은 수학 분야에서 저명한 6개의 다른 상 가운데 하나 이상을 받은 사람들로 구성했다. 필즈상 '만큼'은 아니지만, 대부분 권위 있는 상을 받은 뛰어난 학자들인 셈이다. 연구 성과는 출판된 논문 수, 논문 인용 빈도, 배출한 제자 수 등 일반적으로 학문적 성과를 측정하는 변수들을 이용했다.

분석 결과, 필즈상 수상자들은 필즈상 수상 직전까지는 비교 그룹 학자들과 비슷하거나 더 높은 연구 성과를 보였다. 그런데 수상 이후에는 비교 그룹에 비해 연구 성과가 떨어지는 것은 물론 자신들의 수상 이전보다도 성과가 더 떨어지는 것으로 나타났다. 반면 비교 그룹 학자들의 평균 연구 성과는 이후에도 지속적으로 증가하는 것으로 나타났다.

전미경제연구소에서는 이와 같은 현상에 대해 수상자들이 필즈상 수상 이후 새로운 분야에 빠진 탓이라고 해석했다. 자신의 전문 분야에서 이미 일가를 이뤘으니, 새로운 연구 분야에 도전한다는 것이다. 실제로 필즈상 수상자들의 연구 성과를 다양한 학문과의 연계라는 차원에서 측정했을 때에는 비교 그룹 학자들보다 더 성과가 높게 나타나기도 했다.

하지만 순수하게 수학 분야의 연구 성과로만 본다면 수상 이후 이들의 학문적 성과가 떨어진다는 사실을 부정할 순 없다. 젊고 역량이 넘치는 학자들에게 명예를 가져다준 필즈상은, 이제 당신이 수학 분야에서 더 이룰 게 없다는 신호를 주는 부정적 효과를 불러왔다고 주장해도 할 말이 없다는 이야기다. 이런 의미에서라면 상이 전도유망한 학자의 학문적 성과를 상당 부분 가로막았다고 할 수도 있다.

1등과 2등을 가르는 것이 어려운 문화예술 분야에서도 수상 제도와 관련한 뒷말이 무성하다. 기본적으로 예술작품의 순위를 매기는 일이 가능한가를 비롯해, 과연 누구를 위해 상이 존재하는가가 비판의 핵심이

되곤 한다. 특히 영화나 소설의 경우 유명 상 수상은 마케팅 수단으로 변질되기 때문에 이런 비판이 더욱 힘을 얻는다.

1972년 소설가 존 버거는 부커상 수상을 수락하며 "몇 명의 후보자들을 놓고 경마 보도처럼 승자와 패자를 논하는 수상 제도는 정말 끔찍하다"며 수상 제도를 비난하기도 했다. 저마다의 특징이 분명한 작가들에게 동일한 잣대를 들이대며 우열을 가늠하는 것 자체가 작가들에겐 너무 고통스럽다는 이야기다.

특히 그는 "그럼에도 수상 제도가 유지되는 것은 작가나 문학을 위해서가 아니라 출판업자와 독자들에게 도움이 되기 때문"이라며 상의 의의에 대해 일침을 가했다. 문화 분야의 경연과 수상 제도를 오랫동안 연구해온 한 학자 역시 "만약 상이 왜 존재하는지에 대한 경제학 이론이 있다면, 이 제도가 과연 무엇을 극대화해야 하는지부터 질문해야 할 것"이라며 상의 존재 목적에 의문을 제기했다.

수상작과 후보작, 숫자가 드러낸 반전

백 번 양보해 상은 필요하다고 인정한다 해도, 결정적으로 마지막 질문에 부딪치게 된다. 과연 평가가 공정하게 이뤄졌는가 하는 부분이다. 상이라는 제도가 시장이나 대중에게 유의미한 정보를 제공하기 위해 존재한다면, 그릇된 정보로 시장을 왜곡해서는 안 된다는 의미에서다. 그러나 이 또한 쉬운 문제가 아니다. 사지선다형 시험문제가 아닌 다음에야

이 작품이 저 작품보다 얼마나 더 나은지를 객관적으로 평가한다는 것은 불가능에 가까운 일이기 때문이다.

벨기에의 한 문화 경제 연구팀이 이런 의문을 품고 문화 분야 유명 상 수상작들의 질을 실증적으로 분석하는 연구를 수행했다.[27] 상을 받은 작품들이 질적으로 더 우수하다고 볼 수 있는가를 직접 살펴본 것이다. 이들은 우선 1929년부터 1995년까지 미국의 대표적인 영화상인 아카데미상 작품상 수상작과 후보작 리스트를 모았다. 그리고 1990년대 후반에 만들어진 '100대 우수 영화 리스트' 15개를 구해 여기에 포함된 영화들을 살펴보았다. 〈롤링스톤〉 등의 유명 잡지나 미국영화협회 같은 영화 관련 단체에서 선정한 100대 영화 목록을 모두 구해 여기에 포함된 영화들을 집계한 것이다.

그런 뒤 아카데미 작품상 수상작과 후보작 리스트에 있던 영화들이 100대 우수 영화 리스트에 몇 번 포함되었는지를 따져 평점을 매겼다. 15개의 리스트에 모두 포함된 영화라면 15점을, 한 번도 포함되지 않았다면 0점을 받는 식으로 평점을 준 것이다. 이렇게 모든 작품들에 평점을 준 뒤 아카데미 작품상 수상작과 후보작, 후보조차 되지 못한 영화들로 나누어 평점을 비교했다.

분석 결과, 아카데미 작품상을 받은 영화들의 평점이 후보작이나 후보조차 되지 않았던 영화들보다 떨어지는 것으로 나타났다. 아카데미 작품상을 받은 영화들의 평점 평균은 3.94인 반면 후보작들의 평점 평균은 6.28, 후보작도 아니었던 작품들의 평점 평균은 8.10이었다. 특히 연도

별로 분석해보면 아카데미 작품상 수상작보다 높은 평점을 받은 영화가 후보작을 제외하고도 한 해에 평균 2편은 있었던 것으로 나타났다. 그해 아카데미상위원회에서는 그런 걸작들을 후보작에조차 포함하지 않았다는 이야기다.

문학 작품을 분석한 결과도 비슷했다. 이 연구팀은 1969년부터 1981년까지 부커상을 수상한 소설과 후보에 올랐던 소설들의 질적 수준을 비교했다. 부커상은 1969년 영국의 부커사가 제정한 문학상으로, 영국 연방 국가에서 영어로 쓰인 소설 가운데 뛰어난 작품에 수여하는 상이다. 영국 최고의 권위를 자랑하는 문학상으로 노벨문학상, 공쿠르상과 함께 세계 3대 문학상으로 꼽힌다. 2002년부터는 금융기업인 맨 그룹이 상금을 후원하면서 명칭이 부커상에서 맨 부커상으로 바뀌었다.

이런 연구를 할 때 문화상품 혹은 학문 성과의 질적 수준을 무엇으로 비교할 것인가가 매우 어려운 문제가 된다. 앞서 언급한 필즈상 수상자들의 연구 성과를 측정할 때에는 이미 논문의 질적 수준을 평가하는 척도로 많이 쓰이는 논문 인용 횟수나 출간 횟수 등을 이용했다. 하지만 소설의 질을 평가하는 척도는 딱히 정해진 것이 없다. 그래서 이 연구팀은 다양한 버전으로 편집된 편집본의 숫자로 평점을 부여했다. 즉 좋은 소설로 인정받았다면 책이 출간된 뒤 하드커버, 페이퍼백, 오디오북 등 다양한 버전으로 재편집되어 출간되기 때문에, 편집본의 종류가 많다면 그만큼 작품에 대한 평가가 높다고 본 것이다.

또, 소설이 수상작이 되자마자가 아니라 수상 후 11~20년 사이의 편집본 수로 평점을 매겼다. 즉, 어떤 소설이 출간된 지 10년이 지난 뒤에도 여전히 재출간되고 있는지를 본 것이다. 이것 또한 괜찮은 방법이었던 것 같다. 만약 좋은 책으로 평가되지 않았다면 10년 뒤에 다시 출간할 일은 없을 것이기 때문이다. 평점은 최저 0점에서 최고 9점까지로 나누어 그 기간 동안 한 번도 재편집이 되지 않았다면 0점, 9개의 편집본이 나왔다면 9점을 주었다.

분석 결과 부커상 후보 리스트에 올랐던 소설들이 수상작들보다 평균 평점이 높은 것으로 나타났다. 특히 이 연구에서는 수상작과 후보작으로 선정된 전후 해당 작가의 다른 작품 수도 함께 집계했는데, 작품 수 역시 수상작 작가보다 후보작 작가들이 높았다. 다작이 꼭 좋은 것은 아니지만 적어도 상이 해당 작가로 하여금 새로운 작품을 더 많이 쓰도록 고취한다는 취지는 무색해진 셈이다.

물론 이와 같은 분석 방식에 문제가 없는 것은 아니다. 수상작 선정 후 오랜 기간이 지나 평가가 이뤄졌으므로 평가 기준에 변화가 있을 수도 있다. 당대에는 별로 주목받지 않았지만 시간이 흐르면서 좋은 작품으로 평가될 수도 있고, 그 반대도 가능하기 때문이다. 또 부커상을 수상한다는 것 자체가 이미 대가의 반열에 올랐음을 반증하는 일이기에, 수상 이후의 성과가 미미할 수 있다는 반론 역시 가능하다.

인센티브 그 후, '오스카의 저주'

하지만 우리가 주목해야 하는 것은 뛰어난 성과를 낸 뒤 인센티브를 얻게 되었을 때, 그 후에 사람들이 어떻게 달라지는가 하는 문제다. 필즈상 수상자의 수상 이후 성과나 부커상 수상자들의 수상 이후 작품 수를 살펴보면 분명 이들의 관심사나 창작 방식에 변화가 생겼을 것이라는 추측을 하게 된다. 어떤 한 분야에서 일가를 이루었다면, 조금 다른 방식의 삶이나 분야에 관심을 갖는 것은 인지상정일 수 있기 때문이다.

그런 측면에 주목한 재미있는 연구가 바로 '오스카의 저주'에 관한 연구다. 오스카의 저주란 아카데미상 시상식에서 여우주연상을 받은 여배우는 연인과 결별한다는 징크스를 일컫는 말이다. 1936년과 1937년 연속으로 아카데미 여우주연상을 받았던 루이제 라이너가 수상 이후 이혼을 하면서 이 말이 생겨났고, 최근까지도 여우주연상을 받은 배우들이 속속 이혼하면서 할리우드의 속설로 자리 잡았다.

이 오스카의 저주가 실재하는지에 대해 싱가포르국립대의 김희연 교수 등이 실제 데이터를 분석한 결과, 오스카의 저주는 실제로 존재하지만 여배우들이 아니라 남자배우들에게서 주로 나타나는 것으로 밝혀졌다.[28] 연구팀은 아카데미상을 받은 배우 165명, 아카데미상 후보에는 올랐으나 수상하지 못한 배우 227명, 박스오피스 톱 10 영화에 출연했지만 아카데미상 후보에는 오르지 못한 배우 416명 등 1930년부터 2005년 사이에 활동한 유명 배우 808명의 생애를 추적해 「오스카의 저주: 지위 ·

신분에 따르는 부정적인 영향」이라는 논문을 발표했다.

이 논문에 따르면 아카데미에서 수상한 남자배우의 이혼율은 아카데미 후보에 오르지 못한 남자배우의 이혼율보다 3배가 높았다. 반면 여배우의 경우는 아카데미상을 받거나 후보에 오른 배우들의 이혼율이 그렇지 못한 배우들의 이혼율보다 오히려 낮아, 오스카의 저주가 남자배우들에게게만 적용됨을 밝혀냈다. 이런 결과에 대해 김 교수는 오스카상을 탄 남자배우들이 갑작스런 지위 상승으로 균형감을 상실해 일상생활에서 악영향을 경험한 것이라 설명했다. 배우들의 이혼이 특별한 일은 아니지만, 다른 톱 배우들과 비교해도 차이가 난다는 점에서 수상이 일정한 영향을 끼쳤다고 볼 수 있다는 것이다.

영화배우의 사생활과 학문 또는 집필 업적을 비교하는 것은 문제가 있지 않느냐고 반론을 제기한다면, 그 분야가 무엇이든 수상자들이 모두 너무 일찍 재능을 소진해버렸기 때문이라고 답할 수도 있다. 사람들마다 재능을 나타내는 속도와 방식은 다르기 마련이다. 재능을 남보다 조금 일찍 드러내는 스타일도 있고, 꾸준히 성과를 축적해 끈질김으로 승부를 보는 스타일도 있다. 수상을 한 사람들은 남보다 일찍 재능을 발현한 경우여서 수상 이후 오히려 하락세로 떨어지게 된 것은 아니었을까 하는 추측도 가능하다. 문화예술이나 학문 모두 재능이 매우 중요한 분야이니 이런 설명 역시 조금은 변명거리가 될 수 있을 듯싶다. 인센티브 연구들을 살펴봐도 매우 창의적인 분야보다는 조금 더 단순하고 평범한 분야에서 인센티브가 훨씬 더 효과적이라는 결과들이 많다.

하지만 그것 역시 아니라면, 혹시 인센티브를 위한 평가가 잘못된 것이었거나, 인센티브 제도 자체가 사람들의 삶에 악영향을 미치고 있는 것은 아닐까 하는 의혹도 든다. 특히나 필즈상을 탄 젊은 학자들이 왜 이후에 더 높은 학문적 성과를 내지 못했을까 하는 점에 부딪치면, 마땅한 답을 찾기 어렵다. 만약 평가가 공정하지 못하다면, 상의 제정 의의에 문제를 제기할 법하다. 수상이 오히려 수상자의 삶에 악영향을 끼친다면, 그런 상은 개인은 물론 해당 분야의 발전까지 가로막는 건 아닌가 하는 생각까지 든다.

때문에 상이 누구를 위해, 무엇을 위해 수여되는가라는 질문은 두고두고 곱씹어볼 만하다. 상을 받았다는 사실 하나로 누군가는 평생 유복하게 살게 되고, 반대로 누군가는 책상을 정리하기도 한다. 그런데 나중에 살펴보니 그 평가 과정이 엄밀하지 못했고 오히려 더 많은 발전을 가로막고 있다면, 그 인센티브는 경제학이 그토록 신성시하는 '자원의 최적 배분'을 해치고 있는 것이기 때문이다.

엑소와 씨스타의 생존 방정식

창조 불안정성 가설

문화산업의 흐름을 놓치지 않고 파악하려는 '연구자'로서 나는 텔레비전 보기가 중요한 연구 활동이라고 생각한다. 때문에 지금 내가 텔레비전 채널을 돌리는 것은 학자적 의무감 때문이라고 주문을 외며 종종 리모컨과 채널 여행을 즐긴다. 사실 그냥 텔레비전 보는 걸 좋아해서이긴 하지만, 아이에게 "지금 엄마 공부 중이야"라고 이야기하며 리모컨을 뺏는 재미가 쏠쏠하다.

그런데 연구 활동이 게을렀던 건지, 고백하건대 쏟아지는 아이돌 그룹들을 구분하는 게 너무 힘들어졌다. 분명 빅뱅, 2PM, 샤이니까지는 노래도 흥얼거리며 얼추 따라갔다. 물론 HOT와 GOD, 신화까지는 이들보다 더 가슴 깊이 노래를 이해했다고 생각한다(그분들도 아이돌입니까, 라는 질문은 조금 가혹하다). 그런데 어느 순간, 아이돌 그룹의 멤버 수가 슬금슬금 늘어나기 시작하더니 누가 누군지 구분하기가 너무 어려워졌다. 나름의 방법으로 한 그룹에 한 명씩 대표 주자만 기억하면 된다는 마음으로 몇 개 팀에 대한 구별을 시도하기도 했다. 그런데 기획사들이 멤버들을 각개약진으로 여러 프로그램에 동시다발적으로 대방출하면서 그런 꼼수마저 어려워졌다.

그러다 가장 난제에 부딪친 팀이 바로 '엑소(EXO)'였다. 분명 이 그룹이 요즘 대세라는데, 당최 대표 주자가 누구인지 얼굴만으로(노래를 부른다 해도 역시) 구분하는 게 어려웠다. 분명 예전에는 아이돌 한 팀에 얼굴을 대표하는 멤버 하나, 노래를 담당하는 멤버 하나, 댄스를 담당하는 멤버 하나 이런 식으로 역할 구분을 하곤 했는데 이제는 그런 구분마저 없어진 듯했다. 아니나 다를까, 초·중학생 자녀를 둔 엄마들이 자주 가는 인터넷 카페에 "엑소 멤버 얼굴로 구분하는 법"이란 글이 게시된 것을 보았다. 중학생 아이를 둔 한 엄마가 다른 엄마들을 위해 아이돌 그룹에 대한 이해도를 높이는 글을 올린 것이었다. 이게 나만 힘든 게 아니었구나, 안도감이 들긴 했지만 여전히 어려운 건 사실이다.

그러던 즈음 인터넷 사이트 ㅍㅍㅅㅅ(http://ppss.kr)에 아이돌 그룹에 관한 재미있는 글이 게재되었다. 제목은 '엑소와 씨스타가 살아남는 방법[29]'이었다. 도대체 얼굴도 제대로 구별되지 않는데도 불구하고, 특히나 당시엔 대표곡이라고 해봐야 〈으르렁〉 하나밖에 없는 것 같은 이 그룹이 왜 이렇게 인기를 끌고 있는가가 궁금했던 차라 자연스레 눈이 갔다.

팬덤형 아이돌과 대중형 아이돌의 생존 가능성

이 글의 필자에 따르면 한국의 아이돌은 대중에게 친숙한 멤버들로 구성된 '대중형 아이돌'과 적지만 강력한 팬을 확보한 '팬덤형 아이돌'로 분류된다. 대중형 아이돌이란 대중성을 확보했지만 강력한 팬덤을 이끌고 있지는 못한 아이돌로, 이 글에서는 '씨스타'와 같은 그룹(아마도 대부분의 여성 아이돌 그룹)이 해당한다. 이 글이 게재될 당시, 씨스타 멤버 효린이 〈불후의 명곡〉에 출연해 멋진 가창력을 보여줘 새롭게 부각되고 있었다. 아이돌을 잘 모르는 중장년층에게까지도 씨스타의 인지도가 막 높아지던 때였던 것이다. 이렇게 멤버들이 여러 텔레비전 프로그램에 출연해 웬만한 시청자라면 "아, 저 사람은 어느 그룹인지는 잘 모르겠지만 하여간 가수"라는 정도를 알 수 있는 그룹들이 '대중형 아이돌'에 속한다.

반면 '팬덤형 아이돌'은 멤버들이 방송 출연을 자주 하지 않아도 강한 팬덤을 형성하고 있어 그 마니아 팬들에 의해 유지가 가능한 그룹들이다. 지금은 엑소가 대중적으로 매우 잘 알려졌지만, 그 글이 게재될 때만 해도 엑소는 나와 같은 '일반인'들은 멤버의 얼굴 구별이 어려울 정도로 낯선 아이돌 그룹이었다. 그런데, 일반인들에게는 낯선 이 그룹이 10대 소녀층에선 매우 강한 팬덤을 유지하고 있어 이미 아이돌계의 황태자로 군림하고 있었다. 방송에서 몇 번 보지 못한 것 같은데 광고에 이미 등장하고 있다면 이런 팬덤형 아이돌 그룹일 가능성이 높다. 모든 사람들이 이 그룹을 알고 있는 것은 아니지만 확실한 팬 층을 보유하고 있어 특정

대상을 타깃으로 한 광고에는 더 적합하기 때문이다.

그런 특성에 따라 나눠 비교해볼 때, 한국에서 과연 어떤 형태의 아이돌 그룹이 살아남기에 더 적합한지를 논하는 게 그 글의 요지였다. 비교 결과는 음반 시장 및 대중음악 시장 규모가 그리 크지 않은 한국에선 팬덤형 아이돌이 장기적으로 살아남을 가능성이 높다는 것이었다. 대중형 아이돌이 인지도는 더 높지만, 일반 대중들이 굳이 돈을 써가며 적극적으로 음악을 소비하려 하지 않아 수익성이 떨어지기 때문이다. 씨스타의 효린이 노래를 잘 불러 좋다고 하면서도, 일반인들이 씨스타의 음반을 사거나 콘서트 티켓을 사는 경우는 매우 드물다는 이야기다. 반면 팬덤형 아이돌은 한 번에 수십 장의 음반을 사들이며 이들을 후원하는 이른바 '덕후'들에 의해 유지, 존속된다. 이런 팬덤은 잘 관리되기만 하면 매우 장기간 이들의 음악 활동을 보장하기에, 적어도 한국 시장에선 이들과 같은 형태의 그룹이 살아남을 가능성이 더 높다는 것이었다.

이와 같은 분석은 많은 부분 타당해 보였다. 대중형 아이돌이든 팬덤형 아이돌이든 대중들은 아이돌의 이미지를 취하고 소비한다. 하지만 어떤 재화가 더 대체 가능한지 여부로 본다면, 즉 대체재가 있는 상품인가 없는 상품인가로 판단한다면 위 주장은 설득력이 있다. 일정 수준 이상의 외모와 퍼포먼스를 갖춰 인지도를 얻고 있는 대중형 아이돌은 비슷한 트렌드의 가수들이 계속 재생산되기 때문에 쉽게 대체될 수 있다. 반면 작지만 강력한 팬덤을 가지고 있다면 '우리 오빠들'이란 정서적 친밀도 때문에 쉽게 대체되기 어려워 더 긴 수명을 보장한다는 것이다.

대중적 인지도 vs. 팬덤.
어떤 자원을 가졌느냐가
아이돌의 생존과 수명을 좌우한다.

07

특히 최근의 팬클럽 문화에선 한 사람이 십여 장 이상의 음반을 사야만 팬 사인회에 갈 수 있는 자격이 주어지곤 한다. 절대 팬으로 인정받을 수 있는 콘서트 역시 마찬가지다. 최근과 같은 음반 시장 불황에서 이들의 구매 파워는 결코 작지 않다. 이와 같은 주력 부대의 지원 없이 우리나라에서 자력으로 자신의 콘서트 객석을 채울 수 있는 가수는 흔치 않다. 대중에게 그다지 친숙하지 않은 노래가 나오자마자 음원 차트 1위를 단번에 달성하는 것은 이렇게 팬클럽의 적극적인 음반과 음원 구입이란 배경을 이해할 때에만 가능하다.

금융 시장을 위험에 빠뜨리는 '부채'

이런 아이돌 비교 분석에서 또 다른 시사점을 도출한다면, 대중문화에서 팬덤을 유지, 관리하는 일은 대단히 중요하다는 점이다. 팬덤을 만들고 유지하기도 벅찬데 하물며 확장까지 도모한다는 것은 무척이나 어려운 도전이다. 하지만 어느 정도 대중성을 확보한 가수라면 팬덤의 유지와 발전은 생존이 걸린 절체절명의 과제일 수밖에 없다.

이와 관련해 호주의 한 연구팀이 대중문화에서의 팬덤의 유지, 확장, 소멸에 관한 재미있는 논문을 발표했다. 제목은 「창조 불안정성 가설(The creative instability hypothesis)」이다.[30] 제목에서 눈치 챌 수 있듯, 이들은 유명한 금융 이론인 '금융 불안정성 가설'을 차용해 대중문화 및 엔터테인먼트산업의 흥망을 설명한다.

문화산업에 금융산업 이론을 연결하는 것이 다소 의아할 수도 있다. 그런데 문화산업을 다루는 많은 논문들은 이렇게 다른 분야의 연구 방법론을 차용해 분석하는 경우가 많다. 기존에 연구된 방법론을 가져와 적용이 되는지를 확인하기도 하고, 전혀 가능하지 않을 것 같은 수학적 방법으로 풀이하기도 한다. 문화산업이 비교적 신산업이기 때문에 분석을 할 때에도 틀에 갇히지 않고 다양한 방법론에 대한 시도를 많이 하고 있기 때문이다.

이 연구팀이 차용한 금융 불안정성 가설은 미국 경제학자인 하이먼 민스키(Hyman Minsky)에 의해 입증된 이론이다. 민스키는 '효율적 시장'을 신봉하는 주류 경제학자들과 달리, 자본주의의 금융은 내재적으로 불안정하다는 것을 입증한 대표적인 포스트 케인스학파다. 미국 시카고 출신으로 하버드대에서는 케인스와 더불어 20세기 경제학의 양대 거두로 인정받는 조지프 슘페터(Joseph Schumpeter)와 산업연관분석의 창시자로 꼽히는 바실리 레온티예프(Wassily Leontief) 밑에서 공부했다.

민스키를 '케인지안(케인스학파)'이라 하는 이유는 평생 금융위기의 본질을 연구하면서 금융 시장에 정부가 개입해야 한다고 일관되게 주장했기 때문이다. 지금은 2008년 금융위기를 겪은 이후라 이런 이야기가 어색하지 않겠지만, 민스키가 이 이론을 발표한 1970년대만 해도 금융 시장에 정부가 개입해야 한다는 주장은 아주 급진적인 것이었다. 당시 주류학계에서는 시장은 밖으로부터 충격을 받지 않는 한 안정적이라고 보는 것이 정설이었고, 자산 가격도 실물 부문의 변화를 정확히 반영해 합리적으로 결정된다고 보았기 때문이다. 즉 '시장의 효율성'이 강하게 지지받던 때였다.

하지만 민스키는 시장 자체가 안정적이지도, 균형적이지도 않다고 보았다. 외부 충격 때문이 아니라 금융 시장 자체가 갖고 있는 내적 불안정성 때문에 금융위기가 나타난다는 것이었다. 그러므로 시장의 태생적 불안정성을 교정하기 위해 정부가 지속적으로 개입해야 한다는 것이 그의 주장이었다. 이런 민스키의 이론은 1970년대에는 별로 주목받지 못하다가, 1980년대 중후반 이후 주식 시장에서 폭등과 폭락이 나타나면서 실효성을 인정받았다. 그러다 2008년 서브프라임 모기지 사태로 미국 금융 시장이 쑥대밭이 되자 그의 이론이 완전히 새롭게 부각된 것이다.

민스키의 금융 불안정성 가설에서 핵심이 되는 요인은 '부채'다. 금융이 발달한 현대 자본주의 체제에서 경제 주체들은 부채 확대를 통해 이윤 증가를 추구하지만, 결국은 파국으로 치달을 수밖에 없음을 설명한 것이 그의 이론의 골자다. 경제 호황기에 수익성이 높은 기업들은 부채를 끌어와 투자를 늘려 이윤을 높이고자 한다. 그런데 특정 기업이 이런 과정을 거쳐 성공하게 되면, 다른 기업들도 그 방식을 따라한다. 경쟁자보다 투자 규모가 떨어지면 시장에서 뒤처지기 때문이다. 그 결과 모든 경제 주체들의 부채 비율이 높아지는 불안정한 금융구조가 형성되고, 결국 작은 충격에도 불안정성에 균열이 가해져 금융위기가 발생하게 된다는 것이다.

이렇게 부채가 늘어가는 문제를 설명하기 위해 민스키는 자본주의 금융구조를 '헤지금융(Hedge Finance) 단계', '투기금융(Speculative Finance) 단계', '폰지금융(Ponzy Finance) 단계'로 분류했다.

헤지금융 단계는 가장 건전한 상태로, 부채가 있기는 하지만 상환 기일이 도래했을 때 차입자가 원리금을 제대로 상환할 수 있는 단계다. 은행들이 기업에 돈을 빌려줄 때 생각하는 이상적인 단계라 할 수 있다. 다음 단계인 투기금융 단계는 이자 지불은 가능하지만 원금 상환은 연장해야 하는 단계다. 겨우겨우 이자는 갚고 있지만 현금이 모자라 원금까지는 갚지 못하는 단계인 것이다. 이럴 경우 부채가 만기에 이르면 그 부채를 갚기 위해 또 다른 빚을 져야 하는데, 이를 '부채의 롤오버(Rollover)'라 한다. 이 단계에선 이렇게 부채의 롤오버가 반복적으로 나타난다.

마지막으로 폰지금융 단계는 매우 절망적인 상태로, 부채 원금은 고사하고 이자도 해결할 수 없는 단계를 말한다. 폰지금융은 '폰지 사기' 또는 '폰지 게임'이라고도 하는데, 신규 투자자의 돈으로 기존 투자자에게 이자나 배당금을 지급하는 방식의 다단계 금융 사기를 일컫는 말이다. 폰지금융이란 단어는 이탈리아 이민자였던 찰스 폰지(Charles Ponzi)가 1920년 미국에서 국제우편쿠폰을 가지고 고안한 금융 사기에서 유래했다. 폰지는 1차 세계대전을 겪으면서 크게 변한 환율을 적용하지 않고 전쟁 전 환율을 적용해 국제우편쿠폰을 교환해준다는 점을 발견한 뒤, 해외에서 대량으로 이를 매입한 다음 미국에서 유통을 해 차익을 얻을 수 있다며 투자자를 모집했다. 폰지는 이를 위해 45일 후에는 원금의 절반을, 90일 후에는 원금의 100%에 이르는 수익 지급을 약속하고 투자자를 모집했다. 초반에 수익을 얻은 투자자들은 이를 믿고 자신의 지인들을 가입시켰고, 이로 인해 엄청나게 많은 투자금이 모였다. 그런데 초기 투자자들에게 지급된 수익은 실제로 발생한 수익이 아니라 신규 투자자의 투자금이었다. 결국 나중에 가입한 투자자가 수익에 대한 문제 제기를 하면서 투자 사기는 발각되었고, 이때부터 다단계 금융 사기에 '폰지 사기'라는 이름이 붙게 되었다.

폰지금융 단계에서는 이자 상환을 위해 더 많은 부채를 끌어와야 할 뿐 아니라 자기가 갖고 있는 자산도 팔 수밖에 없어 자산 가치까지 하락하게 된다. 민스키는 경제 주체들의 금융구조가 폰지금융 단계로 변한 비중이 클수록 금융 불안정성이 높아져 금융 대란에 가까워진다고 보았다. 특히 자본주의 경제는 긴 호시절 동안 투기금융과 폰지금융에 큰 비중을 두는 금융구조로 바뀌어온 탓에 금융 대란을 피하기 어렵다는 것이 민스키의 주장이었다.

스타의 창조성은 '부채'와 같다?

창조 불안정성 가설 역시 금융 불안정성 가설과 같은 3단계의 과정을 통해 대중 예술가들이 퇴출될 수밖에 없는 이유를 설명한다. 금융 불안정성 가설이 부채 비율을 중심으로 자본주의 경제가 3단계로 이행되는 과정을 설명했다면, 창조 불안정성 가설은 대중문화 상품에 투입되는 '창조성의 크기'에 따라 단계를 나눈다. 기업들이 부채를 늘리면서 규모를 키워 나갔듯이, 대중 예술가들은 자기의 창조성 투입을 늘리면서 단계가 진화된다고 본 것이다. 즉, 대중 예술가들은 대중의 관심을 유지하면서 다른 경쟁자들을 제치기 위해 '주류(mainstream) 단계', '불안(edgy) 단계', '실험(experimental) 단계'를 거치게 되는데, 이 과정에서 그들이 내놓는 대중문화 상품도 변모하게 된다고 설명한다.

과정은 다음과 같다. 첫 번째 단계인 '주류 단계'에서는 기획사에서 대중의 취향을 잘 포착해 호응도가 높을 것으로 예상되는 잘 기획된 가수들을 선보인다. 대중이 좋아하는 감성과 외모, 목소리, 이미지, 멜로디 등을 잘 분석해 이에 가장 적합한 '대상'을 탄생시키는 것이다. 최근 많은 기획사들이 대중의 취향을 세밀하게 읽어내 신인 가수들을 선보이는 것들이 그런 예라 할 수 있다. 이 단계에서 잘 기획된 가수는 대중의 기대에 부응하는 노래들을 연달아 히트시킬 수 있다. 다른 무엇보다 당대 대중의 취향을 분석해 그에 꼭 맞는 노래와 스타일을 만드는 데 주력한 가수이기 때문이다.

물론 이 단계에서도 대중을 팬으로 유인, 확보하면서 계속 유지하기란 쉬운 일이 아니다. 대중문화 소비자들은 일단 어떤 가수에 대해 호감이 생기면 그의 노래에서 그 가수만의 특징이 유지되기를 바라는 동시에 어느 정도 새로움도 보여주기를 원하기 때문이다. 예컨대 어떤 발라드 가수를 좋아하게 되었다면 이 가수가 가장 잘하는 발라드 노래가 항상 나오기를 바라지만, 너무 같은 형태가 반복되면 싫증을 낸다. 하지만 그 가수에게 발라드를 버리고 힙합 가수로 변신하라고 요구하는 것은 아니다.

그만의 발라드 스타일을 유지하면서도 색다른 느낌을 줄 수 있기를 바란 다는 것이다. 따라서 가수는 새로움과 익숙함 사이에서 아슬아슬한 외줄 타기를 하는 노래들을 하나둘 선보이며 실험하게 된다. 가장 잘하는 것을 반영하되 새로움을 조금씩 추가하면서, 가수는 점점 '혁신가의 딜레마'에 시달리게 된다.

'혁신가의 딜레마'에 시달리는 가수들

'혁신가의 딜레마'란 하버드대 경영대학원 교수 클레이튼 크리스텐슨 (Clayton M. Christensen)이 쓴 동명의 저서에서 유래한 말로, 시장을 선도 하는 기술을 보유하고 있던 거대 기업이 어느 시점에서 더 이상 혁신을 이루지 못하고 새로운 기술을 선보인 후발 기업에게 시장 지배력을 잠식 당하는 경우를 말한다. 한번 큰 혁신을 이뤄 시장을 얻은 이후에는 또 다른 혁신을 시도하는 것이 두려울 수 있다. 이미 주력시장에서 얻은 고객들을 놓치지 않는 것이 새 고객을 잡는 것보다 더 중요한 일이라 믿기 때문이다. 하지만 그렇게 이미 얻은 고객들만 생각하다 보면 새로운 것을 받아들이는 일에 더 인색해지게 되고, 결국 새로운 환경이 도래하면 몰락하게 된다. 물론 주 고객들이 바라는 혁신마저 놓치는 경우도 많다.

따라서 이때 경쟁에서 살아남고자 하는 가수들은 두 번째 단계인 '불안 단계'로 진입한다. 이 단계에서 가수는 자신의 한계를 뛰어넘고자 노력한다. '혁신가의 딜레마'를 극복하기 위해 죽을힘을 다하기로 마음먹는 것이다. 예컨대 특정 스타일의 가수라면 그 스타일을 극단까지 확장시키기 위해 자신의 창조성을 더 높인다. 발라드 가수라면 극강의 발라드를 내놓는 식이다. 최고의 발라드 작곡가를 섭외하고, 녹음 기계도 가장 좋은 것을 선택해 자신이 만들 수 있는 최고의 멜로디와 음질을 선보이기 위해 노력한다.

사실 이런 것들은 필연적인 현상이라 할 수 있다. 어떤 스타일이 특정 시대에 유행한다면, 그 시대에는 그 유행에 맞춘 고만고만한 가수들이 폭발적으로 생기기 마련이다. 그 틈바구니에서 어떻게든 눈에 띄려면 그 스타일을 극대화할 필요가 있다. 기획사도 이 단계에서는 더 많은 수익을 내기 위해 투자를 아끼지 않는다. 콘서트나 뮤직비디오 등에 더 많은 돈을 쓰고 코러스도 최고를 고집한다. 하지만 안타깝게도 대중은 슬슬 그런 스타일에 지쳐 하나둘 떨어져 나가기 시작한다.

마지막 '실험 단계'에 진입하게 되면 해당 가수는 거의 아방가르드 수준으로 자신의 창조성을 높이게 된다. 즉 대중을 위한 음악이 아닌 '예술을 위한 예술'로서의 노래를 내놓게 되는 것이다. 과도한 미니멀리즘으로 가기도 하고 영역을 뛰어넘기도 한다. 제작비도 끝없이 높아지는데, 그런 투자만큼 팬들이 더 늘어나는 것은 아니다. 이제 그의 음악을 이해하고 공감하는 일부 마니아 팬들만이 그의 주변에 남는다. 그런데 그런 그의 스타일은 이미 시대의 흐름에서 벗어난 경우가 많다. 새로운 유행 장르, 새로운 유행 스타일이 나타나고, 결국 그 가수는 퇴출된다.

즉 익숙함과 새로움을 동시에 추구하는 대중의 속성에 부응하려다 보니 대중문화산업은 주류 단계에서 실험 단계를 오가며 새로운 장르와 스타일들을 낳게 된다는 설명이다. 금융이 발달한 자본주의 체제가 내적으로 불안정성을 가지고 있듯, 대중의 관심에 기반한 대중문화산업은 항상 새로운 주자와 새로운 장르에 자리를 내줄 수밖에 없는 불안정성을 가지고 있다는 것이 이들의 분석이다.

그렇다면 애초에 처음 확보한 팬덤만을 계속 유지하는 전략이 더 현명하지 않을까 하는 반론이 생길 수 있다. 스타일의 확장과 발전을 고민할 필요 없이 일관되게 한 스타일을 유지하면 되지 않느냐는 거다. 하지만 '팬덤의 최적화'란 차원에서 보더라도 끊임없이 새 팬을 확보하는 것이 필요하다. 그의 음악이 지루해져서건, 취향이 바뀌어서건 기존 팬들의 이탈은 피할 수 없다. 그렇게 이탈한 기존 팬들의 빈자리를 새로운 팬으로 메워야 과거의 히트곡도 다시 팔고, 새 노래들을 판매할 수 있는 기반도 마련된다. 최적화된 팬의 수가 얼마냐는 문제는 또 다른 논쟁거리이지만, 공격이 최선의 방어라는 진실은 여전하다.

조용필의 〈바운스〉 그리고 〈복면가왕〉

그런 의미에서 롱런을 기록하는 가수들, 특히나 자신의 스타일을 일관성 있게 유지, 발전시키며 롱런하는 가수들은 참으로 대단하다 할 수 있다. 우리나라엔 어떤 가수가 그런 부류에 해당할까 고민해봤지만 딱 떠오르는 사람이 없었다. 그런데 이 글을 쓰던 무렵, 80년대 스타 조용필이 오랜만에 새 노래 〈바운스〉를 내놓고 큰 히트를 쳤다. 문득, 이 노래가 그런 의미에서 경제학적으로 최적화된 산물이라는 생각이 들었다.

〈바운스〉는 쉬운 멜로디를 조용필 특유의 음색으로 소화해 기존 팬들에게는 오랜만에 조용필의 익숙함을 느끼게 해주었다. 그러면서도 최신 트렌드에 맞춘 편곡, 강한 후렴구 반복 등으로 기존 팬들에겐 새로움을 주었고, 동시에 10~20대의 새로운 팬들도 확보했다. 조용필을 막 알게 된 새로운 10대 팬들이 조용필의 과거 노래를 찾아 들을 수 있게 된 것이다. 결국 조용필은 〈바운스〉를 통해 이탈자들을 다시 잡고 새 팬덤 확보에도 성공했다고 할 수 있다.

최근 인기를 끌고 있는 프로그램 〈복면가왕〉이나 〈불후의 명곡〉 역시 이런 전략의 새로운 변형이 아닌가 한다. 가창력 좋은 가수들이 잘 알려진 명곡들을 자신만의 스타일로 바꿈으로써 그 노래를 좋아하던 팬들도 잡고 새로운 팬도 확보한다. 많은 가수들이 자신의 스타일로 새로움을 보여주기는 힘들었지만, 가면이나 리메이크 무대라는 특별한 장치를 통해 자신의 강점에 새로움을 얹을 수 있는 기회를 얻게 된 것이다. 〈복면가왕〉이나 〈불후의 명곡〉을 즐겨 보는 시청자들 역시 익숙함과 새로움을 동시에 추구하는 대중문화 소비자들의 취향을 잘 보여주는 것 같다. 즉 불안정한 대중문화에서도 산업을 이해하며 최적화된 혁신을 추구하는 창조자는 계속 살아남는다는 교훈을 두 사례가 보여주고 있는 것이다. 잘되는 프로그램에는 다 그럴 만한 이유가 있다는 이야기다.

11

'별그대'가 보여주는 당신의 정체성

아이덴티티 경제학

이제 해외에서 한류 스타 열풍 소식은 그다지 새로운 이야기가 아니다. 한국 드라마의 보급이 확산되면서 주인공 배우들이 나라 밖에서 더 뜨겁게 환대받는 일은 흔한 일이 되어버렸다. 몇 년 전과 차이가 있다면, 예전에는 한국에서 드라마를 방영한 뒤 성공 여부가 판가름이 나면 해외에 판매하는 형태라 해외에서 반응이 나타나기까지 약간의 시간이 필요했다는 점이다. 하지만 최근에는 한국에서 드라마가 방영되면 거의 동시에 인터넷 포털 사이트를 통해 해외에서 다운로드가 가능해져, 시간차 없이 해외에서도 바로 반응이 나타나곤 한다.

덕분에 드라마 방영 효과가 한국보다 해외에서 더 빨리, 더 뜨겁게 나타나는 일도 종종 벌어진다. 2013년 말부터 2014년 초까지 방영한 드라마 〈별에서 온 그대〉도 그런 드라마 가운데 하나였다. 박지은 작가의 통통 튀는 대본과 장태유 감독의 아름다운 영상, 거기다 김수현과 전지현이라는 대형 스타들의 매력이 유감없이 발휘된 이 드라마는 방영되자마자 우리나라는 물론 중국에서도 뜨거운 사랑을 받았다. 특히 극중 남자 주인공 '도민준 교수'의 인기가 치솟아 이를 분한 배우 김수현은 중국 광고 시장에서 가장 사랑받는 배우로 자리 잡았다. 중국에서 최근 가장 핫한 한류 스타로 김수현과 이민호를 꼽는다고 하니, 이 드라마의 효과가 매우 컸다고 할 수 있다.

중국 팬들의 넘치는 김수현 사랑 덕분에 한국의 한 일간지에는 한문으로 된 재미있는 전면 광고가 등장하기도 했다. 드라마 〈별에서 온 그대〉 아시아 팬클럽 명의로 된 그 광고의 요지는 "서울대 강 교수는 도민준 교수에게 사과하라"였다. 이들이 광고를 낸 것은 서울대 언론정보학과 강명구 교수팀이 작성한 「중국 텔레비전 시청자의 드라마 소비 취향 지도」[31]라는 논문 내용에 반박하기 위해서였다. 팬클럽은 논문 내용 가운데 "중국인 가운데 학력과 소득 수준이 높은 사람들은 이성적인 미국 드라마를 선호하고, 학력과 소득 수준이 낮은 사람들은 논리성이 없고 감정만 폭발하는 드라마를 좋아한다"는 부분을 문제 삼았다.

"우리 도민준 교수가 얼마나 지적인데!"

'별그대' 팬클럽이 화가 난 까닭은 이 논문에서 논리성이 없고 감정이 폭발하는 드라마의 예로 주로 한국 드라마들을 거론했기 때문이었다. 해당 논문은 드라마 취향에 따라 중국 시청자들을 범주화하고 분석하는 작업을 시도했는데, 그 가운데 일부를 단순화하면 한국 드라마를 즐겨보는 것은 학력과 소득 수준이 낮은 사람들의 취향으로 볼 수 있다는 내용도 있었다. 때문에 팬클럽은 "우리는 한국 드라마를 좋아하고 지적인 도민준 교수도 좋아한다"며 본인들의 취향이 폄하되는 데 대해 강하게 반발했다. 특히나 자신들이 좋아하는 드라마 캐릭터가 '높은' 지적 수준을 가졌다는 것을 언급하며 자신들의 취향이 결코 저급하지 않음을 강조했다. 한국 드라마 팬인 자신들이 학력과 소득 수준이 낮은 사람들로 분류되는 것이 불쾌하다는 의미였다.

이런 재미있는 논박이 오간 논문을 한번 확인해보지 않을 수 없었다. 강명구 교수팀의 논문은 같은 지역이라도 문화상품 소비자들의 '취향'과 '시장'은 다를 수 있다는 점에서 출발한다. 한 나라의 시청자라 하더라도 어떤 사람들은 사극이나 추리물을 좋아하기도 하고, 어떤 사람들은 로맨스물을 좋아하기 때문이다. 따라서 특정 국가 사람들이 한국 드라마를 좋아하거나 혹은 좋아하지 않는다고 말하는 것은 사실 옳지도 않고 유용하지도 않다. 오히려 어떤 취향을 가진 사람들이 한국 드라마에 깊이 공감하는지를 포착하는 게 한류의 발전과 활용도를 높이기 위해서도 필요할 수 있다. 논문은 이런 취지에 따라 중국 내 드라마 시청자들의 취향을 분류하고, 각 드라마 취향에 속하는 사람들이 소득과 학력에서 어떤 특성을 보이는지를 알아보려 했다. 이른바 '취향의 프로파일'을 밝혀보고자 한 것이다.

사회과학에 익숙한 사람들이라면 '취향'이라는 단어에서 아마도 피에르 부르디외(Pierre Bourdieu)를 떠올렸음직하다. 프랑스 사회학자인 피에르 부르디외는 저서《구별짓기》등을 통해 산업사회에서 계급에 따라 어떻게 문화적 취향이 만들어지는지를 '아비투스(habitus)'라는 개념으로 설명했다.

아비투스란 습관(Habit)에서 유래된 말로 '사회적 지위, 교육환경, 계급 등에 따라 후천적으로 길러지는 성향'을 의미하는 개념이다. 예를 들어 A라는 사람은 클래식 음악을 즐겨 들으며 전시회에서 예술 작품을 감상하는 것을 좋아하는 취향을 지녔고, B라는 사람은 트로트 음악을 즐겨 들으면서 코미디 프로그램을 좋아할 수 있다. 이때 A가 이런 고급문화를 즐기는 것은 선천적으로 그에게 그런 것을 좋아하는 능력이 있기 때문이 아니라, 그가 속한 계급의 문화적 취향 때문이라는 게 '아비투스'적 접근이다. A의 취향은, A가 속한 계급이 그런 문화적 취향을 중요하게 여겨 어릴 적부터 가르치고 접하게 하면서 그것을 자연스럽게 습득하도록 만든 결과라는 것이다. 문화적 취향이란 자신이 속한 계급에 의해 그 문화 속에 살면서 습득하게 된 것이며, 특정한 계급은 자신들을 다른 계급과 구별 짓기 위해 그런 문화적 취향을 매우 강조한다는 게 '아비투스'의 핵심이다. 강명구 교수팀의 논문 역시 이론적으로는 부르디외의 아비투스 개념에 뿌리를 두고 있는 셈이다.

학력과 소득에 따른 '드라마 취향의 프로파일'

논문의 기초가 된 설문조사는 2013년 1월 북경에 사는 20대에서 50대까지의 중국인 400명을 대상으로 실시되었다. 설문에 앞서 연구팀은 중국인 시청자들이 선호하는 6개국 드라마 가운데 상위 순위로 10편씩 총 60편의 드라마를 선정했다. 그리고 설문조사를 통해 각 드라마를 선호하는 소비자들의 학력과 소득 분포를 비교 분류하였다.

조사 결과 중국인들이 가장 선호하는 해외 드라마는 미국 드라마로, 47.6%의 중국인 시청자가 미국 드라마를 즐겨 시청한다고 답했다. 2위는 홍콩 드라마로 31.8%, 3위는 한국 드라마 28.2% 순이었다. 대만 드라마는 15.8%로 4위였으며, 5위 일본 드라마(10.2%), 6위 태국 드라마(3.6%) 순으로 국가별 드라마의 선호 순위가 매겨졌다.

특히 미국 드라마는 중국 지상파에서 방영되지 않는데도 1위를 한 것이 눈에 띄었다. 설문조사가 북경이라는 대도시에서 실시되었다는 점이 평균 취향에서 약간 벗어나는 결과를 보여주었을 수는 있다. 하지만 최근 중국 인터넷 사이트에서 방송 콘텐츠를 시청하는 환경이 잘 갖춰지고 있어 어느 정도 설득력이 있는 결과다. 중국 시청자들이 앞서 언급한 우리나라 드라마 〈별에서 온 그대〉를 한국인들과 거의 동시간대에 인터넷으로 시청한 것과 같이, 미국 드라마 역시 인터넷을 통해 대중적으로 보급되고 있다는 것이다. 중국의 유명 포털 사이트에 들어가면 나라별, 종류별 드라마들을 클릭 몇 번으로 편리하게 시청할 수 있도록 잘 갖추어놓은 것을 확인할 수 있다.

설문조사 결과 중국인들의 드라마 취향 프로파일은 총 네 가지로 분류되었다. 네 가지의 취향은 각각 학력은 높지 않고 소득은 높은 층의 '현실적이고 논리적 감성(1그룹)', 학력과 소득이 높은 층의 '이성적이고 경쾌한 감성(2그룹)', 학력과 소득이 낮은 층의 '비논리적/감정 과잉분출의 감성(3그룹)', 소득은 높지 않고 학력은 높은 층의 '로맨틱 트렌디 감성(4그룹)'이었다.

그리고 각 취향 그룹에서 선호하는 드라마 분류는 다음과 같았다. 저학력 고소득인 1그룹이 즐겨 보는 드라마로는 〈며느리의 아름다운 시절〉(중국), 〈나혼시대〉(중국), 〈인생은 아름다워〉(한국), 〈넝쿨째 굴러온 당신〉(한국) 등 중국과 한국의 드라마들이 주로 포함되었다. 우리나라로 치면 한국의 50~60대 주부들이 즐겨 보는 드라마들과 비슷한 부류였다.

고학력 고소득인 2그룹은 〈프렌즈〉(미국), 〈빅뱅이론〉(미국), 〈CSI〉(미국), 〈위기의 주부들〉(미국), 〈로스트〉(미국), 〈섹스 앤 더 시티〉(미국), 〈노다메 칸타빌레〉(일본), 〈호타루의 빛〉(일본), 〈잠복〉(중국) 등 미국과 일본 드라마가 대다수였다. 우리나라 젊은 세대들이 좋아하는 미국 드라마들과 큰 차이가 없었다.

문제의 저학력 저소득인 3그룹에는 〈천 번의 입맞춤〉(한국), 〈조강지처 클럽〉(한국), 〈청담동 앨리스〉(한국), 〈아름다운 여자〉(대만) 등 많은 한국 드라마들이 속해 있었다. 1그룹이 좋아하는 드라마들보다 소위 '막장' 느낌이 강하거나 트렌디 드라마라 하더라도 조금 더 자극적인 소재들이 많이 담긴 부류였다. 고학력 저소득인 4그룹에는 〈꽃보다 남자〉(일본), 〈고쿠센〉(일본), 〈시티헌터〉(한국), 〈다혼가족〉(중국) 등 다양한 국가의 드라마들이 포함됐다.

분포에서 알 수 있듯이 4개의 그룹에 특정 국가의 드라마만 포함된 것은 아니다. 한국 드라마들은 4개 그룹에 고루 포진되어 있지만 저학력 저소득인 3그룹에 좀 더 집중되어 있을 뿐이다. 논문에서도 중국 시청자들이 하나의 취향 집단으로 구성된 것이 아니라 드라마의 텍스트 특성, 스토리텔링과 전개 방식 등에 따라 취향 프로파일이 분류된다는 점을 주결론으로 하고 있다.

문제는 3그룹에 속한 드라마들이 주로 출생의 비밀, 외도, 비현실적 캐릭터 등 이른바 '막장 드라마'의 요소들을 갖춘 '비논리적' 드라마들이라는 점이고, 한국 드라마 가운데 이런 부류가 꽤 많다는 점이다. 즉 우리나라의 많은 드라마들 가운데 하나의 계열로 범주화할 수 있는 '막장 드라마'가 해외에서도 일부 층에는 강한 호소력이 있다는 이야기다.

국경을 초월해서도 저학력 저소득층이 실제로 '막장 드라마'를 즐긴다는 사실이 확인된 점, 한국 드라마를 즐기는 층이 젊은 세대만은 아니라는 점 등은 이 논문에서 매우 흥미로운 부분이었다. 기존 연구들에 의하면 중국 및 동남아 지역에서 '한류'는 세련된 취향, 선망의 대상으로 인식된다는 분석이 많았다. 그러나 이 연구에 의하면 실제로 한국 드라마들이 인기를 끈 이유는 3그룹의 '막장' 취향과, 1그룹의 전통적인 '동아시아적 감성'을 잘 구현했기 때문일 가능성이 높다. 즉 한류가 세련되어서 좋아한 것이 아니라 자신들과 유사한 감성을 가지고 있으면서도 비현실적인 캐릭터를 자극적인 이야기 전개 속에 잘 녹여냈기 때문에 좋아했을 수 있다는 이야기다.

하지만 한편으로는 이런 범주화에 발끈하는 '별그대' 팬클럽과 같은 층들이 존재하는 것도 사실이다. '별그대'는 막장 드라마의 특성이나 동아시아적 감성보다는 세련된 이미지, 독특한 스토리, 흥미로운 구성과 찰진 대사, 아름다운 화면과 스타 배우 등 한국에서도 대작 성공 공식에 꼭 필요한 요소들로 가득 찬 드라마였기 때문이다. 세계는 넓고 취향은 다양하기에 한류 역시 특정 장르가 인기를 끈다고 계속 그 장르만을 고집하는 것은 어리석다는 사실을, 즉 아시아만 하더라도 매우 다양한 층과 다양한 취향이 있음을 논문과 광고는 보여준 것이라 할 수 있다.

취향과 정체성의 경제학

드라마의 '취향' 오판이 시청률의 실패를 낳을 수 있듯, 다른 분야에서의 '취향' 오판도 문제를 야기할 수 있다. 때문에 경제학에서도 '취향'에 대해 고민하기 시작했다. 부르디외가 사회학적으로 '취향'이 문화적 계급의 산물임을 밝혀냈다면, 선택의 학문인 경제학은 '취향'이 개인의 선택에 많은 영향을 미친다는 것을 밝혀내고자 노력하고 있는 것이다.

이런 노력을 하고 있는 경제학자 가운데 한 명이 2001년 마이클 스펜서, 조셉 스티글리츠와 함께 노벨경제학상을 받은 조지 애컬로프다. UC

드라마 시청층에 대한 프로파일링은
'취향의 지도'를 그려낼
힌트를 준다.

버클리 경제학과 교수인 그는 1970년 '레몬 시장 이론'을 발표해 정보의 비대칭성이 시장 경제에 가져오는 오류를 처음으로 제시한 바 있다. 논문에서 지칭하는 '레몬'이란 우리말로 치면 '빛 좋은 개살구'쯤에 해당하는데, 겉만 멀쩡한 물건을 가리키는 말이다.

레몬 시장은 불완전한 정보 때문에 비정상적인 선택, 즉 역선택이 발생하는 시장을 말한다. 정보를 양쪽이 똑같이 공유한 것이 아니라 한쪽에서만 가지고 있어(비대칭적) 다른 한쪽은 좋지 못한 선택을 할 수밖에 없는 것을 '역선택'이라 하고, 이런 선택이 발생할 수밖에 없는 왜곡된 시장을 '레몬 시장'이라고 한다. 중고차 시장에서 구매자가 차에 대한 정보가 부족해 평균적인 값만 치르고자 하면, 시장에서 평균 이상의 차는 사라지고 평균 이하의 차들만 남아 구매자는 평균 이하의 차를 평균 가격으로 사는 '역선택'을 하게 되는 것이 이런 경우에 해당한다.

전통적인 경제학에서는 수요와 공급의 원칙에 따라 효용이 극대화되는 이상적인 시장을 늘 가정해왔다. 앞에서 언급된 중고차 시장이라면 중고차의 품질에 따라 가격은 모두 차별화되고, 모든 차는 그 품질에 딱 맞는 가격으로 판매되어야 한다. 모두 다 합리적인 선택을 하기 때문에 어느 누구도 더 높은 가격에 팔 수도, 더 낮은 가격에 살 수도 없다. 하지만 애컬로프는 정보의 불균형으로 시장이 왜곡될 수 있음을 보여줘 합리적 이성을 가정하는 고전학파의 빈틈을 파고들었다.

더 나아가 애컬로프는 레이첼 크랜턴과 함께 저술한 《아이덴티티 경제학》을 통해 정보 불균형으로 시장이 왜곡될 수 있듯이 인간 역시 다양한 층위의 정보 작용에 의해 다양한 선택을 할 수 있음을 보여주고자 했다. 인간이 늘 '경제적으로 합리적인 방향'으로만 의사결정을 하지는 않는다는 것이다. 특히 애컬로프는 이 선택의 과정에서 중요한 역할을 하는 것을 개인의 '정체성'으로 보았다. 단순한 수지타산으로는 설명할 수 없는 복잡한 선택의 과정에서, 자신에게 더 효용이 큰 것을 도출할 수 있도록 도와주는 장치가 바로 '정체성'이라는 설명이다.

애컬로프가 고안한 '정체성 경제학'에는 세 가지 구성요소가 있다. 범주, 규범, 정체성 효용이다. 정체성 경제학이 작동하려면 이 세 가지가 유기적으로 결합해야 한다. 먼저 개인을 특정한 사회적 범주와 연결시켜야 한다. 한국인이든 대학생이든 백수든 특정한 범주가 먼저 있어야 하고, 나를 그 범주에 넣을 것인지를 택해야 한다. 그렇게 하면 해당 범주를 지배하는 규범을 만나게 된다. 한국인이라면 이렇게 해야 하고, 백수라면 이런 모습이어야 한다는 것과 같은 규범이다.

자신이 선택한 범주의 규범을 익혔다면, 의사결정을 할 때 그 정체성 규범을 지킴으로써 더 커질 수 있는 '정체성 효용'에 맞춰 선택을 하게 된다. 전통적인 경제학에서 경제적 효용이 경제적 이득의 크기라면, 정체성 효용이란 '자신이 생각하는 정체성을 더 강화함으로써 느낄 수 있는 만족감의 크기'라고 생각하면 가깝다. 한국인이라면 더 한국인다운, 백수라면 더 백수다운 선택을 하는 것이 본인의 '정체성 효용'을 높이는 길이다.

때문에 이렇게 정체성 효용에 맞춘 선택은 경제적 효용에 맞춰 선택하는 것과는 사뭇 다른 결과들을 불러온다. 과거 정책 입안자들이 담배 수요를 줄이기 위해 주로 써왔던 담뱃세 인상과 같은 경제적 유인책이 대표적인 예가 될 수 있다. 정책 입안자들은 담배 수요를 낮추기 위해 '흡연은 건강에 나쁘다'는 캠페인을 펼쳐 금연 운동을 진행하기도 했지만, 보통은 세금이라는 경제적 유인책을 많이 써왔다. 담뱃값을 올림으로써 사람들의 경제적 효용을 건드려서 행동을 바꾸려 한 것이다.

그런데 그런 정책을 통해 남성의 흡연율은 많이 줄일 수 있었지만, 여성의 흡연율은 크게 줄어들지 않았다. 1920년대 미국 남성 가운데 흡연자의 비율은 약 60퍼센트로 여성 흡연자보다 많았지만, 1990년대에 들어서는 남녀의 흡연자 비율 차이가 거의 없을 정도로 남성의 흡연율은 줄고 여성의 흡연율은 줄지 않았다. 이런 현상을 경제 이론만으로 설명하기는 어렵다. 남자만 세금에 민감하고 여자는 민감하지 않았다고 할 수는 없기 때문이다.

세금 인상에도 불구하고 여성 흡연율이 크게 줄지 않은 이유는 미국 여성의 성규범이 변화했기 때문이다. 20세기 초만 해도 여성의 흡연은 미국에서도 점잖지 못한 행동, 여성이 해서는 안 되는 행동으로 여겨졌다. 그러나 1970년대 여성해방운동이 정점을 찍으면서 여성의 흡연 금지라는 '규범'도 약해졌다. 여성에게도 담배를 피울 수 있는 자유가 주어지면서 '자유 여성'이라는 '정체성'을 선호하는 여성들은 담뱃세 인상이나 금연 운동이라는 제재에 굴하지 않고 흡연을 선택했다. 즉 '자유 여성'이라는 정체성의 측면에서 볼 때, 흡연은 자유 여성의 정체성을 높여주는 선택이었다는 이야기다.

복잡하고 다양한 인간의 효용 함수

이처럼 비경제적으로 보이는 의사결정의 배후에는 '정체성'을 지키고자 하는 힘이 있다는 것이 애컬로프의 '정체성 경제학'의 핵심이다. 인간의 효용 함수 안에는 경제적 효용만 있는 것이 아니라 '정체성'이라는 효용도 함께 있어, 이 복합 효용 극대화를 통해 선택을 한다는 사실을 보여준 것이다. 때문에 애컬로프는 이런 점들을 무시하고 경제적인 논리만으로 정책을 입안하거나 밀어붙이는 일은 종종 실패할 수밖에 없다고 이야기한다. 경제학자들이 이제 사회학자, 심리학자, 인류학자들이 연구해온 영역에 대해서도 서서히 눈을 뜨고 있음을 시사하는 대목이다.

　매우 의미 있는 성과이긴 하지만, 경제학보다 인류학과 사회학을 먼저 접했던 내 인상에는 사실 그다지 새롭지는 않았다. 솔직히 말하자면, '레몬 시장 이론'을 만들어낸 애컬로프는 분명 경제학의 대가이지만, '정체성 경제학'은 사회과학의 전반의 영역으로 보면 그다지 새로운 접근은 아니다. 이미 많은 사회학, 심리학, 인류학의 영역에서 진행된 연구들이 그런 점들을 밝혀내기 위한 것이기 때문이다.

　하지만 경제학이라는 틀 안에서 본다면, 만고의 불변으로 여겨지던 '합리적 인간'의 원칙이 늘 유효하지는 않다는 사실을 깨닫고 다양한 접근을 시도하기 시작했다는 점에서 높이 평가해야 할 것 같다. 경제학자들이 이런 점들을 깨닫기까지 정말 먼 길을 돌아온 것이기 때문이다. 그것도 애컬로프와 같은 대가가 그 획을 그었다는 점은 큰 의미가 있다. 아마도 그런 시도가 효과적으로 이뤄진다면 앞으로 경제학 논문의 수식에는 사회의 다양한 요소들이 변수로 덧붙여져, 보다 풍성한 분석이 가능해질 것이다. 이제까지 경제학자들이 생각하는 설명 변수들은 참으로 한정돼 있고 따분했기 때문이다.

어떤 스타일의 드라마를 볼 것인가 하는 선택 역시 개인의 정체성에 의해 결정되었을 가능성이 높다. 중국의 드라마 시청자 설문조사가 보여주듯, 미국 드라마를 선호하는 이들이라면 중국 내에서 상대적으로 더 '미국인같이 생각하고 미국인처럼 살고자 하는' 정체성을 가진 사람들일지 모른다. 또한 '막장 드라마'를 택한 이들이라면, 그 드라마를 좋아하는 사람들만이 공유하는 공통된 조건이나 감성 등도 있을 터다.

때문에 '한류'의 활용도를 논하고자 한다면, '한류'라는 막연한 범주에 머무르는 것에서 조금 더 나아가 대상을 세분화해 분석하는 것이 필요해 보인다. 특정한 한류 콘텐츠를 선택한 사람들이 원하는, 혹은 가지고 있는 정체성을 파악할 수 있어야 한류의 다양한 활용도 가능할 것이기 때문이다. "두유 노우 싸이?" 수준으로 한류를 논하는 것은 이제 좀 그만하자는 것을 지금 이렇게 에둘러 말하고 있는 것이다.

아이돌 그룹이 영원할 수 없는 이유

게임이론

몇 해 전부터 '추억'이 문화산업을 지배하고 있다. 90년대 감수성을 아름답게 표현해 40대들을 극장으로 끌어들인 〈건축학 개론〉(2012)의 성공에 이어, 드라마 〈응답하라 1997〉(2012)이 한국 아이돌 음악사의 첫 장을 생생하게 복원하면서 '90년대'는 추억을 상징하는 중요한 문화적 코드로 떠올랐다. 뒤이어 〈응답하라 1994〉(2013)가 히트하면서 90년대 학번들의 추억이 한껏 고조되는가 싶더니, 2014년 말에는 예능 프로그램 〈무한도전〉에서 '토요일 토요일은 가수다' 특집을 통해 90년대 가수들에 대한 향수를 대방출하며 추억 산업의 정점을 찍었다.

추억 산업에서 중요한 역할을 하는 것은 뭐니 뭐니 해도 음악이다. 한 시대를 풍미한 음악들이 흐르면 동시대를 겪은 사람들은 저마다 숨겨두었던 그때의 추억을 떠올리게 된다. 추억의 그 음악과 함께 흐르는 이야기에는 왠지 몰입도 더 잘 되는 것 같다. 때문에 추억 산업 열풍이 몰아치면 대중음악 분야에서 가장 먼저 반응이 나타나곤 한다. '토요일 토요일은 가수다'의 경우 프로그램에 나온 90년대 노래들이 각종 가요 차트를 석권하는 기염을 토하기도 했다. 출연자들 가운데에는 다시 활동을 재개하는 옛 스타들도 나왔다. 그것이 추억팔이든 뭐든, 대중이 그 가수를 떠올리고 그리워한다는 사실이 확인됐다면 활동을 주저할 이유가 없기 때문이다.

그런데 이렇게 오랫동안 활동을 중단했다 재개하는 경우 솔로 가수들이라면 그나마 기민한 대응이 가능한데, 그룹이라면 문제가 간단치 않다. 팀의 해체와 재결성이라는 문제가 복잡하게 얽혀 있기 때문이다. 특히 팀 멤버들이 뿔뿔이 흩어져 서로 다른 소속사에 있는 경우라면 문제가 조금 더 복잡해진다. 현재 상태에 대한 만족도나 앞으로 하고자 하는 일에 따라 재결합에 대한 멤버들의 마음가짐은 다를 수밖에 없다. 멤버들끼리 좋지 못한 이유로 헤어졌다면 다시 한 무대에 서는 것 자체가 힘들 수 있다. 그런 점들 때문에 한번 해체되었던 그룹이 다시 모여 활동을 재개하는 것은 쉽지 않다. 얼마 전 원조 아이돌 그룹인 GOD가 탈퇴했던 멤버까지 모두 모아 '완전체'로 공연을 하자 큰 반향을 일으킨 것도 이 때문이다.

그룹 가수들의 탈퇴, 해체, 재결성 등은 우리나라뿐 아니라 다른 나라에서도 비일비재하게 발생한다. 잘나가던 그룹의 리드 보컬이 갑자기 탈퇴하기도 하고, 마음이 맞지 않는 팀원들이 불화를 거치다 해체하기도 한다. 마이클 잭슨, 다이애나 로스, 비욘세, 저스틴 팀버레이크의 공통점이 있다면 모두 그룹을 깨고 홀로 나왔거나 해체 뒤 솔로로 성공한 가수들이라는 점이다. 우리나라에도 굳이 꼽아보자면 이승철, 이효리, 김종국, 김종서 등이 이런 가수들이 아닐까 싶다.

하지만 그룹에서 솔로로 독립하는 가수들이 모두 성공하는 것도 아니고, 오히려 그룹 활동을 계속했다면 더 좋았을 가수들도 있다. 하지만 그룹 가수들의 솔로를 향한 열망은 늘 불타오른다. 때문에 그룹 활동을 하는 가수라면 저마다 팀을 유지할 것인가, 솔로로 나설 것인가 하는 문제를 한번쯤은 고민해보았을 듯싶다. 함께할 것인가, 홀로 설 것인가. 이 복잡한 방정식을 풀어줄 해법은 없을까. 모든 선택의 문제를 분석하기 좋아하는 경제학자들은 이 문제에도 칼을 들이대 많은 연구를 해왔다.

그룹 결성의 경제학

우선 경제학자들은 가수들의 그룹 결성 이유부터 따져보았다. 그룹이 존재하는 이유가 무엇인지를 알아야 그들이 함께할 때 얻을 이점을 밝혀낼 수 있기 때문이다. 경제학자들의 눈에 '그룹'이 존재하는 이유는 기업과 크게 다르지 않다. 다양한 재능을 가진 아티스트들이 하나의 팀을 결성해 활동하는 것은 무엇보다 비용을 줄일 수 있기 때문이다.

이 논리를 뒷받침하는 것이 1991년 노벨경제학상 수상자인 로널드 코스(Ronald Coase)의 '코스의 법칙'이다. 코스는 기업이 존재하는 이유를 거래 비용을 줄일 수 있기 때문으로 보았다. 생산과 판매 활동에 필요한 여러 자원들을 내부적으로 갖추고 처리할 때 비용을 더 줄일 수 있기 때문에 기업이라는 조직이 존재한다는 것이다. 따라서 내부 비용이 외부 시장에서 처리하는 비용을 뛰어넘게 되면 기업은 더 이상 존재할 필요가 없어진다는 것이 코스의 법칙, 혹은 코스의 정리다. 내부 비용이 외부 시장에서 조달하는 비용보다 적다면 기업은 계속 확장하지만, 그 비용이 외부 조달 비용을 넘어서는 순간 기업의 확장은 멈춘다는 것이다.

이 논리에 따르면 그룹은 비용 절감을 위해 탄생한 조직이다. 새로운 음악을 창작할 때마다 보컬, 연주자, 작곡가 등 개별 아티스트들을 각각 섭외해야 한다면 비용이 더 높아질 수 있다. 게다가 지속적으로 연주 활동을 같이할 수 없으면 기대 수익도 낮아지게 된다. 따라서 이들이 팀을 구성해 더 '경제적으로' 음악을 한다는 것이 경제학자들이 바라보는 '그룹'이다. 물론 이 설명은 기획사들이 멤버를 선별하고 조합하는 우리나라의 아이돌 그룹에는 조금 맞지 않아 보인다. 하지만 최근 기획사들이 전속 작곡가, 안무가 등을 확보해 자사 가수들을 지원하는 형태를 생각하면 비슷한 논리가 적용된다고도 볼 수 있다.

일단 팀이 결성됐다면 일정 기간 유지해야 수익을 기대할 수 있다. 그런데 개성 강한 멤버들이 모여 있는 그룹에는 늘 불화의 씨앗이 싹트기 마련이다. 멤버들이 불화를 겪는 이유는 다양하다. 도널드 콘론(Donald E. Conlon)과 캐런 젠(Karen A. Jehn)이라는 학자들은 그룹 내 가수들이 불화를 겪는 원인으로 '과정(process)', '관계(relationship)', '과업분담 (task)', '경제(financial)', '정치(political)', '마약(drug)' 등 여섯 가지를 지목했는데, 특히 이 중에서도 경제, 정치, 마약 세 가지를 주요 불화 원인으로 꼽았다.[32]

'과정형 불화'는 그룹의 목표, 즉 어떤 방향의 그룹을 지향하는가를 두고 생기는 불화다. 그룹이 아티스트형으로 갈 것이냐, 대중형으로 갈 것이냐를 두고 목표를 정할 때 멤버들 사이에서 많은 불화가 생기곤 한다. 예컨대 아티스트형 그룹을 추구하던 홍대 언더그라운드 그룹이 갑자기 대중적으로 유명해졌을 때, 계속 아티스트형으로 나갈지 아니면 기회에 힘입어 대중형으로 변신할지 등을 고민할 때 생길 법하다.

'관계형 불화'는 멤버들 간의 성격 차이 등으로 발생하는 불화다. "누구랑 누가 싸워서 A팀이 해체됐다더라" 하는 '카더라 통신'은 대부분 여기에 해당한다. '과업분담형 불화'는 그룹 안에서 멤버들이 서로 어떤 역할을 할 것인가를 두고 생기는 불화다. 전에 원조 아이돌 그룹의 한 멤버가 토크쇼에 출연해 본인이 주 안무자가 되고 싶었는데 다른 멤버가 원해서 그 역할을 줬고, 그래서 아쉬웠다고 회고하는 것을 보았다. 아마 이때 불화로 번졌다면 그 팀은 과업분담형 불화를 겪게 되었을 것이다.

뭐니 뭐니 해도 가장 핵심은 '경제적 불화'다. 내가 팀에 기여한 바에 비해 경제적으로 덜 대우받고 있다거나 혹은 다른 사람이 더 대우받고 있다고 생각하는 순간, 경제적 불화의 씨앗은 싹튼다. 요즘은 아이돌 그룹 멤버들의 개인 활동이 많이 늘어나고 있는데, 팀마다 수익 배분 비율은 다르다고 알려져 있다. 개인 활동을 열심히 해도 인원수대로 똑같이 수익을 나누는 팀도 있고, 개인이 활동한 몫은 개인이 가져가는 팀도 있다. 만약 멤버들이 똑같이 수익을 나눈다면 활동을 많이 하는 멤버가 불만을 가질 법하다. 반대로 개인이 활동하는 만큼 수익을 가져간다면 왜 다른 멤버에게는 활동 기회를 주지 않나 불만이 생길 수 있다. 모두 경제적 불화의 싹들인 셈이다.

'정치적 불화'는 우리나라에선 보기 어렵다. 그룹의 음악이 정치색을 띠거나 사회에 대한 메시지를 던졌을 때, 멤버들이 그것에 동의하지 않아 불화가 생기는 경우다. 1960~70년대 미국 밴드들에서 많이 일어난 불화 형태다. '마약' 역시 우리나라에선 흔한 불화 요인은 아니다. 하지만 넓게 보아 개인의 복잡한 사생활 등까지 이 범주에 포함한다면, 이 때문에 불화를 겪거나 해체한 팀들은 간간이 생각날 수 있다.

인기 멤버의 탈퇴를 막으려면

이렇게 다양한 불화 요인들을 가진 그룹들이 해체라는 위기를 넘기고 장수하기 위해서는 서로에게 충분한 보상이 이뤄져야 한다. 어떻게? 경제학자들은 이 문제를 해결하기 위해 존 내시(John Nash)와 로이드 섀플리(Lloyd Shapley) 등이 정립한 '협력적 게임이론'을 적용하고자 했다.

게임이론은 한 사람의 행위나 결정이 다른 사람의 행위에 영향을 미치는 상호의존적 상황에서 의사결정이 어떻게 이루어지는가를 연구하는 이론이다. 한 집단에서 한 사람의 행동 결과가 본인의 행동뿐 아니라 다른 참가자의 행동에 의해서도 결정될 때, 본인에게 최대의 이익이 되는 선택은 무엇인지, 또 참여자들의 이익이 모두 높아지는 것은 어떤 때인지 등을 수학적으로 풀어내고자 하는 것이다.

게임이론은 경기자(player), 전략(strategy), 보수(payoff)라는 요소로 구성되어 있다. 경기자는 게임의 주체로 사람이거나 기업, 국가가 될 수 있다. 전략은 경기자가 택할 수 있는 모든 행동, 모든 선택 가능성을 뜻한다. 보수는 각 경기자들이 선택한 전략 하에서 이들에게 돌아갈 결과를 수치로 나타낸 것이다. 즉, 각 경기자가 어떤 전략을 통해 각각 어떤 보수를 얻게 되는가를 정리하는 것을 게임이론이라 하는 것이다.

게임이론은 존 폰 노이만(John von Neumann)과 오스카 모르겐슈테른(Oskar Morgenstern)이 1944년에 함께 쓴 《게임이론과 경제행동(Theory of Games and Economic Behavior)》이 발간되면서 본격적으로 발전했다. 이들은 두 경기자 사이의 영합게임(zero-sum game)을 연구했다. 영합게임이란 게임 참가자가 서로 경쟁해서 한 사람이 이득을 얻으면 다른 사람은 손실을 얻게 되는, 즉 한쪽이 이기거나 지거나가 확실한 적대적 게임을 말한다. 하지만 승자와 패자의 이득과 손실이 꼭 같지 않을 때도 있다. 두 나라가 국제무역을 하면서 무역 당사국 양쪽이 모두 이득을 얻거나, 주식 투자를 할 때 사고파는 과정에서 모두가 투자 이익을 얻게 되는 경우 등이 이에 해당한다. 이런 경우를 양합게임(positive-sum game)이라 한다.

게임이론을 이렇게 보수에 따라 나누기도 하지만, 전략을 어떤 형태로 구사하는가로 구분할 수도 있다. 크게 협력적 게임과 비협력적 게임으로 나누는데, 협력적 게임은 경기자들이 자발적으로 서로 계약을 맺거나 합의하는 것 등이 허용되는 경우다. 국제무역이나 노사 단체협약, 다른 나라에서 시행 중인 유죄협상제도 등이 모두 협력적 게임에 해당한다. 협력적 게임에서는 서로가 합의한 사항을 어겼을 때에는 처벌을 받을 수 있어야 한다. 어기는 것에 대한 처벌이 없다면 협력을 언제든 내팽개칠 수 있기 때문이다. 반대로 서로 계약이나 합의하는 것을 허용하지 않는 경우를 비협력적 게임이라 한다. 잘 알려진 죄수의 딜레마, 적대적 합병 등이 이에 해당한다.

특히 협력적 게임이론 가운데 2012년 노벨경제학상을 받은 로이드 새플리가 정리한 '새플리의 값'이란 개념이 있다. 참여자가 여럿인 공동 프로젝트일 때 비용이나 이익을 참여자들의 공헌도에 따라 배분함으로써 균형 상황을 유지하게 만드는, 적절한 배분 공식을 일컫는 말이다.

새플리의 값은 '협력을 했을 때 이익금이 발생하면 참여자가 동일하게 나눠가진다'를 기본 원칙으로 삼는다. 예를 들어 A와 B가 각각 택시를 타면 4000원, 3000원을 내야 하는데 합승을 할 경우 5000원이 나오게 될 때, 이 택시비를 어떻게 배분하는 것이 좋을까 하는 문제가 있다고 치자. 이때 둘의 합승 요금 배분 방식은 여러 가지가 있겠지만, 새플리의 값으로 접근을 한다면 A는 3000원, B는 2000원을 내는 것이 합리적이다. A와 B가 각각 택시를 탔을 때 치러야 할 비용은 7000원(4000원+3000

원)이고, 합승을 하면 5000원이므로 새플리의 값에서는 '합승'의 협력적 이득을 2000원(7000원-5000원)으로 본다. 새플리의 값은 협력의 이득 2000원을 참여한 사람이 똑같이 1000원씩 나눠야 한다고 보기 때문에 A는 3000원(4000원-1000원), B는 2000원(3000원-1000원)씩 내는 것이 합리적이라고 생각하는 것이다.

이 예에서는 참여자가 둘뿐이라 계산이 비교적 간단하지만, 주체가 여럿이 되면 계산이 조금 더 복잡해진다. 때문에 보통 이 공식은 합작투자 회사나 여러 주체들이 참여하는 국책사업, 전략적 제휴 등과 같이 여러 사업자가 힘을 합쳐 공동의 목표를 달성해야 하는 상황에서 협력을 이끌어낼 때 이용한다. 또 한 조직 안에서 여러 사람이 동일한 자원을 쓸 때, 예를 들어 기업에서 전산서비스를 부서마다 모두 이용할 때 그 비용을 어떤 비율로 내야 하는가, 공통 경비를 배분할 때, 세금을 부과할 때, 공항 활주로의 사용료 등을 배분할 때와 같이 분배 문제가 갈등을 일으킬 가능성이 있을 때 적용하곤 한다. 경제학자들은 이 새플리의 값을 그룹의 수익 배분에도 적용할 수 있다고 보았다.

예를 들어 3명으로 구성된 그룹이 있다. 이 그룹에는 솔로로 전향했을 때 성공할 수 있는 스타 멤버가 1명 있고, 나머지 2명은 팀을 유지하는 게 더 유리한 비스타 멤버다. 그룹이 유지될 때 이들이 얻는 총수입은 120만 원으로, 멤버 3명이 40만 원씩 똑같이 나눠가진다. 그런데 스타 멤버가 탈퇴해 솔로로 독립하게 되면 스타 멤버의 수입은 60만 원으로 오를 수 있다. 반면 나머지 멤버들의 수입은 20만 원씩으로 줄어 멤버들의 총수입은 100만 원(60만+20만+20만)이 된다. 이럴 경우 스타 멤버는 그룹 탈퇴를 원하고 비스타 멤버들은 그룹 유지를 원하게 된다. 그렇다면 이들이 어떤 결정을 내리는 것이 합리적일까.

셰플리의 값에 따르면 그룹을 유지하는 게 맞다. 그룹 유지시 총수입은 120만 원, 해체시 총수입은 100만 원이기 때문에 총수입이란 관점에서 보면 유지하는 것이 옳다. 하지만 스타 멤버의 불만이 존재하는 상황으로는 유지가 불안하다. 따라서 스타 멤버에게 솔로 전향 수입인 60만 원을 보장해주고, 나머지 60만 원을 비스타 멤버 2명이 30만 원씩 나눠 가지는 방법이 합리적이라는 게 셰플리의 해법이다. 비스타 멤버는 스타 멤버보다는 돈을 덜 받지만, 그래도 팀이 해체될 때보다는 수입이 늘기 때문에 이렇게라도 스타를 잡는 게 이득이라는 것이다. 참으로 솔로몬 대왕 같은 명쾌한 결정이다.

솔로 > 그룹 > 콜라보레이션

하지만 그렇게 수익 배분 조건을 바꾼다 해도 스타 멤버는 여전히 솔로로 나서고 싶다. 멤버들과 수익을 나누지 않고 혼자 더 벌어 다 가질 수 있다는 유혹을 떨치기가 어렵기 때문이다. 그럼 정말 솔로로 나서면 경제적으로 더 성공할 수 있을까? 로니 필립스(Ronnie J. Phillips)와 이언 스트라찬(Ian C. Strachan)이라는 학자들이 이와 관련해 재미있는 논문을 발표했다.[33]

이들은 1965년부터 2005년까지 미국의 빌보드 차트를 분석해 그룹과 솔로 활동이 어떤 차이를 나타내는지 분석했다. 1965년과 2005년을 비교했을 때 그룹의 비중은 점점 줄어드는 반면 솔로 가수들은 늘어났다. 음악산업에서 컴퓨터 활용이 늘어나면서 그룹 멤버들이 나누어 맡았던 작곡이나 연주 기능이 점점 프로듀싱 기술로 대체돼, 그룹의 유용성이 떨어졌기 때문이다. 예전에는 한 사람은 작곡하고, 다른 사람들은 이것을 나눠 연주하고, 노래를 맛깔스럽게 부를 보컬도 따로 필요해 그룹의 경쟁우위가 높았는데, 이제는 컴퓨터를 활용해 한 사람이 이 모든 작업을 할 수 있게 된 것이다.

그런데 빌보드 차트에 오른 그룹들이 존속하는 기간을 비교했더니 1965년에는 평균 5.14년인 반면 2005년에는 8.2년으로 늘어났다. 그룹의 수는 줄어들고 있지만 한번 결성한 팀들의 존속 기간은 더 길어지고 있다는 것이다. 이에 대해서는 음악산업에 다양한 계약 방식이 도입되었기 때문으로 분석한다. 그룹 활동을 하면서도 다양한 개인 활동, 즉 콜라보레이션이나 듀엣 활동 등을 보장받기 때문이다. 굳이 팀을 깨지 않아도 각자 활동이 가능해져 팀의 존속 기간은 늘어났다는 이야기다.

아마도 이런 결과가 나타난 것은 새플리의 해법을 이미 많은 그룹들이 실제로 적용했기 때문은 아닐까 생각해본다. 그룹이 오랫동안 유지되려면 스타 멤버가 필요하기 때문에, 스타 멤버를 효율적으로 붙잡기 위해 다양한 계약을 맺어 개인 활동을 보장해주면서 그룹의 수명을 늘이고 있다는 것이다. 요즘 우리나라에서 해체 없이 따로 또 같이 활동하는 그룹들이 점점 늘어나고 있는 것도 이 때문으로 보인다.

그렇다면 솔로 활동과 그룹 활동의 경제효과는 어떨까. 연구 결과 많은 가수들이 솔로를 지향하는 것은 당연한 현상으로 밝혀졌다. 솔로 활동이 그룹 활동보다 경제적 이득이 더 높은 것으로 나타났기 때문이다. 그룹에서 스타 멤버가 탈퇴해 솔로로 활동하고자 하는 것은 동서고금을 통틀어 경제적으로는 의미 있는 시도라는 이야기다. 그런데 그룹 멤버들이 그룹 활동을 유지하면서 부가적으로 듀엣이나 콜라보레이션 활동을 하는 것은 그룹 활동에 비해 경제적 성과가 좋지 않았다. 즉, 수익이라는 측면에서만 보면 솔로〉그룹〉콜라보레이션 순이라는 것이다.

이와 같은 결과는 솔로로 성공할 만한 자질을 갖춘 가수는 이미 솔로로 나가 본격적으로 활동을 하고 있고, 그렇지 못한 멤버들이 '간보기' 형태로 듀엣이나 콜라보레이션 활동을 하고 있기 때문은 아니었을까 분석해본다. 즉 수입이라는 측면에서만 보면, 솔로로 활동할 만한 역량이 충분한 멤버는 독립하는 게 맞고, 그렇지 못할 바에는 그냥 충실히 그룹 활동만 하라는 것이다. 듀엣이나 콜라보레이션 활동은 그룹 활동과는 또 다른 경험을 할 수 있다는 측면에서만 접근해야지, 수익을 위해서는 아니라는 것이다.

종합하면 이런 결론이 될 수 있겠다. 솔로로 활동하고 싶은 스타 멤버라면 차분하게 생각해보자. 과연 솔로로 성공할 수 있을까. 성공할 수 있다면 수익은 가장 높을 것이다. 하지만 그다지 큰 성공을 거두지 못할 것 같다면? 그룹을 깨지 말고 함께 가라. 그룹 활동을 하면서도 솔로로 활동할 수 있는 여지는 많다. 하지만 그 활동으로 높은 수익을 거두기는 어렵다는 점은 기억하자.

솔로로 성공하기 어려운 비스타 멤버라면? 경제학적으로만 접근한다면 가혹하지만 죽기 살기로 스타 멤버를 붙잡는 것이 옳다. 내 수익을 조금 더 나눠주더라도, 해체보다는 낫기 때문이다. 하지만 당연하게도, 인간은 그렇게 경제적 논리로만 움직이지는 않는다. 그리고 나의 이득을 포기하더라도 '공정함'을 얻고 싶은 마음이 강한 것도 인간이라는 존재다. 1982년 독일 훔볼트대 베르너 구스 연구팀이 제안한 '최후통첩게임(Ultimatum Game)'을 떠올려보면 비스타들의 마음을 간단하게 정리하기 어려운 이유를 알 수 있을 것이다.

두 사람 A와 B 앞에 100만 원의 돈이 놓여 있다. 이때 A는 돈을 나눌수 있는 권한이, B는 나누어진 돈을 받거나 거부할 권한이 있다. 단 B가 A의 제안을 거부하면 A와 B 둘 다 한 푼도 받을 수 없다. 이때 A가 자신은 99만 원을 갖고 B에게 1만 원만 준다고 결정할 경우 B는 어떤 선택을 하는 게 합리적일까. B가 경제적 인간이라면 어떻든 1만 원이라는 이득이 있으니 A의 제안을 받아들여야 맞다. 그런데 실험결과는 이와 전혀 달랐다. 99만 원과 1만 원과 같이 분배가 지나치게 치우쳤을 경우 대부분의 B는 1만 원을 포기하는 대신 A도 99만 원을 갖지 못하도록 했다. 대부분의 B는 전체 금액의 20% 미만을 받게 될 경우 A의 제안을 거부했다. 20% 미만의 금액을 제안하면 A가 자신을 무시한 것으로 여겨 B 자신의 이익을 생각하기보다는 A에 대한 보복성 선택을 한다는 것이다.

최후통첩게임에선 다른 면모도 볼 수 있었다. 돈을 나누는 제안자 A는 막무가내로 자신의 몫을 올리지는 않았다. A와 B의 몫을 5대 5로 나누겠다는 경우가 가장 많았고, 6대 4나, 7대 3으로 나누겠다고 제안한 사람들까지 포함하면 80%가 넘었다. 물론 공짜로 주어진 돈이라는 점도 있었지만, 인간에겐 다른 사람을 부당하게 대우하지 않으려는 마음, 남과 공정하게 상호이익을 나누려는 마음도 있기 때문이다.

그룹 멤버들 사이에도 이런 마음들이 조금씩 섞여 있을 터다. 공정함과 상호이익의 줄타기를 어떻게 해결해야 할지, 머리를 맞대고 솔로몬의 지혜를 찾아보길 바란다.

혁오와 힙스터, 그리고 젠트리피케이션

속물효과

미디어에서는 일단 사람들의 입에 오르내리게 하면 절반 이상은 성공이라고 이야기하곤 한다. 무수한 프로그램과 기사들이 있었는지도 모르게 피고 지는 까닭에 어떻게든 존재감을 드러내는 것이 가장 중요한 덕목이 되었기 때문이다. 그런 의미에서 MBC 예능 프로그램 〈무한도전〉은 좋은 프로그램의 본보기가 되는지도 모르겠다. 늘 사람들에게 많은 화젯거리를 안겨주고, 심지어 대중문화에 큰 반향을 일으키기도 하기 때문이다.

2015년 무한도전은 인디밴드 '혁오'를 프로그램에 출연시키면서 또 한 번 화제의 중심에 섰다. 무한도전이 개최하는 전통의 연례행사 '무도 가요제'에 혁오가 출연하게 되면서 사람들 사이에 일련의 논쟁을 불러일으

컸기 때문이다. 그다지 세상에 많이 알려지지 않은 것 같은 데뷔 1년차 밴드인 혁오가 스타 가수들도 출연 욕심을 내는 무도 가요제에 출연한다는 사실이 알려지자, 세상은 '혁오를 이미 알았던 사람들'과 '그렇지 않은 사람들'로 나뉘었다.

혁오를 모르던 사람들은 "저 사람들은 뭐 하시던 분들?"이라는 지극히 단순한 반응을 나타냈다. 반면 '혁오를 이미 알았던 사람들'은 "요즘 노래 좀 듣는 사람이라면 이 밴드를 당연히 알고 있다"며, 그를 알고 있다는 사실 자체가 요즘 '힙'한 스타일임을 증명한다고 주장했다. 그러면서 혁오가 무한도전에 출연해 기쁘다기보다는, 오히려 "혁오가 변한 것일까"라거나 "혁오는 무한도전에 나오지 말았어야 한다"는 둥 혁오의 예능 프로그램 출연에 대한 부정적 의견을 표출하곤 했다.

여기서 중요한 키워드가 하나 등장한다. 최근 대중문화 트렌드에서 종종 들을 수 있는 '힙하다'는 단어다. '힙하다'란 조금은 난해하고 낯설지만 개성 있게 멋을 내거나 유행에 앞서가는 모든 것들을 일컫는 단어다. 아마도 영어 단어 '힙스터(Hipster)'가 한국식으로 변형된 표현이 아닐까 추정한다. 힙스터는 아편을 뜻하는 속어 'hop'에서 진화한 'hip' 또는 'hep'에서 유래한 말로, 1940년대에는 재즈광들을 지칭하는 말이었지만 최근에는 독특한 문화 코드를 공유하는 젊은이들을 일컫는 말로 쓰이고 있다. 2000년대 중반 '쿨하다'라는 단어가 유행에 앞서가는 젊은이들의 삶의 양식을 대변했다면, 2010년대 중반에는 '힙하다'가 그 의미를 업그레이드한 셈이다.

'쿨하다'에서 '힙하다'로

과거의 '쿨하다'는 주로 인간관계에서 나타나는 특성을 추상화한 단어였다. 정에 얽매여 이러지도 저러지도 못하는 게 아니라, 공과 사를 구분하고 자신이 정한 기준에 맞춰 합리적인 모습을 보이는 것을 보통 '쿨하다'고 칭한다. 예를 들어 연애를 하던 남녀가 이러저러한 이유 때문에 헤어졌다 해도, 그 이유에 대해 서로 공감했다면 헤어진 뒤에도 친구로 지내는 것을 '쿨하다'고 하는 식이다. 그리고 그들이 혹시 뒤에 다른 일로 얽히게 되더라도 과거에 연연하지 않고 깔끔한 관계를 유지하는 것을 '쿨한' 모습의 정석으로 여긴다. 조금 차갑고 냉정할 수 있지만 뒤끝 없고 세련된 삶의 모습에 대해, 또는 그런 사람들의 스타일을 표현하는 단어였다. 아마도 반대말은 '찌질하다'쯤 될 것 같다.

이에 반해 '힙하다'는 '쿨하다'보다는 조금 더 문화적 가치 지향을 드러낸다. 위키피디아 등에서는 '독립적인 생각과 반문화, 진보적인 정치 성향, 자연친화적인 가치를 가지고 있으며, 잘 알려지지 않은 음악과 예술, 지식 또는 위트를 즐기는 20~30대'라고 힙스터를 정의한다. 달라붙는 쫄청바지, 후드 티셔츠나 체크 남방, 무기어 자전거, 질 좋은 차와 커피, 인디 음악, 독립 영화들이 힙스터 문화를 상징하는 아이콘이라는 점을 생각하면 공통적으로 떠오르는 이미지가 있다.

힙스터들의 서식지라고 하기엔 좀 그렇지만, 뉴욕 브루클린의 윌리엄스버그나 시카고의 위커 파크, 샌프란시스코의 미션 지구 등에 살면서 예술 및 패션계에서 일하는 프리랜서들이 힙스터의 대표적인 모습이다. 빈티지한 멋을 즐기는 이들은 두꺼운 뿔테 안경에 애플 제품과 에코백을 들고 다니며 주류 문화에서 한발 벗어나 있다. 우리가 이제까지 '성공한 엘리트'라고 하면 떠올리던 뉴욕 월가에서 일하는 고소득 금융업 종사자, 건강을 위해 조깅과 요가를 즐기지만 평소에는 말쑥한 슈트나 정장을 입고 있는 이들의 이미지와는 분명 거리가 있다.

물론 힙스터들이 입은 후줄근한 티셔츠나 평범해 보이는 체크 남방은 결코 싸구려가 아니다. 편안하면서도 심플한 스타일이지만 이들이 애용하는 제품들이 고가의 브랜드 제품이라는 게 힙스터 스타일과 홈리스 스타일의 차이점이다. 비싼 브랜드의 옷을 드러내듯 입는 것은 이들에겐 매우 촌스럽게 여겨진다. 비싼 옷으로 무심하게 꾸미지 않은 듯, 그저 편해서 이렇게 입을 뿐이라고 보일 정도로 잘 스타일링할 수 있어야 진정한 힙스터라 할 수 있다.

그런데 많은 사람들이 이런 힙스터의 스타일과 문화를 새로운 유행으로 받아들이기 시작하면서 '힙하다'란 단어가 확장되기 시작했다. 힙스터들이 지향하는 문화 스타일과 유사한 모든 것들을 '힙하다'고 표현하게 되었고, '힙하다'는 좋은 것, 세련된 것, 멋진 것이라는 의미를 띠게 되었다. 아마도 마음속으로는 기존의 가치관에서 벗어나 자유롭게 살아가는 태도를 지향하지만 여러 이유들 때문에 쉽게 따라할 수 없기에, 그런 이미지를 보다 더 '좋고' '닮고 싶은' 것으로 여기게 되었는지도 모른다.

남들이 모르는 것, 나만 알고 싶은 것

이런 힙스터의 탄생에 영향을 준 경제학 원리가 있다면 '속물효과'가 아닐까 싶다. 속물효과란 다수의 소비자가 구매하는 제품은 꺼리고 다른 사람들과 차별화된 제품을 구매하고자 하는 구매심리효과다. 1950년 미국 경제학자 하비 라이벤스타인(Harvey Leibenstein)이 발표한 이론으로, 대중과는 다르게 자신이 고상하다는 것을 드러냄으로써 차별화를 꾀하기 위해 다수의 사람들이 소비하는 재화에 대해서는 소비를 기피하는 것을 일컫는다. 다른 사람들과 구별되고자 한다는 의미에서 '백로효과'라고도 하고, 소비로 자신을 구분 지으려는 태도가 속물 같다는 의미에서 '스놉(snob, 속물)효과'라고도 한다.

속물효과는 1899년 미국 사회학자인 소스타인 베블런(Thorstein Bunde Veblen)의 저서 《유한계급론》에서 유래한 베블런 효과와는 조금 차이가 있다. 베블런 효과는 자신을 과시하기 위해 소비하는 것으로, 가격이 비쌀수록 수요가 증가하는 것을 일컫는다. 반면 속물효과는 남과 차이를 드러내는 게 목적이므로 남이 사면 나는 사지 않겠다는 자세를 취하는 것이다. 예를 들어 자신을 과시하기 위해 가격이 비싸고 이름이 알려진 명품을 소비한다면 베블런 효과에 가깝고, 그런 명품을 아무나 다 사는 것을 보면서 자신은 사지 않는다면 속물효과에 가깝다.

남과의 차별화가 목적인 탓에 속물효과에 의해 소비가 좌우되면 그 상품을 소비하는 사람이 많아질수록 그 상품에 대한 수요가 줄어드는 현상이 나타나게 된다. 상품을 소비하는 사람이 많아질수록 가격이 내려가면서 수요도 늘어나는 것이 정상적인 수요의 법칙인데, 이와는 달리 가격이 비싸 쉽게 살 수 없을 때에는 수요가 존재하다가, 수요가 크게 늘어나면 오히려 외면받는 모습을 보이는 것이다. 경제학적 '속물'들은 내가 산 상품을 남들이 따라 사는 것을 보면 그때부터 구매를 중단하기 때문이다.

힙스터가 속물이라는 의미는 아니지만, 힙스터들의 소비에 속물효과와 비슷한 특성이 있는 것은 사실이다. 일반적인 대중 취향과는 다른 스타일과 문화를 향유함으로써 자신들의 정체성을 확립하고자 한 것이기 때문이다. 때문에 진정한 힙스터라면 자신들의 문화 스타일이 단순히 '유행'이라는 이름으로 복제되고 확장되는 것이 그리 좋지는 않을 터다. 안목 있는 몇몇만이 알아보던 명품 가방을 나 혼자만 들다가 주변에서 다 들고 다니게 되면 더 이상 꺼내고 싶지 않은 심리와 비슷한 측면이 있다는 이야기다.

다시 혁오의 〈무한도전〉 출연으로 돌아와 생각해보자. 우리나라에서 밴드 혁오를 알고 있다는 것은 나름 '힙스터'라 자부할 수 있는 중요한 차별화 지점이었다. 그렇기 때문에 이들은 밴드 혁오가 우리나라에서 가장 대중적인 프로그램 가운데 하나인 〈무한도전〉에 출연하는 것이 기쁘지만은 않았을 것이다. 나와 취향이 비슷한 사람들만 알고 즐기던 이 밴드가, 그래서 주머니에 꼭꼭 숨겨두고 우리끼리만 알고 싶던 보석 같은 밴드가 방송에 출연해 어중이떠중이와 공유해야 하는 상황이 달갑지 않았을 것이라는 이야기다. 예능 프로그램 출연으로 혁오만의 독특한 음악성이 흐려질 것을 우려한다는 사람들도 있었지만, 그 심리의 기저엔 '힙스터' 문화가 무한 확장되는 것에 대한 두려움이 깔려 있었던 것은 아닐까 생각해본다.

자본의 힙스터 침공, '젠트리피케이션'

힙스터들의 이런 불안한 마음에는 다 이유가 있다. 최근 힙스터 스타일이 유행으로 떠오르면서 힙스터 문화에 대한 자본의 무차별적 구애와 회유, 공격이 한창이기 때문이다. 자신들의 정체성에 대한 위협이 도처에 도사리고 있으니 혁오의 방송 출연 역시 불안한 조짐으로 받아들였을 것이다.

자본의 힙스터 공격 가운데 대표적인 현상이 '젠트리피케이션(gentrification)'이다. 젠트리피케이션의 사전적 의미는 '중산층 이상의 계층이 도심 지역의 노후한 주택 등으로 이사 가면서 기존의 저소득층 주민을 대체하는 현상'이다. 2000년대 이후 서울의 서촌을 비롯해 홍대 인근, 삼청동, 망원동, 성수동, 경리단길, 신사동 가로수길 등이 독특한 문화적 중심지로 떠오른 것을 젠트리피케이션의 예로 많이 거론한다.

젠트리피케이션은 서구에서는 이미 1970년대 후반부터 도시지리학에서 많이 연구되었다. 1964년 영국 사회학자인 루스 글래스(Ruth Glass)가 노동자들이 살던 런던 근교에 중산층이 이주해오면서 지역 전체의 구성

젠트리피케이션은
'힙스터' 문화에 대한 자본의 침탈을 보여준다.

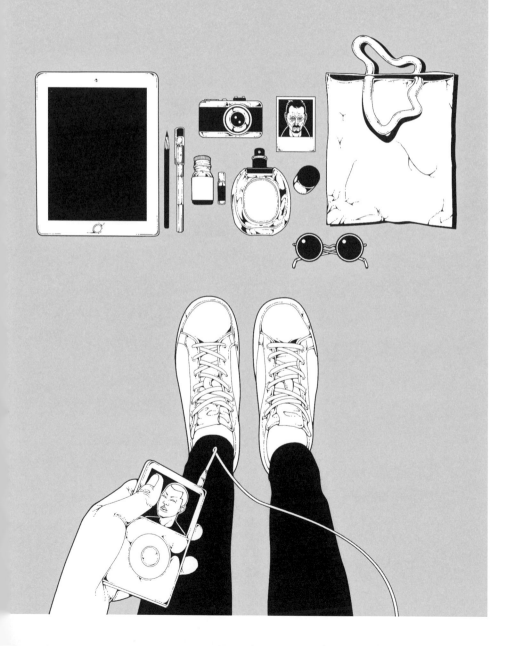

과 성격이 변한 현상을 설명하면서 젠트리피케이션이란 단어를 처음 사용했다. '젠트리'란 영국에서 토지를 소유한 귀족, 즉 중산층 정도를 지칭하는 단어다. 낙후된 도심의 변두리 지역이 중산층들에 의해 고급화된다는 의미에서 '젠트리피케이션'이라 부른 것으로 보인다. 대표적으로 뉴욕의 소호나 브루클린, 런던의 브릭레인, 파리의 리옹 등이 모두 젠트리피케이션을 거쳐 새롭게 변모된 지역으로 꼽힌다. 즉, 낡고 뒤떨어졌던 도심의 한 마을이 주택과 상업지구 개발을 거치며 다시 새로운 소비 도시로 성격이 바뀌게 되는 것을 일컫는 단어라 할 수 있다.

새로운 도시화 과정인 젠트리피케이션이 왜, 어떤 지역에서 발생하는가에 대해 여러 학자들이 연구를 해왔다. 연구는 공급적 측면과 수요적 측면에서 모두 이뤄졌는데, 공급적 측면에서 접근한 연구들은 주로 근린 개발자, 토지 소유주, 금융 관계자, 정부 관계자, 부동산 업자 등 해당 지역 토지 관계자들의 이해관계와 그 토지가 어떤 가치를 생산해내는가를 중심으로 접근한다. 대표적인 학자가 닐 스미스(Neil Smith)인데, 그는 마르크스 경제이론을 토대로 한 지대격차 이론을 중심으로 젠트리피케이션을 설명했다.[34]

지대격차 이론에는 두 가지 개념의 지대가 등장한다. 하나는 현재 토지에서 발생하는 '자본화된 지대', 또 하나는 그 토지를 최적으로 이용했을 때 거둘 수 있는 '잠재적 지대'다. 자본화된 지대는 현재 받을 수 있는 월세, 잠재적 지대는 그 지역을 개발했을 때 최대로 받을 수 있는 월세 정도로 생각하면 비슷하다. 시장 경제에서라면 한 지역이 처음 개발될 때에는 자본화된 지대와 잠재된 지대 사이에 거의 차이가 없다. 처음 주택이 들어설 때엔 자본화할 수 있는 가치를 최대한 반영해 주택 가격을 매기기 때문이다. 이른바 시세 안에 주택의 모든 활용 가능성이 다 담겨 있다는 의미다.

그런데 시간이 흘러 주택이 노후하고 지속적인 유지보수가 필요하게 되면 그 주택의 자본화된 지대, 즉 현재 월세는 떨어질 수 있다. 게다가 그 동네 인근이나 외곽에 새 주택지가 개발돼 신규 주택 공급량도 늘어난다면 자본화된 지대는 더 떨어진다. 동네에 그런 주택들이 늘어나게 되면 여유가 있는 사람들은 점차 주변의 새로운 주택지로 이사를 나간다. 그 결과 동네는 점점 더 낙후되고 집값은 더 떨어져, 동네 안에는 이사를 나가지 못한 저소득층만 남게 된다. 하지만 현재 주택 가격이 상대적으로 낮기 때문에 그 동네를 재개발하게 될 경우 높은 이윤이 생길 수 있다는 기대감은 높아지게 된다. 즉, 현재의 자본화된 지대는 낮지만 잠재적 지대는 높아지는 '지대 격차'가 발생하는 것이다.

이렇게 잠재적 지대와 자본화된 지대의 차이가 커지면, 교외 투자를 하던 부동산 업자나 지자체 등에서는 다시 이 동네에 관심을 가지게 된다. 예전에는 도심에 있는 동네라 개발 비용도 높고, 주변에 개발 가능성이 높은 다른 지역이 많아 이 동네를 거들떠보지 않았지만, 시간이 흘러 이 동네가 상대적으로 가격이 싸다는 게 재발견되면 다시 주판알을 튕겨보게 된다는 의미다. 이럴 경우 투자 대비 이익이 높다는 판단이 섰을 때 발생하는 것이 공급적 측면에서 바라본 젠트리피케이션이다.

그렇기 때문에 아무 지역에서나 젠트리피케이션이 발생하는 것이 아니다. 도심 등에 위치해 있어 편리한 교통 등 이점들을 이미 확보하고 있어야 한다. 이러한 가치들이 주변 개발로 인해 드러나지 않다가 충분히 가격이 낮아져 개발 가치가 높을 것으로 예상되는 지역에서 젠트리피케이션을 기대할 수 있다.

'뜨는 동네'의 네 가지 조건

반면 수요적 측면에서 바라본 젠트리피케이션은 새롭게 이주해오는 사람들의 역할에 보다 주안점을 둔다. 젠트리피케이션이 일반적인 도시 재개발과는 다른 측면이 있음을 이주자들의 특성을 통해 접근하는 것이다. 새롭게 이주하는 사람들을 '젠트리파이어(gentrifier)'라고 하는데, 젠트리파이어들이 왜 이 동네로 모여들게 되었는가를 중심으로 젠트리피케이션의 본질을 밝히고자 한다. 따라서 젠트리파이어의 사회, 문화, 인구 특성 등에 관심을 두는데, 이 때문에 '문화적 측면'의 연구라고 분류되기도 한다.

수요 측면의 젠트리피케이션 연구의 대표자는 지리학자 데이비드 레이(David Ley)로, 레이는 네 가지 이유로 젠트리피케이션이 발생한다고 설명했다.[35] 첫째는 인구 변화다. 1970년대 이후 베이비붐 영향으로 젊은 층 인구가 급증했는데, 이들을 위한 주택이 부족해지면서 주택 가격이 상승해 그동안 주목받지 못했던 노후한 도심이 재조명된다고 보았다. 특히 그동안 교외 위주로 개발해 주택들이 공급되었는데, 교외에 살 경우 통근 시간과 비용이 증가해 도심 거주의 매력이 더 높아진다는 것이다.

둘째 요인은 주택 가격이다. 보통 도심이 어느 정도 개발되면 교외 주택 건설 붐이 일게 된다. 그런데 새로 조성된 교외의 주택 가격도 차차 상승하게 됨에 따라 낙후된 도심을 대안으로 고려하게 된다는 것이다. 서울 인근의 아파트 가격도 너무 비싸지게 되니, 서울 안에 있는 낡은 빌라촌에서 대안을 찾는 것과 비슷하다.

세 번째 요인은 도심이 제공하는 문화적 혜택이다. 예나 지금이나 영화관, 박물관, 쇼핑센터, 각종 편의시설 등 도심이 지닌 사회적·문화적 혜택은 무시할 수 없는 요소다. 그런데 최근 들어 토지 가격과 활용에 이런 혜택의 영향력이 점점 더 커지고 있다. 살고 있는 집 코앞에 각종 시설이 모여 있는 도심 환경의 이점이 전보다 더 부각되면서, 그런 혜택을 누릴 수 있는 집값이 싼 동네를 찾는 심리가 늘어나게 된다는 것이다.

마지막으로 직업군 변화라는 측면도 있다. 도시 경제의 중심 직종이 제조업에서 서비스업, 전문직, 관리직 등으로 변화함에 따라 이들의 직장과 생활의 근거지인 도심 근린으로의 선호는 더 높아지게 된다는 것이다. 레이는 캐나다 등 대도시를 사례로 한 연구에서 서비스업, 전문직 종사자 비율과 대졸 이상 교육인구 비율 등으로 산정한 '사회적 지위 지수'가 젠트리피케이션 지역에서 높다는 점을 밝혀내 이와 같은 주장을 뒷받침하였다. 힙스터 문화가 속물효과의 발현이듯, 젠트리피케이션도 비슷한 직업과 비슷한 가치관을 지녀 도심을 선호할 수밖에 없는 고학력자들이 모여 자신들의 취향에 맞는 동네를 창조한다는 의미가 있다는 것이다.

'힙스터'들은 어떻게 밀려나는가

우리나라에서 발생한 젠트리피케이션만 살펴보아도 공급적 측면과 수요적 측면이 동시에 나타나고 있어 상호보완적인 부분이 많아 보인다. 물론 그렇기 때문에 젠트리피케이션의 장점도 많다. 낡았던 지역이 활기를 되찾고, 주민들의 평균 소득도 향상되며, 지역에 대한 주민들의 소속감도 높아진다. 지자체 입장에선 세수가 확대된다는 측면도 있어 해당 지역에 젠트리피케이션을 일으킬 수 있는 곳은 없는지 고민하기도 한다. 새로 이주해온 젠트리파이어들은 교통과 문화적 혜택을 누리기 좋은 도심에서 자신들이 좋아하는 취향으로 동네가 재구성되는 것을 즐길 수 있다.

그런데 안타깝게도 최근 우리나라에서 젠트리피케이션이라는 말은 부정적 의미로 더 많이 쓰이고 있다. 외부인이 유입되면서 임대료가 치솟아 본래 거주하던 원주민, 혹은 그 동네를 변모시키는 데 기여한 예술가, 소상공인들이 쫓겨나는 일들이 반복되고 있기 때문이다. 잠재적 지대가 너무 높아져 원주민은 물론 새로 이주해온 1세대 젠트리파이어들도 그 동네에서 밀려나는 일이 늘고 있는 것이다. 수요적 측면의 긍정적 효과보다는 공급적 측면의 부정적 효과가 더 크게 부각되고 있다고 할 수 있다.

MIT 교수인 필립 클레이(Phillip L. Clay)는 이 과정을 4단계로 설명하기도 했다.[36] 젠트리피케이션 1단계에서는 전통적인 도심 인근에 새로운 변화가 일면서 상류층이 소규모로 유입되기 시작한다. 2단계에서는 유입되는 상류층의 규모가 점차 커지면서 잠재된 이익을 발견한 부동산 업자, 개발자 등도 투자를 시작한다. 3단계에서는 언론 매체에서 이 지역의 새로운 변모를 홍보하면서 전문직·중산층의 이주를 유도한다. '요즘 뜨는 동네'로 기사가 나오기 시작하면 이미 3단계에 진입했다는 이야기다. 마지막인 4단계에 이르러서는 유입된 전문직, 중산층 사이에서 주택 점유 경쟁이 발생하고, 이로 인해 부동산 가치가 더 상승하게 된다. 즉, 변화를 감지한 부동산 업자들에 의해 변화가 가속화되고, 언론들이 동조해 땅값이 더 상승하면 주민들의 본격적인 '손바꿈', 즉 원주민에서 타지인으로의 건물주 교체가 나타나게 된다는 설명이다.

최근 우리나라에서 일어난 젠트리피케이션에는 힙스터 혹은 힙스터와 유사한 가치관을 가진 이들의 기여가 컸다. 힙스터들이 자신들의 문화를 향유하기 위해 하나둘 모여들면서, 혹은 그들에게 적절한 문화공간을 제공하기 위해 동네가 변화하기 시작했다. 힙스터들이 1세대 젠트리파이어로서의 역할을 해낸 것이다. 그런데 그런 모습이 '힙하다'로 여겨지면서 많은 이들의 이목을 끌자, 부동산 업자들이 냄새를 맡고 달려들어 임대료를 끌어올렸다. 동네에는 '힙한' 인테리어의 카페와 식당들, 그리고 '힙한' 이미지에 끌려 온 외부인들이 넘쳐났고, 유동인구가 늘어나자 글로벌 패션 브랜드 매장들이 기존 점포들을 대체하게 되었다.

힙스터들은 이제 그 동네가 더 이상 '힙하지 않음'을 깨닫고 다른 동네로 떠나기 시작했다. 남들이 다 좋아하게 된 혁오 대신 또 다른 그들만의 혁오를 찾아 나서는 것이다. 물론 그 뒤엔 감당할 수 없이 올라버린 임대료 문제도 컸다. 이제는 머물고 싶어도 더 머물 수 없는 동네를 자신들이 만들어버린 셈이다.

그런 과정에서 가로수길, 홍대, 경리단길, 성수동이 차례로 떴다. 다음 동네는 또 어디일까. 감 좋은 부동산 업자라면 힙스터들의 움직임만 주시할지도 모른다. 2016년의 대한민국 힙스터들은, 모든 지대는 불로소득이기에 100% 과세를 해야 한다고 주장한 경제학자 헨리 조지를 다시 살려내고 싶을지 모르겠다. 우리가 이 동네를 새롭게 바꾸어냈는데 왜 우리가 이 동네에 살 수 없는가, 라는 질문에 떠오르는 답이 없기 때문이다. 지역 공동체 모두의 노력을 땅주인들이 독점하는 것은 옳지 않다고 했던 헨리 조지의 120년 전 주장이 힙스터들에 의해 다시 살아나게 될 줄 그 누가 알았을까.

14

덕선이와 안현수, 선택의 갈림길

세계화와 국가주의

2015년 11월부터 2016년 1월까지 방영된 드라마 〈응답하라 1988〉(이하 '응팔')의 첫 회 배경은 1988년 서울 올림픽이었다. 주인공 덕선이는 서울 올림픽 개막식의 선수단 입장 피켓 걸로 연습을 해왔는데, 자신이 피켓을 들고 입장할 나라였던 마다가스카르가 올림픽에 불참하게 되었다는 소식을 접한다. 전 세계에 방송되는 올림픽 개막식에 나갈 꿈에 부풀었던 덕선은 청천벽력과도 같은 소식에 "국민적 행사에 동참해 영광이었고, 비록 저는 올림픽에 참가하지 못하게 됐지만 88 서울 올림픽이 꼭 성공하도록 열심히 기원하겠다"는 인터뷰를 하며 울먹인다.

마음속으로는 속상해 미칠 지경이지만, 누가 시킨 것도 아닌데 입에서는 "국가적 행사에 동참해 영광"이라는 이야기가 흘러나오고, '내가 못

나가게 된 행사, 확 망해버려라'라는 진심 대신 "서울 올림픽이 꼭 성공하도록 열심히 기원하겠다"라는 말을 하는 것이 당연했던 그 시대의 모습이 잘 포착된 장면이었다. 지금 보면 참으로 촌스럽고 부자연스럽기만 한데, 사실 그 시절엔 그런 말을 하는 것도, 그런 광경을 보는 것도 그다지 이상하지 않았다. 국가주의가 강했던 사회 분위기와 교육 탓에, 그것이 진심이든 아니든 국가와 나를 동일시하는 마음이 지금보다 더 강했기 때문이다.

그런 '응팔'의 분위기와 대조되는 장면을 보여준 것이 2014년 소치 동계올림픽의 '안현수 신드롬'이었다. 예전보다 올림픽에 대한 관심이 줄어든 요즘이지만 '빅토르 안 vs 안현수' 현상은 단연 화제로 떠올랐다. 아마도 '응팔' 시대였다면 올림픽 출전을 위해 러시아에 귀화한 한국 선수를 마냥 고운 시선으로만 보지는 않았을 터다. 올림픽은 '국가' 대 '국가'가 대결을 펼치는 결전의 장으로 여겨졌기 때문이다.

그런데 2014년 동계올림픽에서는 많은 사람들이 올림픽에 참가하기 위해 한국 국적을 버리고 러시아 국가대표가 된 '빅토르 안'을 응원했다. 대한민국 선수를 제치고 금메달을 따낸 그를 비난하거나 폄하하기보다는, 그의 안타까운 입장을 헤아리고 싶어 했다. 부조리한 협회 운영에 의해 희생된 선수라며 그의 선전에 기뻐하고 고소해하기까지 했다.

이런 '안현수 현상'에 대해 여러 분석이 쏟아졌다. 어떤 이들은 우리나라의 민족주의가 약화된 탓이라며 '애국심' 저하를 개탄했다. '응팔'의 덕선이 아빠 정도의 세대에겐 자연스런 사고다. 어떤 이들은 한국인들이 우리 사회에 대한 비판의식이 성장해 '국가주의'를 극복하게 된 것이라 반기기도 했다. 그 가운데 눈길을 끈 것은 최근 청년세대의 현실과 접목한 경제적 분석이었다.[37] 열심히 노력했으나 성공의 가능성은 점점 좁아지고 있는 상황에서, 자신의 성공을 위해 새로운 선택지인 '러시아'를 택한 것에 대한 청년세대의 동의와 동감이 안현수 현상의 본질이라는 시각이었다.

렉서스와 올리브 나무의 갈림길

이 시각은 '세계화와 자기계발 논리의 내재화'가 지난 몇 년간 빠르게 진행되어 안현수 현상이 나타났다고 본다. 자본의 자유로운 이동을 표현한 것이 세계화인 것처럼, 실력 있는 사람이라면 자유로이 국가간 이동을 하며 직업 선택과 행복 추구를 할 수 있다는 생각이 안현수 현상을 통해 표출됐다는 것이다. 최근 '헬조선'에 절망하며 북유럽 등으로 이민을 꿈꾸는 청년들의 비중이 늘어나고 있는 것도 이러한 현상의 한 줄기일 듯싶다. 이 땅에서 내가 성공할 수 없다면 국가 따위 미련 없이 버리고 기회의 땅으로 가 행복을 찾고 싶다는 것이다.

이와 같은 태도에서 국적이나 민족은 나의 성취에 도움이 될 때에만 가치가 있다. 나의 성공에 '대한민국'이라는 국적이 도움을 준다면 의미가 있겠지만, 그렇지 않다면 굳이 그것을 들먹일 이유도, 내세울 필요도 없다. 개인적 차원에서 경제 논리가 국가라는 틀을 넘어섰다는 이야기다. 얼마 전 서거한 김영삼 전 대통령이 그토록 부르짖었던 '세계화'는 이렇게 개인의 목표 실현이라는 차원에서는 이미 깊이 뿌리를 내리게 된 셈이다.

사실 이런 '안현수 현상'은 재화와 상품의 시장에서는 이미 오래 전부터 나타났다. 세계화와 국가주의가 충돌하는 '렉서스와 올리브 나무' 현상이 대표적이다. 미국 저널리스트인 토머스 프리드먼(Thomas Friedman)은 1999년 동명의 책을 통해 세계화의 흐름과 그에 저항하는 움직임을 흥미진진하게 서술했다. 이 책에서 '렉서스'는 기술 발전을 앞세운 세계화를, '올리브 나무'는 민족과 종교 등 전통을 상징한다. 프리드먼은 자신의 책을 통해 세계화가 진전될수록 전통을 고수하고자 하는 '올리브 나무 지키기'도 거세지며, 이러한 현상이 여러 차원에서 혼재되어 가는 상황을 묘사했다.

'안현수 현상'과 '렉서스와 올리브 나무'의 공통점은 세계화와 국가 · 전통의 고수가 한 국가와 개인 안에서도 뒤엉켜 나타난다는 사실이다. 국가주의의 틀로 보자면 안현수는 국가를 등진 배신자다. 하지만 개인의 세계화라는 시각에서는 자신의 꿈을 이룬 성취자이기도 하다. 때문에 사람들은 어떤 상황에서는 안현수를 비난하기도 하지만, 어떤 때에는 안현수를 응원하기도 한다.

특정 상품이 국내 시장에 수입되어 들어올 때에도 비슷하다. 외국 상품의 등장으로 국내 시장이 교란될 수 있어 사람들은 수입품 불매운동을 펼치기도 한다. 그러나 한편에서는 외국 상품의 우수한 품질을 내세우며 선택의 자유를 외치기도 한다. 국내 기업의 성장을 위해 현대차를 애용하던 사람들이 해외 고객에 비해 국내 고객을 차별하는 기업을 더 보호해줄 필요가 없다며 외국차로 돌아서는 것 등이 이런 예가 될 수 있다.

하지만 사람들이 어떤 상황에서는 '렉서스'를 선택하고 어떤 때에는 '올리브 나무'를 택하게 되는지, 그 블랙박스의 비밀은 여전히 존재한다. 비슷한 상황인데도 저울의 추가 어떤 때에는 렉서스로, 또 어떤 때에는 올리브 나무로 기울기 때문이다. 심지어 동일한 사안에도 어떤 시기에는 렉서스로 움직였던 추가 다른 때에는 올리브 나무로 움직이기도 한다. 때문에 이 추를 움직이는 중심 기제가 무엇인지는 상품을 해외에 판매하는 기업에게도, 국내 시장을 보호해야 하는 정책관료에게도 매우 중요한 관심사다. 보다 많은 상품을 팔기 위해, 보다 효과적으로 시장을 보호하기 위해 사람들에게 어떤 점을 부각시키고 어떤 점들을 호소해야 하는지를 알려주는 열쇠가 되기 때문이다.

이 첨예한 경제 문제의 실마리 가운데 하나를 제공한 것은 문화인류학자들이었다. 그들이 찾아낸 실마리는 그 국가가 가진 문화 특성이었다. 네덜란드의 문화인류학자 게르트 호프스테드(Geert Hofstede)는 여러 국가의 문화를 비교 연구해, 국가의 문화가 개인의 행동에 광범위하게 영향을 미친다는 사실을 밝혀냈다.[38] 특히 그가 실시한 연구 과정이 특이한데, 그는 자신이 근무하던 IBM에서 1967~1973년 사이 66개국에 소속된 지사 관리자들을 대상으로 면접과 설문을 실시해 각 지사가 소속된 국가의 문화 특성을 비교 분석했다. 이 연구에서 그는 국가의 문화 특성을 다섯 가지 문화요소로 범주화하고, 이것의 강약 특성에 따라 개인의 행동도 달라진다는 사실을 밝혔는데, 이것이 '문화비교모형'이다.

호프스테드가 밝힌 다섯 가지 문화요소는 '개인주의(집단주의)', '권력 거리', '불확실성 회피도', '남성성(여성성)', '단기지향성(장기지향성)' 등이다. '개인주의'가 강한 문화에서는 사람들이 본인과 가족에 집중하고 집단에 대한 관심이 낮다. 반면 '집단주의'가 강한 문화에서는 내부집단과 외부집단을 엄격하게 구별하며 집단에 대한 충성도도 높다. '권력 거리'는 조직이나 기관에 불평등하게 분포된 권력을 자연스럽게 여기는 정도로, 권위주의를 얼마나 받아들일 수 있는가라고도 할 수 있다.

'불확실성 회피도'는 불확실성 앞에서 얼마나 불안해하며 이를 줄이기 위해 얼마나 많은 노력을 기울이는가로 측정된다. 불확실성 회피도가 높으면 불안과 초조가 높아 이를 막아줄 수 있는 명시적인 규칙과 제도적 장치를 선호한다. 불확실성 회피도가 높으면 새로운 환경에 대한 불안감도 높기 때문에 회사 이직률도 떨어져 한 회사를 오래 다니는 경우도 더 많다. 반면 불확실성 회피도가 낮으면 미래에 대한 위협을 덜 느끼고, 규칙도 암묵적인 것들을 선호한다. 직장도 자주 옮기고, 새로운 제품과 개념도 쉽게 도입한다.

'남성성'이 높은 문화에서는 경쟁과 성취, 재산 증식 등 돈과 물질을 중요하게 여긴다. 반면 '여성성'이 높은 문화에서는 인간관계와 삶의 질, 보살핌 등이 중요하게 여겨진다. 마지막으로 '단기지향' 문화에서는 전통과 사회적 의무, 체면 등 과거에서 현재로 이어지는 가치를 중시한다.

'장기지향' 문화에서는 지속, 절약, 인내 등 미래에 영향을 주는 행동에 가치를 둔다.

'남성성', '집단주의' 높을수록 '올리브 나무'

이러한 다섯 가지 문화요소로 볼 때 우리나라 문화는 '집단주의'가 강하고, '권위주의'적인 성격을 띠며, '불확실성 회피도'가 높은 것으로 분류되었다. 집단주의가 강해 회사와 같은 내부집단에 대한 충성도가 높고, 권위주의에 친숙해 권력에 쉽게 굴복한다. 게다가 불확실성 회피도가 높아 자신이 속한 집단이 마음에 들지 않아도 꾹 참고 견디려 한다. 그 회사를 나가 새로운 환경에 놓이는 것보다는 낫다고 생각하기 때문이다. 참 불쌍해 보이는 우리의 모습이 우리나라의 문화 특성에서 발생한다는 이야기다.

그런데 국가의 문화도 고정된 것이 아니라 변화하기 때문에 측정값이 변하곤 한다. '남성성'의 경우 우리나라가 상대적으로 높게 측정되는 경우가 많은데, 비교군에 따라서는 낮게 측정될 때도 있기 때문이다. 시간이 흘러 동일한 국가들과 비교해도 그 수치가 떨어질 수도 있다. 여하간 이런 문화 특성에 따라 각 나라의 개인들이 비슷한 상황에서도 서로 다른 선택을 하게 된다는 것이 문화비교모형의 결론이다.

다시 렉서스와 올리브 나무로 돌아오면, 다섯 가지 문화요소 가운데 '남성성'과 '개인주의'가 렉서스와 올리브 나무의 선택을 가르는 핵심 지표로 나타났다. 이러한 점은 미국 조지아 공대의 코어트 반 이터섬(Koert van Ittersum) 교수와 낸시 웡(Nancy Wong) 교수가 EU 지역 22개국을 대상으로 지역 농산물 보호 프로그램에 대한 지지도와 지지 이유 등을 문화비교모형으로 분석한 연구 결과를 통해 검증되었다.[39]

지역 농산물 보호 프로그램은 수입 농산물에 대항해 EU 지역 농산물에 특정 로고와 브랜드를 부여하는 제도다. 소비자들은 값싼 수입 농산물에 밀려 사라질 수 있는 지역 농산물을 보호한다는 측면에서 이 프로그램을 지지할 수 있다. 그러나 수입 농산물을 제한하게 되면 지역 농산물 가격이 상승하는 효과가 있기 때문에 경제적인 이유로 반대를 할 수도 있다. 프로그램을 지지한다면 올리브 나무를, 반대한다면 렉서스를 택하는 셈이다.

분석 결과, 개인주의보다는 집단주의가 높은 문화에서, 또 여성성보다는 남성성이 높은 문화에서 이 프로그램을 지지하는 경향이 높은 것으로 나타났다. 지역 농산물 보호 프로그램은 개인이 아닌 '지역'의 문화와 경제를 보호하는 제도이기 때문에 집단주의가 강할수록 프로그램 지지도가 높다는 것이다. 또 남성성이 높은 경우 경쟁지향적인 성격이 강하기 때문에, 수입 농산물에 맞서 국내 농산물을 보호하는 이 제도의 지지도가 높은 것으로 해석되었다.

이 제도의 효과를 예상하는 부분에서도 '집단주의'와 '개인주의'라는 문화 특성에 따라 조금 차이가 나타났다. 이 제도가 해당 지역 경제를 이롭게 할 것이라는 항목은 '집단주의'가 강할수록 높았다. 개인보다 '지역'

경제를 먼저 떠올리는 것은 매우 집단 지향적인 사고이기 때문이다. 반면 이 제도가 문화적 정통성을 지킬 것이라는 항목은 '개인주의'가 강한 층에서 높게 지지되었다. 개인주의가 높을수록 다양성을 추구하는 경향도 높기 때문에, 개인주의적 성향이 큰 사람들일수록 이 제도가 문화적 정통성을 수호한다는 측면을 높이 평가했다는 것이다. 또 이 제도가 지역 농산물 가격을 올리는 부정적 효과가 있을 것이란 의견은 개인주의가 높으면 함께 높아졌다. '내가' 비싼 농산물을 사야 하는 문제로 귀결시키는 경향이 높기 때문이다.

'남성성'과 '여성성'이라는 특성에 따라서도 이 제도의 효과를 조금씩 다르게 생각했다. 이 제도가 지역 경제를 이롭게 할 것이란 믿음은 남성성이 높을수록 높아졌지만, 문화적 정통성을 지킬 것이란 믿음은 여성성에 비례했다. 또 이 제도가 지역 농산물 가격을 올리는 부정적 효과가 있을 것이란 의견은 남성성이 높을수록 함께 높아졌다. 대체로 남성성과 집단주의가 비슷한 방향의 결과를 보여준 셈이다.

이렇듯 복잡한 변수들이 얽혀 수많은 렉서스와 올리브 나무들이 선택된다. 한 나라 안에서도 이러한 변수들이 부딪치고, 한 개인 안에서도 다양한 특성들이 뒤얽히고 경합을 하게 된다. 때문에 특정한 상품이나 제도가 각 문화적 특성 가운데 어떤 측면을 건드리는가에 따라 사람들의 반응은 달라질 수 있다. 심지어 그런 과정 속에서 많은 사람의 생각이 변하면 한 나라의 문화 특성도 변하게 된다. 어제는 올리브 나무를 택했던 내가 오늘은 렉서스를 택하게 된다는 이야기다.

한국 영화를 볼 것인가, 미국 영화를 볼 것인가

농산물을 두고 여러 가치를 떠올리는 것처럼, 문화상품에 대해서도 올리브와 렉서스의 선택 기준은 혼재되어 있다. 특히 영화와 같은 문화상품은 사람들의 가치관에 큰 영향을 끼치는 분야로 여겨져 여러 나라에서 올리브와 렉서스의 경합이 치열하게 나타나는 분야다. 지금은 한국 영화가 흥행이나 작품성에서 국내 관객들에게 가치를 인정받고 있지만, 불과 20년 전만 해도 국내 영화의 수준이 외국 영화에 비해 떨어져 '보호'하지 않으면 국내 영화산업은 파괴될 것이란 우려가 높았다. 때문에 '올리브'를 수호하기 위해 한국 영화를 보호하기 위한 제도를 제대로 정비해야 한다는 주장이 매우 거셌다. 스크린 쿼터제를 제대로 시행해야 한다며 많은 영화인들이 삭발투쟁을 벌였던 것도 이런 정서가 뒷받침되었기 때문에 가능했다.

이런 이유로 한국 영화와 외국 영화에 대한 소비자들의 수용 태도를 비교하는 것은 사실 20년 전이라면 불순한 의도가 있는 게 아닌가 충분히 의심 받을 만한 일이었다. 불과 10~20여 년 전이었다면 이런 시도는 의도의 진정성과는 상관없이 '스크린 쿼터 불필요론'을 뒷받침할 좋은 도구가 될 수 있기 때문이다. 한국 사람들은 한국 영화를 볼 이유가 충분하니, 스크린 쿼터 같은 보호 장치는 없어도 된다는 주장으로 귀결될 가능성이 높았다는 뜻이다.

때로는 동일한 연구라 하더라도 어느 시점에, 어떤 논쟁을 뒷받침할 수 있는가에 따라 그 의미가 달라지곤 한다. 때문에 연구자라면 연구의 주제 못지않게 연구의 시점 선택도 중요하게 여겨야 한다. 자신이 한 연구가 사회나 역사에 어떤 영향을 끼칠 것인가를 떼놓고 생각할 수는 없기 때문이다. 아마도 한국 영화 관객들이 올리브와 렉서스를 어떻게 판단하는가를 분석하는 연구는 한국 영화가 발전했기 때문에 허심탄회하게 시도해볼 만한 주제가 됐을 수도 있다.

문상길 · 이유재 교수 연구팀은 이렇게 한국 영화의 비약적 성장에 힘입어 한국 영화와 외국 영화에 대한 소비자들의 수용 태도가 어떻게 다른가를 밝히는 연구를 수행했다.[40] 2007년부터 2009년 사이 한국 영화시장의 자료를 분석해 한국 관객들이 외국 영화보다 한국 영화를 더 선호하는 현상에 대해 다양한 관점에서 살펴보았다. 2007년 한국 영화 시장에서 한국 영화의 점유율은 49.9%였고, 2009년은 48.7%로 50%에 조금 못 미치는 수준이었다. 한국 영화의 점유율은 이때부터 본격적으로 상승해 2011년부터는 50%를 넘어서기 시작했고, 2015년까지 5년 연속 꾸준히 50%를 웃돌았다.

그런데 세계적으로 자국 영화 점유율이 50%를 넘는 나라는 미국(91% 내외) 정도밖에 없다. 영화산업에서 콧대 높은 자존심을 내세우는 프랑스에서도 자국 영화 시장 점유율은 40%가 조금 넘는 수준이고, 독일도 18% 정도다. 이와 같이 우리나라 사람들은 자국 영화에 대한 선호가 매우 높은 편인데, 이와 관련해 영화산업에서 올리브를 선택하는 이유는 무엇인지, 혹은 올리브에 대해 기대하고 있는 것은 무엇인지, 렉서스에 대해서는 어떤 점을 기대하고 있는지 등에 대해 분석을 시도한 것이다.

"기대만큼"과 "기대보다"

영화 흥행에 영향을 미치는 요인들에 대한 연구는 매우 많다. 영화 장르, 입소문과 같은 구전효과, 전문가 평점, 마케팅 비용 등 다양한 요인들이 많은 학자들을 통해 검증되었다. 문상길·이유재 교수 연구팀의 「한국 영화 시장에서 국내 소비자들의 수입 영화와 국내 영화에 대한 수용태도」 연구는 기존의 연구에서 한발 더 나아가 외국 영화와 한국 영화에 대한 관객들의 태도를 경영학의 소비자행동론에 기반해 분석했다.

경제학에서 소비자는 자기가 지닌 정보와 소득을 기초로 효용을 극대화하는 합리적인 소비계획을 세운다고 가정한다. 그러나 실제 소비자의 행동은 그런 가정을 뛰어넘는 경우가 많다. 소비자행동론은 이것을 보완하기 위해 행동과학, 심리학, 사회학 등을 활용해 소비자의 행동을 탐구하는 분야다. 소비자의 브랜드 충성도, 신제품 출시에 대한 소비자의 반응 등이 소비자행동론에 기반해 연구할 수 있는 주제에 속한다.

특히 이 연구는 국내 영화 소비자들이 한국 영화와 외국 영화에 대해 이중적인 잣대를 적용해 다른 가치들을 기대하고 있음을 보여준다. 국내 관객들은 한국 영화에 대해서는 배우, 감독, 배경 등에 대해 이미 대략적인 사전 지식을 갖추고 있고, 그 지식을 기반으로 어느 정도 취향과 선호도가 정해진 상태다. 때문에 영화를 선택할 때 그런 취향과 선호도를 바탕으로 더 높은 기대를 하거나 아예 선택에서 배제를 한다. "이 배우의 이러이러한 스타일을 좋아해서 이 영화를 보고 싶다"거나 "이 감독의 영화 스타일은 별로 내 취향이 아니어서 보지 않겠다"는 식이다. 선택이 엇갈리기는 하지만, 일단 선호도가 높은 영화의 경우는 더 많은 관람으로 이어지니 흥행으로만 비교하면 외국 영화보다 더 많이 선택될 가능성이 높다.

그러나 외국 영화에 대해서는 배경 지식이 부족하므로 아예 기대치가 높지 않거나 중립적인 기대를 하는 경우가 많았다. 특정 외국 영화가 보고 싶다고 응답한 이들은 대부분 '스펙터클 영상', 'SF 효과' 등을 거론할 뿐 배우나 감독, 스토리 등 한국 영화를 선택할 때 언급한 문화적인 취향을 고려하는 비율은 높지 않았다. 거액의 제작비와 촬영 기법 등 외국 영화에서만 기대할 수 있는 특정 부분에 한정해 기대치를 거는 경우가 많았다는 것이다. 즉 외국 영화에 대해서는 아예 다른 범주를 적용해서 딱 기대할 부분만 기대한다는 이야기다.

그런데 '기대 일치 이론' 등에 의하면 기대치가 높은 것이 반드시 좋은 것만은 아니다. 기대가 높으면 만족도를 채우지 못할 가능성도 더 높아지지만, 기대가 낮으면 의외로 만족도가 더 높아지기 때문이다. 그런 탓에 기대치가 높은 한국 영화의 흥행 기록이 외국 영화보다 높지만, 관람 후 만족도는 큰 차이가 없었다. 일반적으로 더 보고 싶어 하는 영화에서 만족도도 더 높은 경우가 많지만, 꼭 그렇지만은 않았다. 외국 영화는 제한된 부분에 대해서만 기대를 한 탓에 만족도가 높은 경우가 많았기 때문이다.

영화를 보고 만족도가 높았을 때, 국내 관객들은 한국 영화에 대해서는 배우의 연기, 스토리 등을 거론했다. 그러나 외국 영화에 대해서는 시각효과, 음향 혹은 기대치보다 좋았다는 점을 주로 언급했다. 즉 관객들은 영화를 볼 때 사전에 기대한 부분에서 기대치를 채워야 만족도가 높아지는 경향이 있다는 것이다.

그런 측면에서 보면, 만족도라는 척도에 한해서는 외국 영화보다 한국 영화가 상대적으로 불리할 가능성이 높다. 시각효과나 스펙터클한 화면 등은 이미 검증된 상태에서 관객들에게 정보를 제공하는 경우가 많다. 하지만 배우의 연기나 스토리의 우수성 등에 관해서는 마케팅 과정에서 약간의 '거품'이 끼는 경우도 종종 있다. 영화 소개 프로그램의 예고편은 정말 재미있어 보였는데, 안타깝게도 실제로 영화를 보면 예고편에서 보여준 게 전부인 영화들도 꽤 많기 때문이다. 이럴 경우 높은 기대치 때문에 만족도는 떨어질 수밖에 없다.

이 연구는 외국 영화들이 절대 흥행 성적은 다소 떨어지지만 만족도는 떨어지지 않는 것에 대한 해석도 덧붙였다. 외국 영화들의 경우 검증된 영화들이 수입되기 때문에 일정 정도의 만족도는 보장되고, 특정 외국 영화에 대한 소수 마니아층이 존재하기 때문에 만족도가 상대적으로 높게 나온다는 것이다. 반면 한국 영화의 경우는 보다 까다로운 조건들이 만족되길 바라는 측면이 있고, 수작과 범작들이 섞여 있는 상태에서 영화를 선택하기 때문에 평균적인 만족도는 떨어질 수밖에 없다는 것이다.

우리나라에서뿐 아니라 홍콩 영화 시장에서도 비슷한 결과가 나타났다. 영화 장르별로 외국 영화에 대한 선호도의 차이가 있음을 비교한 한 연구에 의하면, 코미디 영화가 문화적 장벽이 가장 높았고 SF 영화가 가장 장벽이 낮은 것으로 나타났다.[41] 이른바 문화권이 달라지면 '웃음의 코드'도 다르다는 것이 통계적으로 유의미하게 증명된 것이다.

따라서 문상길·이유재 교수 연구팀은 한국 영화가 해외에 진출하려면 한국의 문화적 코드를 이해하는 특정층을 타깃으로 해 마케팅을 해야 하고, 합작 등을 통해 투자는 하되 배우·감독 등을 아예 해당 문화권에서 발굴하는 것 등을 제안한다. 문화산업이 다른 문화권으로 건너갈 때에는 언제나 함부로 풀 수 없는 현지 문화권의 특성이 블랙박스처럼 존재하는 경우가 많기 때문이다.

'올리브'의 싸움은 쉽지 않다

이제 우리나라 문화상품에서 올리브와 렉서스에 대해 고민할 때, 올리브를 수호하는 것보다 렉서스를 어떻게 확대시킬 것인가를 고민하는 게 중요해졌다는 데에 격세지감을 느낀다. 예전에 일본문화 개방 때엔 문화가 개방되면 한국 콘텐츠 시장이 크게 위축될 것이란 전망이 많아 개방을 굉장히 조심스럽게 바라봤고 반대 여론도 높았다. 한국 영화 스크린 쿼터제 논의 때에도 한국 영화 시장이 파괴된다는 전망이 전제되었기 때문에 스크린 쿼터제 수호에 대한 강한 지지 여론을 얻을 수 있었다. 그런데 이제는 해외에 나가는 우리 문화상품에 대한 고민이 더 깊어졌을 정도로 산업이 튼튼하게 성장한 것이다.

그렇다고 과거의 논란이 다 부질없었다는 것은 아니다. 각각의 시기엔 그 시기의 현황에 따라 각각 필요한 논쟁 지점이 있다. 다행스럽게도 문화산업에서는 과거의 그런 고비들을 잘 넘기고 높은 성장을 이뤘기 때문에 고민의 지점이 바뀐 것이지만, 여전히 그렇지 않은 시장들도 존재하는 것이 현실이다.

유럽 연구에서 예를 든 농산물 시장이 그런 대표적 분야 가운데 하나다. 영화 비교 연구의 예를 차용해본다면, 사람들은 국내 농산물과 해외 농산물에 대해 이중적인 잣대를 가지고 있을 가능성이 높다. 예컨대 수입 농산물은 가격적인 측면에서만 기대를 하고, 국내 농산물은 맛이나 질이 월등히 좋아야 한다는 기대치를 가지는 식이다. 그럴 경우 가격적인 측면에서는 상대적으로 만족도가 쉽게 올라갈 수 있지만, 맛과 질이라는 부분에 대해서는 쉽사리 만족도를 높이기 어려울 수 있다. 이럴 경우 시장의 판도는 빠르게 달라질 수 있다. 그래서 올리브의 싸움은 쉽지 않다. 더 정교한 논리가, 사람들의 기대에 부응할 수 있는 올리브의 가치를 만들어내는 것이 중요하다.

얼마 전 한 농민이 시위 중에 물대포를 맞고 혼수상태에 빠졌다. 대학교 1학년 때 겨울, 거리를 누비며 쌀 시장 개방 반대를 외쳤던 20년 전의 나와 그 농민이 외친 구호는 똑같았다. 그 오랜 시간 동안 아무런 보호 장치도, 정교한 보호 논리도 못 만들어내고 그저 "질 좋은 농산물로 특화

해야 살아남는다"라는 이야기만 되풀이되는 것이 서글펐다. 똑같은 구호를 외쳐야만 하는 현실도, 그에 대한 대응도 그다지 다르지 않다는 사실도 모두 슬프게 여겨졌다. 그 시간 동안 사람들의 올리브와 렉서스에 대한 선택 기준은 많이 달라졌을 터다. 혹시나 영화산업처럼, 올리브가 스스로 잘 버텨내고 싸워낼 것이라고 안일하게 생각하며 있었던 것은 아니었을까.

PART 3

영화 티켓 한 장에
숨은 경제학

컬처 비즈니스 세계의 작동 방식

(15)

스타는 왜 스타가 되는가?

슈퍼스타 경제학

최근 유명 가수가 새 노래를 발표할 때면 늘 '음원차트 올킬'이란 단어가 뒤따른다. 과거에는 레코드나 CD와 같은 음반 판매량이 매우 중요했다. 〈가요 톱텐〉과 같은 음악 프로그램에서 인기 순위를 매길 때 중요 척도가 되는 것이 음반 판매량이었기 때문이다. 그런데 최근에는 레코드나 CD 보다는 디지털 음원 다운로드를 통한 구매가 늘어나면서, 음원 판매 사이트에서의 순위가 매우 중요해졌다. '음원차트 올킬'이란 9개의 우리나라 주요 음원 사이트에서 모두 1위를 석권했다는 의미다. 9개 음원 사이트는 보통 멜론, 엠넷, 지니, 벅스, 올레뮤직, 몽키3, 네이버뮤직, 다음뮤직, 소리바다를 칭한다.

9개의 음원 사이트에서 모두 1위를 했다는 것은 해당 가수의 영향력을 보여주는 좋은 예가 되기 때문에 기획사들은 이를 놓치지 않고 기사화한다. 그래서 때로는 조금 얄팍한 술수도 동원되곤 한다. 9개 가운데 몇 개 사이트에서만 1위에 올라도, 혹은 대략 높은 순위에만 올라도 '차트 올킬'이라며 보도자료를 만들어낸다. 단 하루만 1위에 올라도 '차트 올킬'을 붙여주는 애교도 종종 볼 수 있다.

이렇게 차트에서 1위를 했다는 것을 강조하는 까닭은, 그런 사실 자체가 그 가수 또는 노래의 파급력을 높여 다른 가수 혹은 노래와의 격차를 더 벌릴 수 있기 때문이다. 언론을 통해 어떤 노래가 1위에 올랐다는 사실을 알림으로써 그 노래에 대한 주목도를 높이는 것이다. 즉 '스타'라는 사실이 인지되는 순간 사람들의 주목도가 더 높아지는 '스타 경제학'을 활용했다고 볼 수 있다.

'슈퍼스타'의 경제학

대중음악, 영화 등과 같은 문화산업에서는 '스타'가 중요하다. 너무나 많은 가수, 너무나 많은 배우들이 존재하고 이들이 쏟아내는 작품도 넘쳐난다. 이런 홍수 속에서 사람들이 일일이 작품과 배우, 가수의 질을 판가름하기란 불가능하다. 때문에 어떤 가수나 배우에게 붙은 '스타'라는 인식표는 많은 이들에게 좋은 정보가 될 수 있다. 이 가수가, 혹은 이 배우가 그 분야에서 인정을 받은 '스타'라면, 그가 내놓은 작품이 조금 더 좋은 것일 가능성이 있다는 '정보'를 주기 때문이다.

미국 시카고대 교수이자 노동경제학자인 셔윈 로젠(Sherwin Rosen)과 컬럼비아대 교수 모셰 애들러(Moshe Adler)는 왜 문화산업에서 '스타 시스템'이 존재하게 되는지를 경제학적 분석틀로 밝혔다. 1981년 로젠은 「슈퍼스타 경제학」이라는 논문[42]을 통해 문화산업 종사자들의 작은 재능의 차이가 소득에 엄청난 차이를 낳는 현상, 즉 슈퍼스타의 탄생과 발전 과정을 수요와 공급 측면에서 설명했다.

먼저 수요 측면에서는 문화상품의 '대체 불가능성'이 스타 시스템을 가능하게 하는 중요 조건이다. 수요의 법칙이 적용되는 일반적인 재화는 가격에 따른 재화의 대체가 일어난다. 빵집에서 1000원짜리 빵을 팔았는데, 어느 날 그 빵이 다 팔려 이보다 작은 500원짜리 빵 2개를 1000원에 팔고 있다고 생각해보자. 500원짜리 빵의 맛과 품질이 1000원짜리와 크게 차이 나지 않는다면 사람들은 1000원짜리 빵 대신 500원짜리 작은 빵 2개를 살 수도 있다. 500원짜리 빵 2개가 1000원짜리 빵 하나를 대체하는 것이다.

그런데 문화상품에서는 이런 것들이 잘 적용되지 않는다. 연기를 어느 정도 잘하는 배우들을 아무리 모은다 해도, 뛰어나게 연기를 잘하는 배우 하나를 대체할 수 없다는 것이다. 문화산업의 소비자들은 값싼 가격으로 질 낮은 예술가를 소비하려 하지 않기 때문에 일반적인 '수요의 법칙'이 적용되지 않는다는 이야기다. 만약 내가 드라마를 만드는 PD인데 배우 김수현을 캐스팅하고 싶어 의사를 타진했더니, 기획사에서 김수현은 바빠서 어렵고 그보다 약간 덜 유명한 배우 2명을 같은 개런티에 캐스팅하는 건 어떠냐고 응답했다고 생각해보면 이해가 쉽다.

공급 측면에서는 미디어 기술의 발달로 생산과 배급에서 엄청난 '규모의 경제'를 창출할 수 있게 된 점이 중요하다. 음악을 CD로 만들거나 소설을 전자책으로 만들 때, 영화나 드라마를 방영할 때 드는 공급자의 노력은 수요자의 수에 상관없이 동일하다. 즉, 1명이 소비를 하건 100명이 소비를 하건 총제작비용은 같다는 이야기다. 따라서 일정한 제작비용이 투입된 문화상품이라면 대량으로 제공하는 것이 별로 어렵지 않다.

그런데 이렇게 대량으로 공급되는 문화상품은 수요자의 입장에서도 가격 차이가 없는 경우가 많다. 현빈이 나오는 드라마를 볼 때와 '듣보잡 신인배우'가 나오는 드라마를 볼 때 시청료 차이는 없기 때문이다. 즉, 재화의 질이 다른 상품이 동일한 가격으로 대량 제공되는 상황인 셈이다. 이럴 경우 수요는 한쪽으로 몰릴 수밖에 없다.

이런 두 가지 특성이 맞물리게 되면 분야별 선두주자는 스스로 매출을 더 늘릴 뿐 아니라 경쟁자의 매출까지 감소시키는 이중 효과를 얻게 된다. 대량공급, 대량수요 시스템에 힘입어 모든 공급자와 소비자들이 1명의 선두주자에 집중하게 되기 때문이다. 이렇게 작은 두각을 보인 선두주자가 시장의 특성 때문에 '슈퍼스타'로 변환되는 과정을 설명한 것이 로젠의 '슈퍼스타 탄생 과정론'이다. 물론 로젠은 예술가들의 초기 인지도가 달라지는 데에는 재능의 차이가 얼마간은 있다고 보았다. 예술가들에게 재능의 차이가 있다면 소득 차이도 재능만큼 나는 것이 합리적이다. 하지만 수요가 한쪽으로만 심하게 몰리면서 재능 차이보다 소득 차이가 더 크게 벌어지게 되는 것이 일반 재화와 '슈퍼스타'의 차이라고 설명했다.

재능의 차이도 중요하지 않다

이처럼 로젠이 예술가들의 작은 재능 차이가 엄청난 소득 차이로 귀결되는 과정을 보여줬다면, 애들러는 예술가들의 재능 차이가 없어도 슈퍼스타가 나타나게 되는 과정을 설명했다. 애들러는 1985년 「스타덤과 재능」이라는 논문[43]을 통해, 문화상품 소비의 특수성 때문에 질적으로는 별반 다르지 않은 예술가도 슈퍼스타로 거듭 탄생할 수 있음을 보여줬다.

애들러에 의하면 문화상품 소비는 다른 상품 소비와는 달리 해당 분야에 대한 '지식 축적'을 필요로 한다. 문화 소비에 지식이 필요하다는 것은 문화상품의 특수성으로 많이 거론되는 이야기다. 예를 들어 어떤 골동품 도자기의 가격이 고가로 매겨졌을 때 누구나 그 가격에 동의할까? 그 도자기의 가치를 알 수 있는 사람만이 그 가격을 인정하고 구매에 나선다. 즉 그 도자기에 대한 지식이 없이는 상품의 소비가 불가능하다.

조금 더 쉽게 접근한다면, 비슷해 보이는 뮤지컬 공연이 있다고 생각해보자. 그런데 한 공연의 가격은 다른 한 공연보다 2배쯤 비싸다. 그 공연에 대해 잘 모르는 사람이 보기엔 전혀 이해가 가지 않는 상황이다. 그런데 비싼 공연에는 훨씬 더 실력 있는 배우가 등장하고, 더 실력 있는 뮤지션들이 참여한다고 했을 때 뮤지컬에 조금이라도 안목이 있는 사람들이라면 어떤 공연을 보고 싶어 할까? 아마 나라면 2배쯤 비싼 공연에 대한 할인 혜택은 없을까 찾아보고 있을 것 같다. 가격 차이의 배경을 이해할 수 있다면 비싼 공연을 택할 가능성이 높다는 이야기다. 이처럼 문화상품은 해당 분야의 지식을 기반으로 가격이 설정되는 특성이 있다.

이때 해당 분야의 지식을 축적하는 방법은 두 가지다. 해당 분야 상품을 직접 소비함으로써 지식을 쌓는 방법이 있고, 이 분야에 관심이 있는 다른 사람들과 정보를 교류하며 얻는 방법이 있다. 본인 스스로 많이 보고 경험하면서 "아, 이 분야에서 이런 점이 중요하구나"를 깨닫는 것이 첫 번째이고, 그 분야에 대해 조금 아는 사람들과 이야기를 나누면서 서로의 정보를 쌓아가는 게 두 번째 방법이다. 이 두 방법 모두 비용과 노력이 드는 행위다. 그래서 애들러는 문화상품 소비를 위해서는 '탐색 비용'이 들어간다고 보았다.

애들러는 소비자의 탐색 비용이라는 관점에서 보면 '스타'는 매우 편리한 도구라고 설명한다. 소비자들은 문화상품 분야의 지식을 쌓기 위한 탐색 과정에서 다른 소비자와 대화를 하며 지식을 축적하고, 또 자신의 지식도 '과시'하려 한다. 그런데 양쪽 다 알고 있는 대상이 아니면 대화도 힘들고, 자신이 알고 있는 대상을 설명하기도 어렵다. 따라서 소비자들은 기왕이면 공통으로 알고 있는 대상을 추구하게 된다. 최소 비용으로 최대 효과를 얻기 위해, 서로 탐색 비용이 적게 드는 대상을 찾고 탐색 비용을 줄일 수 있는 소비를 하게 된다는 것이다. 이 과정에서 모두가 아는 '스타'가 있으면 탐색 비용이 꽤 줄어든다. 공급자의 처지에서도

'스타'가 있으면 소비자들에게 편리한 소비를 권하는 셈이라 판매도 손쉽다.

이런 이유로 예술가들의 재능 차이가 크지 않아도 '스타'는 만들어진다는 게 애들러의 주장이다. 똑같은 재능을 가졌다 하더라도 누군가 '운'에 의해 조금 더 알려지는 순간, 탐색 비용을 줄이려는 소비자들에 의해 수요가 쏠리면서 '스타'가 탄생할 수 있기 때문이다. 애들러는 여기서 한 발 더 나아가, 한번 '스타'로 각인되면 그 효과가 강력해 다른 경쟁자들이 싼 가격과 같은 인센티브를 내세우며 대항하는 것도 무의미하다고 보았다. 조그마한 재능의 차이가 슈퍼스타를 낳는다는 로젠보다도 애들러는 훨씬 더 냉정하게 스타 시스템을 바라보고 있는 셈이다.

승자독식 시스템의 틈새

하지만 문화산업이 언제나 '스타 시스템'으로만 귀결되는 것은 아니다. 문화산업의 또 다른 속성이 견고할 것만 같은 '스타 시스템'을 위협하기 때문이다. 문화상품은 '반내구재'와 같아 소비자들이 늘 '새로움'을 추구한다는 특성도 있다. 일반적으로 재화는 1년 이상 계속 사용하는 '내구재'와 한 번만 사용하고 버리는 '비내구재'로 나눈다. 그런데 이 사이에 의류나 가구처럼 여러 번 쓰기는 하지만 그렇다고 영원히 쓰지는 못하는 '반내구재'라는 것이 있다. 닳아 없어지는 것은 아니지만 취향이 바뀌어 교체하는 재화인 셈이다.

문화상품은 통상 반내구재적 성질이 있다고 말한다. 음악이나 영화는 한 번 듣고 버리는 것은 아니지만, 영원히 그것을 소비하지는 않는다는 의미에서다. 때문에 문화상품의 노출과 호감도는 보통 역U자형 관계에 있다고 이야기하곤 한다. 노출이 점점 늘어나면 호감도는 증가하지만, 너무 많이 노출되면 호감도가 다시 줄어든다는 것이다. 따라서 모두에게 익숙한 '스타'는 어느 정도까지는 유용하지만, 이 '스타'가 너무 여기저기 노출되면 효용이 떨어질 수 있다. 사람들은 문화상품에서 익숙함과 편안함을 추구하면서도 '새로움'을 찾으려는 욕망이 늘 있기 때문이다.

이 때문에 문화산업은 '스타 시스템'과 '새로움' 사이에서 아슬아슬한 줄타기를 하곤 한다. 이 둘의 힘의 관계에 따라 새로운 스타가 생겨나기도 하고, 스타의 몰락이 나타나기도 한다. 이런 힘의 관계를 확인하기 위해 유럽의 한 연구팀에서 재미있는 실험을 해보았다.[44] 유명 가수의 노래 30곡, 신인가수의 노래 30곡을 각각의 카테고리에 나눠 담고, 프랑스의 10대 학생들에게 이 노래를 들려주며 점수를 매기도록 했다. 실험은 90초를 한 라운드로 하고 한 사람이 30개의 라운드를 돌면서 노래를 듣는 형태로 진행됐다. 학생들은 한 라운드 안에서 한 번만 카테고리를 바꿔 노래를 들을 수 있었고, 노래가 마음에 들면 90초 내에서 원하는 만큼 길게 들을 수 있었다. 예를 들어 1라운드에서 유명 가수의 노래를 먼저 듣기 시작한 학생이 그 노래가 마음에 들면 90초 내내 들을 수도 있고, 듣다가 더 듣고 싶지 않으면 신인가수 카테고리 노래로 바꿔 들을 수 있는 식이다. 물론 신인가수 노래부터 듣게 한 학생들도 있었다. 학생들이 30개 라운드에서 모두 노래를 바꿔 듣는다면 총 60곡의 노래를 들을 수 있지만, 각 노래를 들은 시간은 최대 90초를 넘길 수가 없다. 학생들은 노래를 들으면서 자신이 들은 노래의 점수를 매겼고, 각각의 노래를 듣는 시간이 기록되었다.

실험은 세 그룹으로 나눠 진행되었다. 첫 번째 그룹은 그냥 노래를 듣고 점수를 내도록 했다. 실험의 대조군인 셈이다. 두 번째 그룹은 첫 번째 그룹 학생들이 준 평균 점수들을 참조하면서 점수를 주도록 했다. 이른바 다른 이들의 '구전효과'를 보고자 한 것이다. 두 그룹 모두 신인가수에 비해 유명 가수들의 노래를 듣는 시간이 더 길고 평가 점수도 더 높았다. 이미 잘 알려진 가수들의 노래가 더 익숙하고 편안했기 때문에 이런 결과는 유추 가능하다. 그런데 첫 번째 그룹에 비해 두 번째 그룹에서 신인가수의 노래를 듣는 평균 시간이 훨씬 짧아졌고, 평균 점수도 더 떨어졌다. 첫 번째 그룹이 준 유명 가수들의 평균 점수가 신인가수들보다 높아, 이후 평가에 영향을 준 것이다. 즉, 구전효과에 의해 수요의 쏠림 현상이 나타나는 '스타 시스템' 형성 과정이 증명된 셈이다.

세 번째 그룹에서는 무작위로 2명을 골라 나머지 학생들에게 각 카테고리의 음악을 들려주면서 판매를 하도록 했다. 판매는 학생들에게 나눠준 일정량의 캔디를 통해 거래하도록 했다. 이때 판매를 하는 학생은 노래 가격을 마음대로 매기게 해서, 신인가수들의 노래를 더 싸게 팔 수 있게끔 했다. 그랬더니 첫 번째 그룹에 비해 세 번째 그룹에서 신인가수들의 노래를 듣는 평균 시간이 훨씬 길어졌다. 스타 시스템이 강력하게 작동하는 문화상품에서는 가격과 같은 인센티브가 통하지 않는다던 애들러의 주장과는 달리, 문화상품에서도 가격 인센티브가 유의미하게 작용을 한다는 결과였다.

'가격'이 다양성을 숨 쉬게 한다

이 논문을 여기까지 읽자 두 번째 실험으로 과연 뭘 보여주고 싶었던 걸까 의문이 들었다. 문화상품에도 가격 인센티브가 적용된다는 걸로 무엇을 증명하고 싶은 건지 언뜻 떠오르지 않았기 때문이다. 자, 만약 여러분이라면 이 실험 결과를 어떻게 활용할 수 있을까?

이 연구팀은 연구 결과를 통해 스타 시스템이 강력하게 작용하는 문화산업에서도 다양성을 살릴 수 있는 방법이 있다는 것을 '가격 시스템의 존재 가능성'으로 보여주고자 했다. 즉 보조금과 같은 정책을 통해 신진 예술가들이 조금 더 낮은 가격에 자신들의 상품을 제공할 수 있게 하면, 시장에서 다양한 음악들이 스타들과 함께 공존할 수 있다는 것을 보여주고자 한 것이었다.

많은 사람들이 스타만 살아남는 승자독식의 사회는 다양성을 훼손해서 건강하지 못하다고 이야기한다. 문화산업에서도 다양한 문화상품들이 공존하면서 경쟁해야 그 안에서 더 좋은 문화상품들이 탄생할 수 있다고도 한다. 그런데 스타 시스템이 강하게 작동하는 시장에선 다양성이 공존하기가 매우 어렵다. 이 연구는 그 다양성을 '가격 시스템'을 통해 살릴 수 있다며, 정부가 가격 시스템이 적용될 수 있게끔 조금만 도와주면 된다는 것을 보여주었다.

경제학 논문들은 사실 초반부만 읽어보면 대략 예상 가능한 결론을 이끌어내는 경우가 많다. 논증 과정에서 "아 이걸 이런 방식으로 보여주네" 하며 방법론에 무릎을 치는 경우는 있어도 결과나 해석을 아주 색다르게 이끄는 경우는 흔치 않다. 그런데 이 논문의 경우는 거의 영화의 반전처럼 신선한 해석으로 완전히 다른 가능성을 제시해 기억에 많이 남았다. 이전 경제학자들이 시장 기능에만 의존할 경우 문화 시장엔 스타만 남을 수 있다고 예측했지만, 정부의 의지만 있다면 다른 그 무엇이 아니라 바로 '가격'으로 다양성이 살아 숨 쉬게 할 수도 있다는 것을 보여주었기 때문이다.

사실 스타 시스템과 승자 독식의 논리는 문화산업만의 현상은 아니다. 점점 더 많은 상품 시장에서 대기업이, 유명 브랜드가 시장을 독과점하는 일들이 늘어나고 있다. 그런데 문화산업의 경우 다른 시장에 비해 시장 실패를 정부가 보완하는 것에 대해 거부감이 덜하다. 아마도 다른 시장에 비해 경제학자들이 덜 진출해 '경제 논리'의 때를 덜 묻혀 놓았기 때문인 것이라 믿는다. 아직은 '문화는 다르다'는 논리가 조금 더 인정되고 있지만, 한편으론 또 언제 상황이 역전될지 모른다. 여하튼, 몇백억 원에서 몇천억 원의 지원금을 유관기관을 통해 문화산업 종사자들에게 나눠주거나, 모태펀드 등을 통해 영화산업에 자금을 공급하는 등 문화산업에 있어서는 정부의 적극적인 개입을 인정하기도 한다는 점이 나와 같이 시장 만능주의의 반대 논리를 찾아 헤매는 경제학자들에겐 매력적으로 여겨진다.

그래서인지 경제학을 공부하면서 이런 형태의 논리 전개를 찾으면 정말 기분이 좋다. 시장 시스템의 문제를 도덕 혹은 사회 정의라는 관점에서 논박하는 경우는 많다. 그런데 그런 논박은 경제학자들에게 잘 받아들여지지 않는다. "이봐, 수식을 풀면 이렇게 된다고. 이게 균형이란 말이야. 경제학적으로 접근을 해야지!"라는 반응에 꼼짝 못하게 되기 때문이다. 하지만 이렇게 칼에는 칼로, 숫자에는 숫자로, 경제학적 문제에 경제학적 도구로 반박이 될 때엔 속이 시원해진다. 논문을 읽은 뒤 연구팀의 소속을 찾아보니 시장에서 정부의 역할을 강조하는 프랑스, 영국, 스위스 경제학자들이었다. 여기엔 반전이 없어 다소 아쉬웠지만, 그래도 멋진 건 멋진 거다.

16

영화감독의 연봉은 얼마나 될까?

영화산업의 대차대조표

초등학생 아들아이와 〈스타워즈〉 7편을 함께 보기로 약속하고 사전 예습 복습 활동을 함께 했다. 전편들을 간간이 보긴 했지만 워낙 긴 시리즈다 보니 헷갈리는 부분도 좀 있었고, 아들아이에게는 태어나기 전에 만들어진 영화의 배경을 이해하는 게 필요해 보였기 때문이다. 이를 위해서는 1편부터 6편까지 전체 시리즈를 모두 찾아보는 게 제일 좋겠지만, 너무 노고가 들어가는 게 아닌가 부담스러웠다. 다행히 팬심 넘치는 영화팬들이 제작, 배포한 요약 동영상들이 많아 아주 요긴하게 활용했다. 전편의 줄거리와 인물 설명뿐 아니라 핵심 쟁점과 주요 이슈까지 잘 정리해주고 있어, 영화의 흐름을 이해하는 데 큰 도움이 됐다.

그렇게 예습 복습을 하다 보니, 자연스레 제작자로 변신한 루카스 감독에 대한 이야기가 나왔다. 아이는 설명을 듣다 제작자와 감독이 어떻게 다르냐고 물었다. 그 나이라면 충분히 헷갈릴 만한 부분이었다. 그래서 프로야구팀의 구단주와 감독과 비슷한 거라며 제작자와 감독의 역할과 차이를 설명해주었다. 그랬더니 아이 왈, "감독이 좋은 거 같은데. 그냥 자기 받을 거만 받고 만들기만 하면 끝이네"라고 쿨하게 정리한다. 아이 생각엔 영화가 흥행에 실패하면 제작자가 떠안을 수익 부담이 먼저 떠올랐나 보다. 내가 꼭 그렇게 키우지는 않았거늘, 이 녀석이 나보다 더 위험 회피적이고 보수적인 삶의 자세를 견지하고 있는 듯했다.

영화감독의 수입은 얼마나 될까

아이의 눈엔 위험 부담이 덜한 감독이 더 좋아 보였는지 모르겠지만, 사실 영화감독의 삶이 그렇게 안정적이지만은 않다. 가장 큰 이유는 해마다 계속 영화를 찍을 수 없다는 점 때문이다. 혼자 일하는 소설가라면, 힘은 들겠지만 매해 책을 낼 수는 있다. 여건만 따라준다면 한 해에 두세 권도 가능하다. 최근 잇따른 소설 발표와 수상으로 주목받은 기자 출신 소설가는 최근 2년 동안 무려 6권의 책을 내놓기도 했다. 하지만 영화는 감독 혼자 작업을 하는 것이 아니어서 이런 다작이 불가능하다. 따라서 '벌이'의 차원에서 보면 아들이 생각한 것처럼 안정적이지 않다.

때문에 영화나 소설 속에 등장하는 영화감독은 일반적인 생활인과는 조금 거리가 있는 모습일 때가 많다. 생활의 모든 것이 다 작품 구상으로 연결되긴 하겠지만, 범인들의 눈에 감독님들은 살짝 '놀고먹는' 사람으로 비치는 때가 많다. 한발 더 나아가 '반백수'의 원형인 것처럼 보일 때도 있다. 영화나 드라마에서 그런 모습으로 자주 회화화되곤 해서 더 그런 것 같기도 하다.

그런데 그런 '영화감독'의 부정적 이미지를 한 방에 바꿔준 사건이 있었다. 바로 김태용 감독과 여배우 탕웨이의 결혼 소식이었다. 여배우와 감독의 결혼이 어제 오늘의 일은 아니지만, 보기 드문 해외 톱 여배우와 국내 감독의 로맨스는 많은 이들의 관심과 부러움, 시기, 질투, 좌절 등을 끌어내면서 '영화감독'에 대한 이미지를 개선하는 데 큰 공을 세웠다고 생각한다.

결혼 소식을 접한 많은 남성들의 반응은 참으로 다채로웠다. 김태용 감독의 매력이 뭐냐고 따지는 축은 그래도 평범한 편이고, 가장 난감한 부류는 "내가 그때 입사 시험을 보는 게 아니라 영화를 계속 해야 했다"는 후회형이었다. 여성 팬들은 탕웨이가 한국 시집살이를 잘 견딜 수 있을까, 고부갈등부터 걱정하기도 했다. 톱 여배우의 인생이 순탄하게 풀리기를 바라는 정말 정겨운 한국인들의 모습이었다.

그런데 가장 도전적인 질문 가운데 하나는 "도대체 영화감독은 얼마를 버냐"였다. 바람직한 반응이라 보기는 어렵지만, 충분히 이해할 수는 있었다. 영화감독의 수입이 예상보다 더 높다면 이 질문자는 "거봐, 인생이 다 그래" 하며 좌절했을 것이고, 반대였다면 "그럼 나도 있는데 왜, 왜, 그인거지?" 하며 좌절했을 터다. 하지만 한국 영화산업을 입체적으로 이해하기 위해서는 이런 점들을 한번 살펴보는 것도 필요해 보였기 때문에, 나름 좋은 질문이라는 생각이 들었다. 과연 한국에서 영화감독의 수입은, 영화 한 편에서 감독의 몫은 얼마쯤 될까. 질문자가 나에게 물은 것은 아니지만 답을 찾아보고 싶었다. 답을 찾아 그분의 손을 꼭 잡고 알려드리면서, 힘내시라 이야기하고 싶었기 때문이다. 이를 위해 한국 영화 제작의 대차대조표를 살펴보았다.

영화 한 편을 만드는 데 얼마가 들어갈까

2014년 우리나라에서 개봉한 한국 영화는 총 217편이었고, 전체 영화산업의 매출은 2조 276억 원이었다. 영화산업 매출이 2조 원대를 돌파한 것은 2014년이 처음이었다. 우리나라 영화산업 매출은 극장 매출이 약 85%를 차지할 정도로 절대적인데, 2014년의 경우엔 극장 매출뿐 아니라 디지털 온라인 시장, 해외 수출 등에서 모두 매출이 증가해 높은 수치를 기록했다.

특히 디지털 온라인 시장 규모는 2013년에 비해 11%나 증가해 큰 폭의 성장세를 보였다. 디지털 온라인 시장의 75%를 차지하고 있는 IPTV 시장이 전년에 비해 30% 가까이 증가한 덕분이었다. 텔레비전에서 검색해 결제 버튼만 누르면 바로 영화를 볼 수 있는 편리함이 시장을 키우는 결정적 역할을 한 것으로 보인다. 나도 요즘엔 웬만하면 IPTV에서 영화를 찾아본다.

이렇게 매출이 좋았으니 수익률도 높지 않았을까 예측할 수 있다. 그런데 수익률을 논하려면 영화들을 조금 구분하는 것이 필요하다. 한국 영화는 크게 흥행을 목적으로 투자를 받아 만드는 '상업영화'와, 투자 수익을 기대하는 투자자 없이 제작되는 '독립영화'로 나눌 수 있다. 그런데 이 두 분야의 영화들은 제작비와 매출 차이가 워낙 크기 때문에 이를 뭉뚱그려 평균을 내면 이도 저도 아닌 애매한 수치가 나오게 된다. 따라서 수익률을 논하고자 할 때에는 영화진흥위원회에서 집계하는 '상업영화' 기준으로 이야기하는 것이 좋다.

영화진흥위원회에서 투자수익률 집계 기준으로 삼는 '상업영화'는 상업적인 기획으로 제작·배급되는 영화로 제작비가 10억 원 이상이거나 전국 개봉 스크린 수가 100개 이상인 작품들이다. 2014년의 경우 이 범주에 들어가는 영화는 총 69편으로 총 제작 영화의 3분의 1가량이 해당되었다. 나머지 148편의 영화들은 제작비 10억 원 미만, 전국 개봉 스크린 수가 100개 미만인 '저예산 독립영화'들이었다.

영화진흥위원회의 집계에 의하면 2014년 개봉한 한국 영화 217편의 평균 제작비는 20억 원, 상업영화 69편의 평균 제작비는 그 3배 수준인 59억 원이다. 상업영화 개봉작의 평균 제작비는 2013년 57.4억 원보다도 크게 올랐다. 평균 수치라 대작 영화가 한두 편만 늘어나도 이 숫자가 크게 오르기 때문이다. 2014년에는 〈명량〉, 〈국제시장〉, 〈해적: 바다로 간 산적〉, 〈군도: 민란의 시대〉 등 대형 블록버스터 작품이 많았고 〈넛잡〉, 〈메이크 유어 무브〉처럼 해외를 타깃으로 한 글로벌 대작이 있어 평균 제작비가 올랐다. 이런 작품들을 제외하면 대략 절반 이상의 영화들은 40~50억 원대에 제작되고 있다.

해외를 타깃으로 제작한 〈넛잡〉과 〈메이크 유어 무브〉의 경우 국내 영화관 개봉 실적은 그리 좋지 않았으나, 해외 판매 수익은 더 높은 것으로 알려지고 있다. 그런데 이 두 영화는 영화진흥위원회에서 2014년 한국 영화 투자수익률을 집계하는 시점까지 정확한 매출액이 공시되지 않았다. 해외 수익이 계속 발생 중이었기 때문이다. 따라서 영화진흥위원회에서는 2014년 한국 영화 개봉작 투자수익성 분석에서 이 두 영화를 제외했다. 때문에 2014년 투자수익률 집계 대상 영화는 이 두 영화를 뺀 67편인 셈이다. 67편 상업영화의 평균 제작비는 51.4억 원으로 69편 평균보다 조금 낮아진다.

67편 상업영화들의 평균 투자수익률은 0.3%로 집계된다. 2012년의 13.3%, 2013년의 15.2%보다 크게 떨어졌지만, 3년 연속 플러스 투자수익률이 지속되었다는 점은 긍정적이라 볼 수 있다. 2006년부터 2011년까지 한국 상업영화 수익률은 계속 마이너스였고, 투자 과잉이었던 2008년에는 평균 투자수익률이 -43.5%까지 떨어진 적도 있었기 때문이다.

2014년 투자수익률이 전년에 비해 하락한 데에는 몇 가지 이유가 있다. 우선 관객이 2013년에 비해 조금 줄어들었다. 2013년 한국 영화 관객은 1억 2729만 명이었는데, 2014년에는 1억 770만 명으로 약 2000만 명 줄었다. 전체 영화관 관객 수는 2013년보다 조금 늘었지만 한국 영화 관객은 전년보다 줄어들면서 매출 하락이 나타났다. 하지만 이 정도의 관객이 결코 적은 것은 아니다. 이 정도의 관객 수를 유지하려면 모든 한국인들이 평균 4번 이상 극장을 찾아야 한다. 따라서 관객 수가 이보다 더 많이 늘어나기를 기대하는 것은 앞으로도 조금 어려워 보인다.

2014년 투자수익률 하락은 영화 관객의 감소보다는 양극화로 인한 부분이 더 컸다. 〈명량〉 등 천만 관객 영화에 많은 관객들이 몰리면서 손실이 발생한 영화가 전년보다 더 늘어났기 때문이다. 이른바 '중박 영화'로 일컬어지는 관객 500~800만 명의 영화도 크게 줄었다. 사실 영화산업 전체에 온기가 퍼지기 위해서는 대박 영화 한두 편이 나오는 것보다 중박 영화의 비율이 늘어나는 것이 더 중요하다. 오히려 대박 영화 몇 편이 발생하면 그 영화로만 관객이 몰리면서 전반적으로는 수익이 떨어지는 현상이 나타나게 된다. 2014년이 딱 그런 모습을 보였다.

그런 탓에 손익분기점(BEP)을 넘긴 영화, 즉 제작비보다 매출액이 높았던 영화는 67편 중 27%인 18편밖에 되지 않았다. 2012년의 33%(70편 중 23편), 2013년의 30%(63편 중 19편)보다도 더 떨어진 성적이었다. 투자수익률 100%를 넘는 작품은 5편으로 전체의 약 7.5%를 차지했다.

순제작비의 절반을 차지하는 마케팅비

그럼 영화를 제작하는 데에는 어떤 비용들이 들어가게 될까. 영화 제작비는 크게 순제작비와 마케팅비로 구분된다. 순수하게 영화를 만드는 데 필요한 비용이 순제작비이고, 이렇게 만들어진 영화를 영화관에서 상영하고 관객들을 모으기 위해 극장에 배급하고 광고와 홍보를 하는 데 들어가는 비용을 P&A 비용 또는 마케팅비라 한다. 마케팅비의 항목 구성에 따라 숫자가 조금씩 달라지지만, 대략 총제작비의 30~40%를 차지한다. 2014년의 경우엔 순제작비 항목이 크게 오른 탓에 마케팅비의 비율이 25.8% 수준으로 떨어졌다. 즉, 2014년에 제작된 67편의 상업영화들은 평균 총제작비 51.4억 원 가운데 36억 원은 순제작비에, 15.4억 원은 마케팅비에 썼다는 이야기다.

숫자에 대한 감이 조금 있다면 순제작비의 절반만큼이 마케팅비로 쓰인다는 게 조금 의아할 수 있다. 수십여 명의 스태프와 배우, 감독들이 함께 작업하는 데 쓰이는 비용인 순제작비가 영화 제작에 가장 많은 비중을 차지하는 것은 당연하다. 그런데 마케팅에 그 비용의 절반 정도가 들어간다는 게 너무 과하게 느껴질 수도 있기 때문이다.

이렇게 마케팅비 비중이 높아진 것은 이 돈을 얼마나 쓰는가가 영화 흥행에 막대한 영향을 끼치는 것으로 드러났기 때문이다. 영화 투자수익률에 영향을 미치는 요소들은 매우 많다. 제작비를 얼마나 쓰는가, 마케팅비를 얼마나 쓰는가를 비롯해 배우와 감독은 누구인가, 스크린 수를 얼마나 확보하는가, 어떤 배급사가 담당하는가, 관람등급은 어떻게 설정하는가 등 많은 요소들이 복합적으로 작용한다. 그래서 영화 수익률과 관련된 연구에서는 이러한 요소들이 얼마나 영향력이 있는지를 다양한 통계 기법을 활용해 가늠해보곤 한다. 우선순위가 높은 항목에 더 많은 비용을 배정하는 것이 합리적이기 때문이다. 그런데 이런 연구들의 결과에 따르면 마케팅비를 많이 쓰면 쓸수록 흥행에 유리한 것으로 나타나고 있으며, 결과적으로 마케팅비가 다른 요소들보다 흥행에 더 강한 영향을 끼치고 있음을 보여준다.

예를 들어 서울대 이동기·김상훈 교수팀은 2005년에서 2006년 사이 개봉된 한국 영화의 투자수익률에 영향을 끼치는 요소들을 비교 분석했는데, 제작비, 마케팅비, 스크린 수 등이 배우나 제작사, 배급사, 감독 같은 요소들보다 수익률에 더 큰 영향을 미치는 것으로 나타났다. 즉 훌륭한 배우나 감독, 유명 배급사 등을 내세우는 것보다 제작비가 높을수록, 마케팅비가 높을수록 그리고 스크린 수가 많을수록 수익률은 더 높게 나타났다는 이야기다.

이런 통계 결과가 보여주듯, 마케팅비가 영화 수익에 미치는 영향이 높다 보니 이 비용의 비중이 높아지는 것이 최근 추세다. 우리나라에서도 2013년 이후 총제작비 중 순제작비의 절대 규모가 늘어나면서 마케팅비의 비율이 조금 떨어지기는 했지만, 2010년에는 총제작비 가운데 35.1%가 마케팅비일 정도로 이 비율이 치솟았다. 당시 평균 총제작비는 41.9억 원이었는데 이 가운데 14.7억 원을 마케팅비에, 27.2억 원을 순제작비에 쓴 것이다.

영화감독의 주머니에는 얼마가 돌아갈까

다시 영화 제작비를 살펴보자. 영화감독의 수입을 확인하려면 순제작비

영화 제작비 가운데
감독에게 돌아가는 몫은 얼마나 될까?

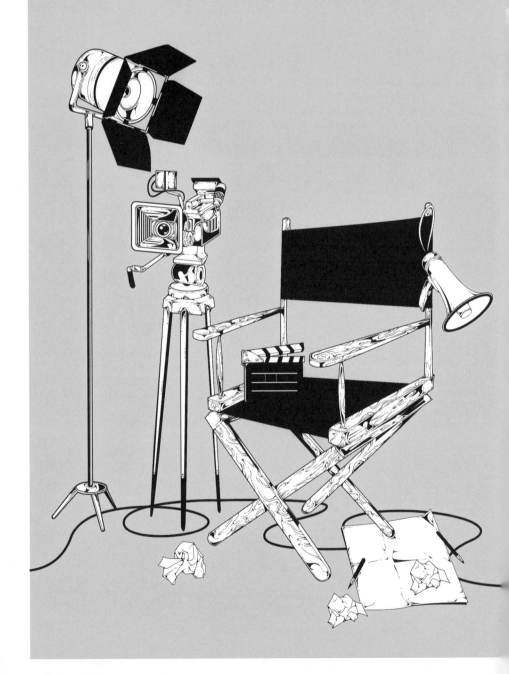

안의 지출 내역을 조금 더 뒤져봐야 한다. 평균 총제작비 51.4억 원 가운데 36억 원은 순제작비에, 15.4억 원은 마케팅비에 쓴다고 했을 때, 순제작비 36억 원 안에 감독료가 포함되어 있기 때문이다. 순제작비는 보통 기획개발비, 인건비, 진행비, 기재비, 후반작업비 등으로 구성된다. 기획개발비는 기획비, 판권/저작권비, 시나리오 고료, 기획진행비 등으로 구성되는데, 이 기획진행비 안에 감독료, 콘티 진행비 등이 포함된다. 그런데 이 기획개발비가 전체 영화 제작비에서 차지하는 비율은 4% 내외밖에 되지 않는다. 순제작비에서 가장 큰 비중을 차지하는 인건비도 총제작비의 25% 정도다. 인건비는 스태프 비용 및 주·조연 출연료를 모두 포함한다.

이밖에 영화 촬영에 필요한 부대 비용, 숙박비, 식대, 유류비, 장소대여비 등을 포함하는 진행비가 총제작비의 10% 정도를 차지한다. 촬영 기자재와 조명기자재, 필름, 미술, 세트비 등을 포함하는 기재비가 또 10~15% 정도를 차지한다. 마지막으로 편집, 녹음, 음악, 컴퓨터그래픽 등 후반작업비가 7~8% 정도, 경상비나 예비비가 1~2% 정도 쓰인다. 이 비용들을 모두 합치면 대략 70% 수준의 순제작비를 구성하게 된다.

이제 거의 다 왔다. 영화 제작용 평균 회계 장부를 더 살펴보니, 기획개발비 가운데 감독료 등을 차지하는 기획진행비는 총제작비의 1% 정도에 해당했다. 2014년 상업영화 개봉작 67편의 평균 제작비가 51.4억 원(69편일 경우 59억 원)이니, 약 5140만 원(69편일 경우 5900만 원)이 기획진행비라 볼 수 있다. 따라서 영화 1편의 평균 감독료는 약 5000~6000만 원이라는 추정이 가능해진다. 고용노동부가 운영하는 고용정보시스템 '워크넷'의 한국직업정보란에 영화감독의 평균 임금 정보가 5000만 원으로 등록되어 있는 것으로 보아 추정은 크게 어긋나지 않은 것 같다.

여기에 감독이 시나리오를 직접 쓴다면 연출료와 별도로 각본료를 받을 수 있다. 하지만 시나리오 고료 역시 총제작비의 1% 수준이다. 시나리오까지 직접 쓴 감독이라 하더라도 각본료와 연출료를 합쳐 약 1억~1억 2000만 원 정도를 받는다는 이야기다. 물론 평균적인 비용이므로 스타급 감독들은 이보다 더 많은 감독료를 받는다. 천만 관객 흥행력을 보유한 '유명' 감독의 경우 영화 1편당 3~5억 원 정도를 받고, 흥행에 따라 추가 지급액(러닝 개런티)을 별도로 받는 것으로 알려져 있다.

하지만 이 정도를 받을 수 있는 감독은 우리나라에서 열 손가락 안에 꼽을 정도다. 한두 편의 흑자 영화가 있는 감독이라면 1~2억 원의 연출료와 러닝 개런티를 받는다. 물론 유명 감독들은 직접 제작사를 운영하기도 하는데, 이런 경우는 조금 셈법이 달라진다. 그렇지 않은 일반적인 경우라면, 영화 한 편에서 평범한 감독들이 받는 보수는 총제작비의 1~2% 수준, 유명한 스타 감독님이라 해봐야 5~9% 수준이다. 영화표 한 장에서 감독님의 몫은 정말 작은 셈이다.

문제는 영화감독들이 해마다 영화를 찍는 것은 아니기 때문에 이것을 연봉이라 말하기 힘들다는 것이다. 아무리 흥행력이 좋은 감독이라 하더라도 2~3년 내에 새로운 작품을 연달아 연출하는 예는 흔치 않다. 3년에 한 편씩을 찍는다 해도 연봉은 감독료의 3분의 1로 줄어들게 된다. 이 때문에 많은 영화감독들이 강연, 시나리오 작업, 기고 등을 통해 생활비를 보전하는 것으로 알려져 있다. 호기롭게 "영화감독은 얼마를 버냐"고 물었던 분에게 이 결과를 알려드리면, 왜 자기는 안 되냐며 울부짖을지도 모르겠다는 생각이 들었다.

모든 것을 돈으로 환산하는 못된 버릇을 들먹이는 것은 아니지만, 영화 제작에서 감독의 역할을 생각할 때 이 부분은 조금 더 개선이 필요하지 않은가 하는 생각이 들었다. 아니나 다를까, 얼마 전 한 영화잡지에서는 우리나라 영화감독들이 늙고 있다는 내용의 기사를 전했다. 2000년엔 신인 데뷔 감독들의 평균 나이가 34세였는데, 이 나이가 점점 늘어나 2009년에는 38세, 2013년에는 40세가 되었다는 것이다. 투자사 중심의 제작으로 영화 제작 환경이 자리 잡으면서 신인 감독들의 입지가 줄어들고 있기 때문이다. 감독료의 비중도 크지 않은데, 그나마도 젊은 신인들에게는 기회도 잘 주어지지 않는 것으로 보인다.

물론 2000년은 우리나라 영화사에서 매우 특이한 해였다. 영화 시장이 새 투자처로 주목받기 시작하면서 자본이 과잉 공급돼, 제작 여건이 너무 느슨했다고 평가되는 해였다. 하지만 그런 투자 열풍에 힘입어 27세의 류승완 감독은 〈죽거나 혹은 나쁘거나〉를, 31세의 봉준호 감독은 〈플란다스의 개〉를 그해에 첫 장편영화로 내놓으며 새로운 감독 시대를 열었다. 지금, 그런 역동적인 작품을 내놓는 젊은 감독을 찾기란 매우 어려운 것이 사실이다.

투자의 역사에서 어느 정도의 거품은 필요하다고 여겨진다. 거품의 힘으로 새로운 동력이 창출되거나 새로운 변화가 이뤄지기 때문이다. 영화 시장이 투자사 중심으로 재편되면서, 수익률은 조금씩 향상되고 있지만 새로운 바람은 줄어들고 있다는 평가가 많다. 영화산업의 활력이 계속 유지되기 위해서는 젊고 참신한, 새로운 시각을 가진 영화감독들이 계속 유입되어야 한다. 연봉이 오른다고 신인 감독이 더 늘어난다는 보장은 없지만, 능력 있는 연출자들을 끌어들이기 위해서는 제작비에서 감독료의 비중도 조금 더 오르는 게 필요하지 않을까 싶다. 아무튼 탕웨이와 김태용 감독은 오래오래 행복하게 살았으면 좋겠다.

온라인에서 뜨는 영화, 오프라인에서 뜨는 영화

롱테일과 20:80의 법칙

명절 연휴는 우리나라 영화 시장에서 가장 큰 대목 가운데 하나다. 많은 사람들이 긴 연휴 중 하루쯤 짬을 내 친구, 친척, 연인과 영화 보러 가는 것을 즐긴다. 나도 대학 다닐 땐 친구들이 다들 고향으로 내려간 긴 연휴를 영화 한두 편으로 달래며 서울을 지켰던 기억이 있다. 요즘은 명절 음식 만들기를 마무리한 뒤 조카들과 함께 영화를 보러 시댁을 탈출하곤 한다.

결혼 후에는 남편이 나고 자란 강원도 소도시에서 늘 명절을 보내는데, 결혼 초에는 좌석 번호도 없는 낡은 극장이 별로 마음에 들지 않아 영화 관람이 썩 내키지 않았다. 그런데 시내에 신작 영화들을 동시에 상영하는 복합상영관이 들어서면서 명절 때마다 영화 한 편은 챙겨보게 되었다. 끝날 것 같지 않던 전 부치기를 마치고 극장으로 밤 마실을 나와 영화 한 편 보는 재미는, 안 해본 분들은 모르실 거다.

명절, 영화관에는 왜 똑같은 영화만 걸려 있을까?

나 같은 사람들이 늘어난 탓인지 천만 관객이 넘는 대박 영화들은 명절 연휴 때 탄생하는 경우가 많다. 2012년 〈광해, 왕이 된 남자〉와 2013년 〈7번방의 선물〉 등이 모두 명절 2~3주 전에 개봉해 명절 때 피크를 올리면서 천만 관객을 모았다. 천만 관객 몰이까지는 아니더라도, 높은 흥행을 거둔 영화 중에는 명절 특수를 노려 개봉한 대작 영화들이 많다.

덕분에 명절 무렵엔 어김없이 천만 흥행을 겨냥한 야심작들이 많이 등장하는데, 그러다 보니 온통 한 영화만 틀어대 마땅히 볼 영화가 없는 경우도 있다. 복합상영관엔 스크린이 여러 개이고 상영 영화도 여러 편인 듯 보이지만, 실제로 관객이 많이 몰리는 황금 시간대에는 한 가지 영화만을 상영하는 경우도 많기 때문이다. '이번 명절의 영화'로 선택된 대작 영화가 다행히 보고 싶던 영화였다면 별 문제가 없겠지만, 이미 봤거나 별로 보고 싶지 않은 영화라면 조금 난감해진다. 몸에 밴 전 냄새도 빼고 허리도 펴야 해서 영화를 꼭 보고 싶은데, 극장에 볼 만한 영화가 없는 상황이 생기는 것이다. 배급사나 극장에서야 흥행이 될 만한 영화에 '올인'을 한 거겠지만, 관람객으로선 선택을 강요받은 셈이 된다.

여기서 문득 의문이 생겼다. 만약 명절에 하나의 영화에 올인하는 것이 아니라 다양한 영화들을 스크린에 건다면, 영화 관람객 수는 더 늘어날까? 즉, 영화관에서 상영하는 영화의 종류와 관객 수가 상관관계가 있는가 하는 의문이다. 예측은 쉽지 않다. 위에 언급한 경우를 생각한다면 더 다양한 영화를 상영하는 것이 관객을 더 많이 끌 것 같다. 하지만 일반적인 대중의 취향은 대동소이하기 때문에 한두 영화에 집중하는 것이 상영관을 꽉 채우는 데에는 더 유리할 수도 있다. 관객의 다양한 취향을 고려해 상영 영화 편수를 늘렸다간 고작 몇 명의 위해 스크린 하나를 통째로 내어줄 가능성도 있기 때문이다.

게다가 우리 주변에는 평소엔 영화 한 편 보지 않다가도 어떤 영화가 천만 관객이 들었다고 하면 그제야 관심을 갖는 엉덩이가 무거운 사람들도 많다. 그런 사람들을 생각하면 이슈가 되는 영화를 만드는 게 더 중요하니, 될 만한 영화로 집중하는 것이 나을 수 있다. 그렇다면 영화관에 걸리는 영화 편수와 관객 수는 어떤 관계가 있을까?

'될 영화 몰아주기'에는 이유가 있다: 파레토 법칙

상품의 다양성과 판매량의 관계를 설명하는 법칙에는 크게 두 가지가 있는데, 서로 상반된 견해를 보인다. 하나는 매출의 80%가 전체 상품의 20%에서 발생한다는 파레토 법칙이다. 1800년대 말 이탈리아 경제학자 파레토가 19세기 영국의 부와 소득 유형을 연구하다가 전체 인구의 20%가 부의 80%를 차지하고 있다는 사실을 발견한 것에서 기인한다.

이후 20 : 80법칙이라고 불리며 마케팅 등에서 많이 인용되고 있다.

2015년 한국 영화 흥행 기록을 살펴보아도 이 파레토 법칙이 제법 잘 맞는 것을 확인할 수 있다. 2015년 영화 총 관람객 수(2015. 12. 15. 기준)는 2억 407만 명으로 2억 명을 넘어섰다. 역대 최대치는 2014년 2억 1507만 명으로, 2013년부터 2015년까지 3년 연속 영화 관객 2억 명을 돌파한 것이니 대단한 기록이다. 2015년 영화 관객 가운데 한국 영화 관객은 1억 470만 명으로, 한국 영화 점유율은 51.3%였다. 2015년에 개봉된 한국 영화 중 상업영화는 총 155편이었고 관객 수는 1억 243만 명이었다. 상업영화를 제외한 다양성 영화의 관객은 약 200만 명 정도였다.

따라서 파레토 법칙이 들어맞는다면 상업영화 155편의 20%인 31편에 총관객의 80%인 8200만 명가량이 들었어야 한다. 실제로 영화진흥위원회에서 집계하는 박스오피스로 확인해보니, 개봉 상업영화의 15%에 해당하는 23편의 영화에서 약 80%인 8188만 명의 관객이 집계되었다. 개봉 영화의 20%인 31편 영화에는 총관객의 85%인 8700만 명 정도가 들었다.

개봉 영화 15% 정도가 흥행의 80%를 거둔 셈이니, 파레토 법칙이 대략 맞은 셈이다. 오히려 히트작의 관객 동원력이 파레토 법칙보다 조금 더 높았다고 볼 수 있다. 더군다나 2015년 개봉작으로만 한정해 집계를 하다 보니 2014년 말 개봉해 2015년 천만 관객 영화로 분류된 〈국제시장〉이 빠져 있는데, 이를 포함할 경우 20% 영화의 전체 매출 비율은 조금 더 높아진다.

2015년 한국 상업영화 개봉작 흥행 순위

순위	영화명	개봉일	스크린 수 (개)	매출액 (억 원)	관객 수 (만 명)
1	베테랑	2015-08-05	1,115	1,052	1,341
2	암살	2015-07-22	1,519	985	1,271
3	사도	2015-09-16	1,210	488	625
4	내부자들	2015-11-19	1,129	491	614
5	연평해전	2015-06-24	1,013	456	604
6	검은 사제들	2015-11-05	1,109	423	543
7	조선명탐정 : 사라진 놉의 딸	2015-02-11	825	305	387
8	스물	2015-03-25	926	236	304
9	극비수사	2015-06-18	894	224	286
10	탐정 : 더 비기닝	2015-09-24	764	205	263
11	악의 연대기	2015-05-14	776	174	219
12	강남 1970	2015-01-21	841	177	219
13	뷰티 인사이드	2015-08-20	648	161	205
14	오늘의 연애	2015-01-14	709	149	189
15	쎄시봉	2015-02-05	829	136	172
16	더 폰	2015-10-22	794	123	159
17	차이나타운	2015-04-29	551	120	147
18	장수상회	2015-04-09	688	87	117
19	성난 변호사	2015-10-08	607	87	113

순위	영화명	개봉일	스크린 수 (개)	매출액 (억 원)	관객 수 (만 명)
20	간신	2015-05-21	697	89	111
21	그놈이다	2015-10-28	681	81	105
22	미쓰 와이프	2015-08-13	437	74	99
23	허삼관	2015-01-14	621	74	96
24	살인의뢰	2015-03-12	646	70	86
25	손님	2015-07-09	634	64	83
26	열정 같은 소리 하고 있네	2015-11-25	566	47	65
27	특종 : 량첸살인기	2015-10-22	776	48	62
28	서부전선	2015-09-24	509	48	61
29	헬머니	2015-03-05	422	41	52
30	위험한 상견례 2	2015-04-29	429	36	47
31	순수의 시대	2015-03-05	546	37	47
31편 영화 (20%) 합계			23,911 (63%)	6,787 (85%)	8,690 (85%)
2015년 개봉작 총계(155편)			37,833	7,992	10,243

자료 : 영화진흥위원회
• 주1 : 다양성 영화를 제외한 상업영화 개봉작 155편만으로 집계
• 주2 : 2015년 개봉작에만 한정해 2014년 말 개봉한 〈국제시장〉은 제외.

때문에 파레토 법칙에 입각해 영화 편수와 관객 수의 관계를 생각해본 다면, 우리나라 영화관에서는 스크린에 상영하는 영화 편수가 늘어난다 해도 그에 따른 관객 수는 크게 늘어나지 않을 것으로 보인다. 오히려 흥

행력이 높은 소수의 영화 상영에 집중하는 것이 극장의 입장에선 유리하다. 15%의 히트작에서 80% 이상의 매출이 달성되었기 때문이다. 따라서 명절 극장가의 '될 영화' 몰아주기는 어느 정도 설득력을 얻게 된다.

온라인에서 통하는 전략은 따로 있다: 롱테일 법칙

하지만 오프라인 극장이 아닌 디지털 공간으로 옮기면 이야기가 좀 달라진다. 오프라인에서 상영되는 영화는 극장과 스크린이라는 공간 제약 조건과 일정한 기간이라는 시간 제약 조건까지 가지고 있다. 때문에 제한된 시간과 공간에서 영화들을 어떻게 '진열'하느냐에 따라 관객 수도 크게 좌우된다. 똑같은 개봉작이라 하더라도 어떤 영화는 여러 개의 스크린에 동시 개봉이 되지만 어떤 영화는 한두 스크린에, 그것도 이른 오전 시간대나 밤늦은 시간대에만 걸리기도 한다. 어떤 영화는 몇 달 동안 스크린을 차지하기도 하고, 어떤 영화는 사흘 만에 사라진다. 보통 흥행작들은 개봉 후 3주 정도 안에 승부가 난다고 이야기하는데, 초반 흥행이 그리 높지 않았던 영화도 상영관을 계속 유지하다 보면 웬만한 흥행을 거두기도 한다.

그러나 인터넷 사이트나 IPTV와 같은 디지털 공간이라면 이러한 물리적 제약은 대부분 사라진다. 물론 이곳에서도 첫 화면, 이벤트 화면 등 사람들의 눈길을 끌기에 유리한 목은 따로 있다. 하지만 오프라인 극장과 비교하면 공간적·시간적 제한이 거의 없다 해도 무방하다. 일단 판매를 시작하면 영원히 비치되는 경우가 많아, 일정한 시점에 볼 수 있는 영화의 종류도 오프라인 극장을 크게 뛰어넘는다.

이처럼 디지털 공간의 영화 판매는 오프라인과 다른 양태를 보이게 되는데, 이런 현상을 잘 설명하는 것이 '롱테일 법칙'이다. 롱테일 법칙은 파레토 법칙과는 반대로 80%의 '사소한 다수'가 20%의 '핵심 소수'보다 뛰어난 가치를 창출한다고 본다. 즉, 비인기 품목 80%에서 절반 이상의 매출이 달성된다는 것이다. 2004년 미국 인터넷 비즈니스 전문지인 〈와이어드〉의 편집장이던 크리스 앤더슨(Chris Anderson)이 처음 이 용어를 사용했고, 이후 디지털 경제를 설명하는 이론으로 많이 인용되고 있다.

'롱테일', 즉 긴 꼬리란 가로축에 어떤 기업이나 상점이 판매하는 상품을 왼쪽에서부터 많이 팔리는 순서대로 쭉 늘어놓고, 세로축에 각각의 판매량을 표시했을 때 그 점들을 연결한 선을 나타내는 모양이다. 많이 팔리는 상품들을 연결한 선은 급경사를 이루며 짧게 이어지지만 적게 팔리는 상품들을 연결하는 선들은 낮고 길게 이어져 마치 공룡의 긴 꼬리와 같은 모양을 나타내기 때문에 이런 이름이 붙었다. 롱테일 법칙은 이 꼬리 부분에 해당하는 비인기 상품들의 총판매량이 인기 상품의 총판매량을 압도한다고 설명한다. 파레토 법칙과는 대조적인 결과이기 때문에 '역 파레토 법칙'이라고도 불린다.

크리스 앤더슨은 온라인 서점인 아마존닷컴의 전체 수익 가운데 절반 이상이 오프라인 서점에서는 서가에 비치하지도 않는 비주류 단행본이나 희귀본 등에서 창출된다는 점에서 롱테일 법칙을 포착했다. 구글의 주요 수익원 역시 〈포춘〉이 선정하는 500대 거대 기업들이 아니라 꽃배달 업체나 제과점 등 자잘한 광고주라는 점도 예로 든다.

디지털 공간에서 롱테일 법칙이 존재할 수 있는 이유는 크게 세 가지로 요약된다. 첫째는 컴퓨터가 대중적으로 보급되고 기술 발전이 일반인에게까지 확산되면서 자유롭게 상품을 만들 수 있는 생산자들이 늘어났고 상품의 수도 크게 늘었기 때문이다. 사실 상품의 수가 압도적으로 많지 않으면 공룡 꼬리를 길게 늘어뜨리는 것을 상상하기 어렵다. 예전에는 아무리 긴 꼬리를 그리고 싶어도 채워 넣을 상품의 수가 부족했지만, 이제는 그 숫자를 무한대로 확장할 수 있다. 공장에서 대량 생산하는 상품뿐 아니라 컴퓨터 등을 이용해 다품종 소량 생산을 하는 물건들이 많아졌기 때문이다.

두 번째는 인터넷 등의 발달로 전시공간의 제약이 줄고 물류비용이 절감되는 등 새로운 유통구조가 생겨났기 때문이다. 재고를 쟁여놓고 매장 전시를 통해 파는 형태를 생각한다면 많은 종류의 상품들을 판매하는 일은 아무래도 부담스럽다. 하지만 따로 매장을 두는 것이 아니라 그때그때 주문이 들어올 때마다 생산을 할 수 있는 형태라면, 공간에 대한 부담이 없기 때문에 무수히 많은 상품을 판매할 수 있다는 것이다.

마지막 세 번째는 소비자들이 검색 등을 통해 자신이 원하는 상품 정보를 능동적으로 찾을 수 있게 되었기 때문이다. 예전의 소비자들은 판매점에 비치된 물건 중에서만 선택을 해야 했다. 그 안에 자기 맘에 꼭 드는 상품이 있다면 다행이지만, 취향에 맞는 상품이 없더라도 울며 겨자 먹기로 골라야 하는 경우도 있었다. 하지만 현재의 소비자들은 물건 하나를 살 때에도 다른 소비자들과 제품에 대한 다양한 정보를 공유하면서 많은 상품들을 비교한 뒤 자기 취향에 맞는 상품을 찾아낸다. 능동적인 비교를 통해 나에게 꼭 맞는 소수의 상품들도 찾아내 구매를 하다 보니 구매할 수 있는 상품의 종류는 크게 늘어났다.

이런 환경이 조성되면서 예전에는 비용 대비 저효율로 소비자의 눈에 띌 기회조차 없었던 제품들이 판매되기 시작했고, 이런 상품들이 모여 전체적으로는 인기 상품을 압도하는 결과를 낳는다는 것이 롱테일 법칙이다.

롱테일 법칙은 많은 소기업들에게 새로운 기회를 보여줬다는 점에서 큰 갈채를 받았다. 자본력이 없다 하더라도 소비자와의 활발한 소통 등을 통해 충분히 다른 선택을 유도할 수 있고, 이에 따라 새로운 상품을 판매할 가능성도 높아진다고 보았기 때문이다. 게다가 많은 상품들이 제대로 선택되도록 유도해 구매로 연결할 수만 있다면, 전체 수요 자체도 크게 늘어나는 것을 기대할 수 있다. 이전이라면 구매를 포기했을 만한 사람들도 새로운 수요자로 만들어낼 수 있기 때문이다. 수요 곡선 위의 이쪽 점에서 저쪽 점으로 이동하는 것이 아니라 수요 곡선 자체가 위로 이동한다니, 얼마나 매력적인가? 물리적 경쟁에서 밀리는 작은 기업들은 환호할 수밖에 없었다.

영화·음악… 디지털 재화들의 생존법

롱테일 법칙을 가능하게 만드는 세 가지 동인을 생각해볼 때, 이 법칙에 가장 부합할 만한 분야는 음악, 영화와 같이 디지털 작업이 용이한 재화들이다. 유통의 변화와 소비자 소통 증가는 다른 상품에도 적용될 수 있지만, 기술 발달로 인해 생산 자체가 크게 늘어난 분야는 음악, 영화 등이 대표적이기 때문이다. 특히 음반의 경우 디지털 작업이 늘어나면서 대형 회사가 아니어도 음원을 만들고 판매하는 것이 어렵지 않게 되었다.

이런 롱테일 법칙이 실제로 시장에서 적용될 수 있는지를 확인하기 위해 많은 경제학자들이 검증을 시도했다. 프랑스의 한 연구팀은 기업 차원에서 롱테일 법칙이 적용되는지를 실증하기도 했다.[45] 이들은 디지털화가 많이 도입된 회사와 그렇지 않은 회사로 프랑스 음반회사들을 나눈 뒤, 성과에 차이가 있는지를 비교하였다. 특히 성과를 '창의적 성과'와 '상업적 성과'로 나눠 살펴보았는데, 창의적 성과는 기업이 그해에 낸 신규 음반 수로, 상업적 성과는 그 기업의 음반 판매량으로 분석하였다.

즉 디지털화가 더 잘 도입된 회사가 더 많은 음반을 내는지, 아니면 음반의 판매량이 더 많은지로 구분해 살펴보았다는 이야기다. 롱테일 법칙이 잘 적용된다면 디지털화가 잘 진행된 회사가 더 많은 음반을 발매했어야 한다. 디지털을 통해 대중과 더 활발한 소통을 해서 더 많은 니즈들을 찾아내고, 그에 맞는 음악들을 더 쉽게 더 빨리 만들었을 가능성이 높기 때문이다. 분석 결과, 디지털화가 많이 진행된 기업들이 실제로 더 많은 신규 음반을 발간한 것으로 나타났다. 롱테일 법칙의 예측이 사실로 확인된 것이다.

상업적 성과를 보았을 때에는 디지털화가 앞선 기업들의 음반 판매량이 그렇지 않은 기업들보다 높지는 않았다. 하지만 이 점 역시 롱테일 법칙에 부합하는 것이었다. 롱테일 법칙은 다양한 제품의 생산으로 시장 저변이 넓어지고 그 저변이 크게 확대되어 판매 총량이 늘어나는 현상을 말하는 것일 뿐, 개별 상품의 판매량이 꼭 높아지는 것을 의미하는 것은 아니기 때문이다. 기업 차원에서는 없던 시장을 만들었다는 의미는 있지만 그 하나하나의 시장 크기는 그리 클 수 없다는 것을 이미 내포하고 있는데, 이것을 검증했다는 의미를 부여할 수 있다.

만약 어느 한 기업이 엄청나게 많은 상품들을 쏟아내 공룡 꼬리의 굉장히 많은 부분을 독차지한다면 해당 기업의 판매량도 높아질 수 있다. 하지만 그런 상황이 가능하기도 어렵고, 이상적이라고도 보지 않는 것이 롱테일 법칙이다. 롱테일 법칙은 작은 기업들이 전에는 존재하지 않던 시장을 창출하고, 각각의 영역에서 조금씩 자기 몫을 차지하는 것이 오늘날의 시장에 더 부합한다는 인식을 기반으로 한다.

물론 롱테일 법칙에서도 여전히 대기업들은 공룡의 몸통 부분을 차지하겠지만, 하나의 기업이 공룡의 몸통부터 꼬리까지 독점하는 시대는 이제 지났음을 전제하고 있는 것이다. 다양한 재화의 탄생으로 공룡의 꼬리가 길게 늘어지는 것이 중요하지, 꼬리가 몸통 두께에 육박할 만큼 통통하게 커야 할 필요도, 꼭 통통해져야만 하는 것도 아니다.

그렇다면 우리나라 디지털 영화 시장에도 롱테일 법칙이 잘 적용되고 있을까? 앞서 언급한 오프라인 영화 시장에서 파레토 법칙이 잘 맞아떨어진 것처럼, 디지털 영화 시장에서는 롱테일 법칙이 잘 부합하는 것으로 나타났다. 2015년 상반기 IPTV 및 디지털케이블 TV에서 많이 판매된 영화 100편을 집계했을 때 상위 20편, 즉 20%의 영화의 이용 건수는 47%밖에 되지 않았다. 오프라인에서 15%의 영화가 80%의 수익을 거둔 것에 비해 히트작들의 힘이 훨씬 떨어짐을 보여주는 결과다. 20 : 80 법칙이 적용되지 않는 것은 물론, 롱테일 법칙에서 하위 80%가 절반 이상의 매출을 거둔다는 것과도 잘 맞아떨어졌다. 대상 영화 중 하위 80편의 영화가 53%의 이용 건수를 차지한다는 결과이기 때문이다.

다양성 영화 100편까지 포함해 총 200편으로 계산했을 때에는 20%에 해당하는 40편의 영화가 약 61%의 수익을 올리는 것으로 나타났다. 80%인 160편의 영화가 총 이용 건수의 39%를 차지해 100편을 기준으로 집계한 것보다는 조금 비율이 줄어들기는 했지만, 그래도 오프라인보다는 상위 히트작들의 파워가 떨어지는 결과다. 즉, 디지털 공간에서는 소수 흥행작들에 비해 다수 하위 영화들의 힘이 상대적으로 높다는 이야기다.

다시 첫 질문으로 돌아간다면, 오프라인 극장에서는 소수 히트작 영화의 흥행력이 훨씬 높기 때문에 될 만한 영화에 집중하는 것이 유의했다. 그러나 디지털 공간에서는 상위 20%의 영화들이 이용 건수의 절반도 못 차지하기 때문에 상위 영화에 집중하는 것보다는 영화의 수를 늘리는 것이 더 의미 있다는 결론이었다.

이런 측면에서 볼 때 우리나라 온라인 혹은 IPTV 등에서의 영화 마케팅은 조금 다른 방식이어야 할 것 같은데, 적어도 내가 느끼기엔 그런 부분이 많이 부족해 보인다. 우리나라의 영화 판매 데이터만 살펴보아도 극장에서는 남들이 다 보는 화제작 중심으로 상영을 집중하는 것이 중요하지만, 온라인에서는 그런 영화들보다는 보다 다양한 영화들, 숨겨져 있지만 흥미를 끌 만한 작품들을 적극적으로 소개하는 것이 더 높은 성과를 거둘 가능성이 있다.

그런데, 가끔씩 IPTV에서 볼 만한 영화들을 뒤질 때마다 정말 답답할 때가 한두 번이 아니다. 극장에서 흥행을 거둔 영화들을 전면 배치하는 것 외에 온라인 시청자들을 위한 배려가 그다지 보이지 않는다. 내 취향에 맞는 영화 추천은 언감생심이고 그저 영화에 대한 소개만 조금 더 해줘도 참 고마울 것 같은데, 참 불편한 화면이라는 생각만 들곤 한다. 한두 편의 영화 소개 뒤엔 장르별 가나다순 영화 배열 정도만 있어 제목을 알지 않는 한 뭔가를 찾아내기란 쉽지 않기 때문이다. 최근 영화산업에서 IPTV를 통한 부가판매 비중이 높아지고 있다는데, 이 시장에 대해 보다 '롱테일'답게 사고하는 것이 필요하지 않을까 한다.

18

어둠의 경제가 시장을 키운다?

불법복제물의 경제학

세간의 높은 관심을 끈 드라마 〈응답하라 1988〉의 19회가 방영되던 밤이었다. 쌍문동 출신인 난 첫 회부터 꼬박꼬박 '본방 사수'를 할 만큼 그 드라마를 사랑했다. 특히 그날은 주인공 덕선이의 남편이 택이냐 정환이냐의 실마리가 풀어질 예정이던 터라 꼭 제시간에 보고 싶었다. 그런데 급하게 약속이 잡혀 어쩔 수 없이 방영 시간을 놓쳐버렸다. 집에 돌아오자마자 텔레비전을 켰으나, 드라마는 막 끝나고 있었다.

순간 머릿속에 여러 선택지들이 떠올랐다. 사람들이 알려준 드라마 공유 사이트, 많이들 이용하는 파일 공유 프로그램도 있었다. 약간의 수고만 들이면 모두 공짜로 드라마를 볼 수 있는 방법들이었다. 하지만 얼마 전 그런 프로그램을 통해 영화를 다운로드받다가 저작권법 위반으로 꽤 큰돈을 합의금으로 물었다는 사람들의 이야기도 같이 떠올랐다. 컴퓨터를 켜고 사이트를 찾는 사소한 수고가 귀찮기도 했다. 무엇보다 자의반 타의반 '콘텐츠 경제학자'를 자처하는 사람으로서, 콘텐츠의 대가를 무시하는 것은 부끄럽다는 생각이 들었다. 주말마다 나에게 행복한 추억을 안겨주던 이들에게 단돈 1500원을 못 쓰겠는가 하는 생각도 한구석을 차지했다. 결국 텔레비전의 VOD 화면을 클릭해 결제를 하고 2시간 늦은 드라마를 챙겨 보았다.

'어둠의 경제'의 규모는 얼마나 될까?

아마도 많은 사람들이 나와 같은 고민을 한번쯤 해보았을 게다. 분명히 불법이라는 것은 알면서도, 너무나 많은 이들이 쉽게 무료 콘텐츠를 이용하고 있어 제값을 치르고 콘텐츠를 이용하는 일이 낯선 것이다. 한국저작권단체연합회가 발간한 〈2015 저작권 보호 연차보고서〉[46]에 따르면 우리나라 13~69세 인구의 10명 가운데 4명(40%)은 온라인에서 불법복제물을 이용한 경험이 있는 것으로 나타났다. 불법복제물 경험은 음악 (24.7%) 분야에서 가장 높게 나타났으며, 영화(22.6%), 방송(16.6%), 게임 (7.8%), 출판(6.9%) 순이었다.

　최근 이 비율이 30%까지 낮아지는 추세를 보이다가 2014년 다시 오른 것으로 나타났다. PC에서의 불법복제물 경험 비율은 줄어들고 있었는데 최근 모바일로 콘텐츠를 이용하는 비율이 늘어나면서 불법 모바일

앱을 통한 유통 방식이 등장한 것이 주요 원인이다. 이 수치는 전 국민을 대상으로 한 설문조사 결과이기 때문에 PC나 모바일기기를 잘 활용하는 층으로만 대상을 제한하면 불법복제물 경험 비율은 더 높아질 수도 있다.

이 보고서는 2014년도 불법복제물 시장 규모는 3629억 원, 불법저작물 유포로 인한 합법저작물 시장의 매출 피해액은 2조 2978억 원으로 추정했다. 불법복제물의 시장 규모는 한 해 동안 불법복제물 구입을 위해 지출한 총액으로, 불법복제물 유통량에 불법복제물의 단가를 곱해 산출한다. 불법 영화 공유 사이트에서 100원짜리 영화를 100편 유통시켰다면 1만 원(=100편×100원)이 되는 셈이다.

합법저작물 시장의 매출 피해액은 불법복제물 때문에 발생한 매출 손실액이다. 그런데 불법복제물의 유통량이 바로 합법저작물의 침해량을 의미하지는 않는다. 불법복제물을 이용한 사람 가운데에는 합법저작물만 있었다면 아예 콘텐츠를 이용하지 않았을 사람도 포함되어 있기 때문이다. 따라서 추정을 통해 합법저작물에 대한 구매 의사가 있었으나 불법복제물 때문에 구매하지 않은 양만 구한 뒤 여기에 합법저작물의 각 콘텐츠별 평균 단가를 곱해 매출 피해액을 계산한다. 예컨대 영화라면 VOD 기준 편당 3869원이나 다운로드 기준 편당 4538원을, 음악이라면 다운로드 기준 곡당 139원을, 출판이라면 온라인 소설 · 수필 다운로드 기준 편당 5654원 등을 각각의 불법복제 침해량에 곱하는 식이다. 구매 의사가 있었으나 불법복제물 때문에 구매하지 않은 양은 설문조사 등을 통해 얻은 비율을 전체 시장에 곱해 추정한다.

콘텐츠별 불법복제물 유통량의 비중은 음악물 66.8%, 방송물 16.7%, 영화물 10.4%, 출판물 5.0%, 게임물 1.2%의 순으로 나타나, 음악물의 불법 유통이 가장 많이 이루어지는 것으로 조사되었다. 우리나라 음악산업 특성상 신곡 출시 이후 소비 지속성이 짧고, 이용 시간도 짧아 한 번에 다수의 저작물이 불법으로 유통되는 경우가 빈번하기 때문이다. 하지만 가장 큰 피해를 본 콘텐츠는 영화로, 시장 피해액이 약 8361억 원인 것으로 나타났다. 그 다음은 음악 약 4431억 원, 출판 약 4161억 원, 게임 약 3959억 원, 방송 약 2066억 원의 순이었다. 저작물마다 단가 차이가 있어 유통량 비중과 차이가 발생한다.

각 콘텐츠별 시장의 잠재적 침해율로 보면 음악 시장의 피해가 가장 큰 것으로 나타났다. 음악 시장은 31.1%, 영화 시장은 24.1%, 방송 시장은 17.3%, 출판 시장은 6.8%, 게임 시장은 13.9%가 불법복제물로 침해를 받고 있는 것으로 조사되었다. '잠재적 침해율'이란 '잠재적 합법저작물 시장 규모'에서 '합법저작물 시장 침해 규모'가 차지하는 비율로 구한다. 기존에 합법저작물에 대한 구매 의사가 있었지만 조사 대상 기간 불법복제물 이용 때문에 합법저작물을 구매하지 않아 발생한 직접적인 매출액 손실을 '합법저작물 시장 침해 규모'라 했을 때, 잠재적 합법저작물 시장 규모는 실제 합법저작물 시장 규모에 합법저작물 시장 침해 규모를 합해 추정할 수 있다. 이렇게 구한 잠재적 합법저작물 시장 규모에서 합법저작물 시장 침해 규모의 비율로 구한 것이 잠재적 침해율이므로, 불법저작물이 많아 합법저작물 이용이 줄어들수록 잠재적 침해율은 높아진다. 음악 시장은 상대적으로 시장 규모가 작아 피해 비율이 높은 것으로 나타났다. 전반적으로 서구 선진국들과 비교할 때 불법복제물 이용이 범죄라는 인식이 매우 떨어져 '어둠의 경제' 규모가 매우 크다는 결과였다.

음악 시장의 축소, 파일 공유만이 문제일까

이와 같이 불법복제물이 존재하면 콘텐츠 제작자의 권익을 해쳐 시장에 부정적 영향을 끼친다고 보는 것이 일반적인 시각이다. 시장 가격으로 거래되어야 할 저작물들이 공짜 혹은 터무니없이 낮은 가격으로 거래되어, 저작권자가 응당 받아야 할 대가가 사라지게 되기 때문이다. 〈저작권 보호 연차보고서〉도 그런 인식에 기반해 시장 피해액을 추정하고 있다.

그런데 그 피해의 양을 어느 정도로 추정할 것인지에 대해서는 조금씩 견해가 다르다. 많은 경제학 논문들이 여러 모델을 통해 불법복제가 시장에 부정적 영향을 끼치는 것을 증명하고 있지만, 추정 방식이 조금씩 다르다 보니 시장 피해액도 들쭉날쭉한 것이 현실이다. 그래서 스탠 리보위츠(Stan J. Liebowitz)라는 학자는 재미있는 분석을 실시하기도 했다.[47] 이제까지 불법복제물로 인한 음악 시장 피해 규모를 추정한 논문들을 모두 모아 같은 추정 방식으로 환산한 뒤 각 피해 추정액이 얼마나 차이 나는지 비교해본 것이다.

리보위츠는 각 논문들이 시장 피해액을 추정하는 기간과 지역 등이 달라 추정액이 달라지는 것은 어쩔 수 없다고 보았다. 하지만 기간과 지역 차이를 감안하더라도 추정 방식이 달라 서로 비교 자체가 불가능한 것은 문제가 있다고 여겼다. 이른바 무엇을 '피해 비율'로 볼 것인가에 대한 정의가 제각각이라 서로 다른 비율을 이야기하고 있었기 때문이다. 예컨대 음악 시장에서 파일 공유로 인한 피해를 추정할 경우, 어떤 학자는 추정 기간 동안 음반 판매량 대비 파일 공유로 줄어든 피해액(=전체 피해액/전체 음반 판매량)을 피해 비율로 표기한다. 또 어떤 학자는 정책의 변화, 그해 경제 성장률, 음반 시장 규모 등 음악 판매에 영향을 주는 요소들을 쪼개 각 요소 때문에 판매량이 줄어드는 비율을 모두 구한 뒤(즉, 회귀분석을 실시해서), 파일 공유가 한 번 일어날 때 줄어드는 음악 판매액의 비율, 즉 파일 공유에 대한 음반 피해액 탄력도를 피해 비율이라 하기도 한다.

모두 다 의미 있는 방식이기는 하지만 통일된 방식이 아니라 얼마나 합리적인 숫자를 추정했는지 비교가 불가능하다는 점이 문제로 지적되었다. 더 큰 문제는 최근 음악 시장 규모가 줄어들게 된 데에는 여러 원인이 있는데, 이런 점들을 반영하지 않은 채 판매액이 줄어드는 이유를 대부분 파일 공유 탓으로 추정하는 논문들도 꽤 많다는 점이었다.

최근 음악 시장의 규모는 2000년대 이후 꾸준히 하락 추세를 보였다. 여기에는 파일 공유의 탓도 있지만, 음악 시장의 판매 형태가 음반 판매에서 디지털 음원 판매로 바뀌면서 이전보다 판매단가가 줄어든 탓도 크다. 이전에는 한 장의 음반을 제작하려면 앨범 제작비, 케이스비 등 다양한 부대비용이 발생해 음반 가격이 꽤 높았다. 하지만 디지털 음원 판매로 바뀌면서 이런 비용들이 불필요해짐에 따라, 순수한 '음원' 가격으로 판매가 이뤄지면서 가격이 소폭 하락했기 때문이다. 이런 변화의 기점을 리보위츠는 대략 2005년으로 잡고 있는데, 아이튠즈가 등장해 음원 판매 형식이 확산되면서 음악 시장의 규모도 크게 달라졌다는 것이다.

또 디지털 음원 판매 형식으로 바뀌면서 곡을 단품으로 구매하는 게 가능해졌다는 것도 중요한 변화 가운데 하나다. 예전에는 음반 형태로 판매를 하기 때문에 어쩔 수 없이 음반으로 묶인 10곡의 노래를 한꺼번에 살 수밖에 없었다. 하지만 디지털 음원 판매 형태로 바뀌면서 자기가 좋아하는 노래 한두 곡만 사는 형태가 가능해졌다. 음반 제작자의 입장에서는 끼워팔기가 통하지 않아 안타깝겠지만, 이런 변화로 인해 시장 규모가 줄어들게 된 측면도 있다. 마지막으로 2008년 금융위기의 영향으로 대부분의 콘텐츠 시장 규모가 줄어든 것도 중요한 변수였다.

따라서 적어도 2000년대 후반 음악 시장에서 파일 공유로 인한 피해 비율을 추정하기 위해서는 이런 요소들이 모두 감안되어야 하지만, 기존 논문들에서는 그런 고려가 없이 피해액을 추정하는 경우가 많았다. 리보위츠는 이런 요소들로 인한 감소도 반영하면서 기존 논문들이 추정한 피해 수치도 모두 활용하기 위해, 새로운 피해 비율 지표를 고안했다. 바로 음악 시장 매출 감소액 대비 파일 공유로 인한 감소 피해액의 비율을 피해 비율이라 정의하고 모두 이 지표로 환산해 비교하는 것이다. 이른바 '파일 공유로 인한 판매 감소 비율' 지표인데, 이 지표는 해당 기간 동안 다른 원인으로 시장이 줄어든 것을 모두 반영하면서 각각의 논문을 모두 비교할 수 있다는 장점이 있다.

리보위츠가 파일 공유로 인한 음악 시장의 피해를 추정한 기존의 12편의 논문들을 이 지표로 바꿔 비교한 결과, 몇 가지 의미 있는 점들이 발견되었다. 첫째는 역시 잘못 추정한 논문들이 많았다는 점이다. 과거의 논문 수치들을 리보위츠의 지표로 환산하자 '파일 공유로 인한 판매 감소 비율'이 100%가 넘는 논문들도 나왔다. 리보위츠의 지표는 이론적으로 0~100%가 나와야 정상이다. 매출 감소분 가운데 파일 공유로 인한 피해가 하나도 없다면 0%, 매출 감소가 모두 파일 공유 때문이라면 100%가 나와야 한다. 하지만 몇몇 논문들의 경우 해당 기간 동안 실제로 음악 시장 매출이 줄어든 것보다 파일 공유로 인한 피해액을 더 크게 추정해 피해 비율이 100%가 넘게 된 것이다. 음악 시장 규모가 스스로 줄어들고 있는 점을 반영하지 못한 것은 물론, 계산 과정에서 피해액을 너무 높게 추정했기 때문이었다.

내가 쓴 논문도 아닌데, 이 결과를 보니 내 얼굴이 화끈해졌다. 실제 시장은 변화하고 있는데 이에 대한 인식 없이 책상에서 계산만 할 때 나타날 수 있는 문제들이기 때문이다. 경제학적 추정을 잘못하게 되면 후대 학자에 의해 이런 망신을 당하게 될 수 있겠구나 싶어, 앞으로 함부로 추정을 하면 안 되겠다는 반성도 하게 되었다.

두 번째로는 역시 2006년 이후 피해 비율 지표가 크게 줄어들기 시작했다는 것이다. 논문들마다 수치는 조금씩 달랐지만, 2006년 이전에 비해 파일 공유로 인한 판매 감소 비율이 줄어든 것이 공통적으로 발견되었다. 즉, 2006년 이후 아이튠즈 등의 등장으로 음악 시장 매출 규모 자체가 줄어들면서 파일 공유로 인한 감소 비율은 줄어들게 된 것이다. 이런 점들이 감안되지 않았다면, 음악 시장 매출이 줄어든 이유를 모두 파일 공유 때문이라고 덮어씌울 위험이 있었다. 즉, 불법복제물로 인한 음악 시장의 피해가 기존 논문들이 보여준 것보다는 덜하다는 사실을 리보위츠의 논문이 확인해준 셈이었다.

불법복제물, 필요악인가 시장 조성 협력자인가

그런데 콘텐츠의 특성을 반영한 경제학 이론에 따르면 불법복제물의 유통이 콘텐츠 저작권자의 수익에 반드시 피해를 준다고 볼 수만은 없다. 이른바 '차별화 이론'에 따르면, 가격차별화가 가능한 시장에서 저가의 제품과 고가의 제품이 완전히 차별화될 때 저가의 제품이 고가의 제품 수요에 아무런 영향을 주지 못하기 때문이다. 즉, 불법복제물을 저가 제품으로, 정품 콘텐츠를 고가 제품으로 보았을 때 두 재화가 충분히 차별화된다면 저가 제품이 고가 제품을 대체할 수 없어 불법복제물의 존재 여부가 정품 콘텐츠 시장에 아무런 영향을 주지 못한다는 것이다.

만약 내가 놓친 드라마를 보기 위해 불법으로 드라마를 다운로드받는데 매우 많은 수고를 겪어야 했다면 이 역시 차별화 요인이 될 수 있다. 혹은 불법으로 다운로드받은 영상물의 화질이 매우 떨어지는 등의 문제가 있는 경우에도 이에 해당한다. 하지만 이런 차이가 크지 않다면 인위적으로 차별적 요인을 가하기도 하는데, 불법복제물 단속 등이 이에 해당할 수 있다. 불법복제물을 이용하면 단속에 걸려 엄청난 벌금을 낼 수 있다는 위험 가능성을 부여해, 이용자로 하여금 차별화된 두 재화에 대한 효용을 각각 따져보게 하는 것이다. 나의 경우 이런 계산 끝에 고가 제품을 선택한 것이라 할 수 있다.

두 번째로는 콘텐츠가 가지는 '망외부성(network externality)'이라는 특성 때문이다. 망외부성이란 소비자의 수가 증가함에 따라 재화의 가치역시 증가하는 현상을 말한다. 주로 소프트웨어 등에서 자주 나타나는데, 예를 들어 컴퓨터 사용자가 마이크로소프트의 윈도를 많이 사용하면 사용할수록 서로 파일 교환도 쉬워지고, 문제를 해결해주는 사람들도 늘어난다. 이에 따라 더욱더 많은 사람들이 이 프로그램을 사용하게 되는데, 이럴 때 망외부성이 작용했다고 볼 수 있다.

그런데 콘텐츠 역시 이런 특성이 있어 불법복제물이 무조건 나쁘다고 말하기 어려운 측면이 있다. 음악이나 영화, 드라마의 경우 많은 사람들이 불법복제물을 통해 콘텐츠에 대해 많이 언급하면 오히려 정품 콘텐츠 시장을 키우는 효과를 얻을 수 있다. 일정 정도 피해가 생기기는 하지만 입소문을 통한 구전효과가 더 크기 때문이다.

때문에 불법복제물 규제와 단속이 콘텐츠 제작자들의 수익에 미치는 영향은 복합적일 수 있다. 불법복제물 단속이 시장 피해액을 줄이는 효과도 있지만, 이와 함께 전체 시장을 오히려 위축시키는 효과도 불러오기 때문이다. 이에 대해 우리나라의 한 연구팀이 어떤 상황에서 불법복제물 규제가 의미 있는지 분석을 시도했다.[48] 이들의 연구에 따르면 정품 콘텐츠와 불법복제 콘텐츠 간에 충분한 차별화가 어려운 경우에는 불법복제 단속이 제작자의 수익에 긍정적인 효과를 줄 수 있는 것으로 나타났다. 하지만 반대로 정품 콘텐츠와 불법복제 콘텐츠 사이에 충분한 차별화가 가능하다면 오히려 단속이 없을 때 저작권자의 수익이 극대화되는 것으로 추정되었다.

연구팀은 이러한 예가 적용될 수 있는 상반된 분야로 음악과 영화를 지목했다. 음악은 정품 콘텐츠와 불법복제 콘텐츠 사이에 차별화를 줄 만한 요소가 많지 않다. 이런 경우에는 불법복제물의 존재가 저작권자의 수익에 심각한 타격을 줄 수 있다. 특히 음반 디지털화 등으로 음악 시장 규모 자체가 매년 감소하는 상황이라 단속을 통해 줄어드는 시장을 막아내는 것이 더 필요하다고 주장했다.

반면 영화는 극장이라는 공간에서 제공하는 정품 콘텐츠의 부가적인 효용이 더 크기 때문에 불법복제물이 영화 저작권자의 수익에 큰 영향을 끼치지 않는 것으로 나타났다. 극장에서 영화를 보는 것은 화면의 크기, 몰입도, 현장감 있는 음향 등 다양한 효용이 있기 때문에 불법복제물이 존재해도 사람들이 극장에서 영화 보는 행위를 줄이지 않는다는 것이다. 물론 VOD 등에서 제공하는 영화 파일 시장과 비교했다면 조금 다른 추론이 가능할 것 같지만, 연구팀은 영화 시장의 주 수익원인 극장 영화를 정품 콘텐츠로 보았기 때문에 이런 결론을 내렸다.

결국 불법복제물과 얼마나 차별화가 되는가가 저작권 보호의 핵심이라는 게 이들의 주장이다. 차별점이 크다면 단속을 할 필요가 크지 않지만, 그렇지 않다면 단속이 효율적인 시장 보완 장치가 된다는 것이다. 물론 음악 시장에서와 같이 자구책으로 스트리밍 시장 등을 통해 정품 시장의 허들을 낮추는 것도 하나의 해법이 될 수 있다. 음악 시장에서는 그런 노력으로 해마다 불법복제물 시장의 규모가 줄어들고 있기 때문이다.

그런 측면에서 불법복제물의 시장 침해율이 크지 않은 출판은 어떤 경우일까 생각해보았다. 아마도 아직은 많은 사람들이 전자책이 익숙하지 않고 종이책을 통해 얻는 효용을 더 높이 생각하기 때문에, 즉 불법복제물과 정품 사이에 차별화가 크기 때문에 아직은 불법복제 단속이 그리 필요하지 않은 단계가 아닌가 하는 생각이 들었다. 하지만 어느 순간 전자책 시장이 커져 두 제품간 차별화 요인이 희박해지게 되면, 불법복제물이 정품 시장에 위협적인 존재가 될 가능성도 있다. 그전까지는 오히려 전자책 시장 확대를 위해 불법복제물까지는 아니더라도 무료 전자책의 보급이 좀 더 필요한 것은 아닐까 하는 생각이 들었다. 불법복제물은 한편으로는 시장 조성 협력자라는 양면성을 띠고 있기 때문이다.

'어둠의 경제'를 건너 '그리드락'까지

그런데 이미 저작권에 대한 인식이 우리보다 많이 앞서 있는 나라에서는 다른 고민들도 진행중이다. 저작권 등에 지나치게 많은 권리를 부여하게 되면서 자원을 효율적으로 이용하지 못한다는 주장, 이른바 '그리드락 (Gridlock)' 현상에 대한 우려가 제기되고 있기 때문이다.

그리드락은 원래 '교차로에서 차가 뒤엉켜 움직이지 못하는 상태'를 일컫는 말로, 정부 정책이 의회의 반대에 부딪혀 추진되지 못하는 상황 등을 일컬을 때 쓰이곤 한다. 그런데 미국 컬럼비아대 마이클 헬러 교수 가 그의 저서《소유의 역습, 그리드락》을 통해 사적 소유권 인정이 지나 치게 강화됨에 따라 서로의 소유권 주장이 얽혀 경제활동을 오히려 방해 하는 현상을 '그리드락'에 비유하면서 새로운 의미로 쓰이게 되었다.

헬러 교수는 저작권과 관련된 그리드락의 예로 물질에 대한 특허권이 너무 쪼개져 있어서 새로운 신약 개발을 저해한다거나, 사진·음악 등에 대한 저작권 비용을 모두 치르는 것이 불가능해 이를 활용한 영화를 제 작하지 못하게 되는 현상 등을 이야기한다. 우리나라에서도 가끔 영화감 독들이 특정 음악을 배경음악으로 쓰고 싶었는데 저작료가 너무 비싸 다 른 음악을 썼다는 이야기를 할 때가 있다. 이렇게 대체할 방법이 있다면 다행이지만, 특정한 콘텐츠를 꼭 써야 하는 상황에서 높은 저작권료 때 문에 새로운 창작 행위가 위축된다면 이 또한 그리드락 상황이라 할 수 있다.

흔히 '공유재의 비극'을 해결하기 위해 사적 소유권이 생겼다고 이야 기하는데, 그리드락은 이와 반대로 지나친 소유권의 인정으로 인해 발생 하는 '반(反)공유재의 비극'이라 할 수 있다. 특히 최근에는 기존의 특허 또는 저작권이 인정된 물질, 기술, 창작물 등을 기반으로 새로운 물질,

기술, 창작물을 개발하는 경우가 많아 그리드락이 큰 문제로 대두될 가능성이 높아졌다. 애플, 삼성전자, 마이크로소프트, 구글 등 첨단 IT 기업들이 서로 특허소송을 하면서 천문학적 비용을 쓰는 것 역시 그리드락의 사례가 되기 때문이다.

즉, 인간의 창작 행위에 대한 소중한 권리인 저작권은 보호되어야 하지만, 때로는 시장의 확대를 위해 조금 풀어줘야 할 때도 있고, 너무 보호만 했을 때에는 오히려 세상의 진보를 저해할 수도 있다는 이야기다. 언제나 그렇듯, 선의로 만들어진 어떤 제도나 규제가 다른 부작용을 낳기도 하고, 예상하지 못한 장애물이 될 때가 있다. 그렇다고 그 제도와 규제가 완전히 불필요한 것이라 몰아붙이는 것은 옳지 못하다. 그런 점들을 해결하기 위해 최적화된 적용 수준을 찾는 경제학이 필요하고, 이를 정교하게 활용할 수 있는 정치가 필요한 것이기 때문이다.

서양 격언에 "목욕물과 함께 아기까지 버리지 마라(Don't throw the baby out with the bath water)"라는 말이 있다. 어떤 제도에 문제가 있다고 해서 그 전체를 모두 버리는 것은 어리석은 일임을 비유할 때 쓰는 말이다. 제도와 규제에 대해서는 이런 관점을 갖는 것이 중요하다. 가끔씩 많은 경제학자들이 목욕물이 뜨겁다며 아기까지 버리자고 주장할 때마다 하고 싶은 이야기다.

'차이나머니'를 둘러싼 복잡한 속사정

차이나머니

샐러리맨들에게 월급은 양가적인 감정을 불러일으키는 모순적 대상이다. 하고 싶은 일만 하고, 하기 싫은 일은 하지 않을 수 있다면야 얼마나 좋을까. 하지만 월급이 아니면 생활이 무너지니 어쩔 수 없이 이를 택하고, 월급 지급자 앞에서 공손히 머리를 숙이게 된다. 하지만 그렇다고 아무 월급이나 덥석 받기는 싫다. 기왕 받는 월급이라면 나에게 더 많은 기회를 줄 수 있고 나를 더 인정하는 곳, 내 가치를 더 올릴 수 있는 곳에서 월급을 받고 싶다. 직장을 구할 때 무조건 월급 많은 곳을 선택하는 것이 최고가 아닌 이유다. 조금 더 많은 월급을 주는 곳이라도 하는 일이 영마음에 맞지 않고 불편한 마음만 늘어난다면 조용히 사표를 던지고 다른 월급을 찾아 나서기도 한다. 물려받은 재산이나 마음 넓은 후원자의 뒷받침이 있다면 이 월급의 족쇄에서 벗어날 수 있을 텐데, 그런 행운이 흔한 것은 아니다.

세상일이라는 게 다들 복잡다단하지만, 최근 기업과 산업 차원에서도 이렇게 복잡한 심경을 불러일으키는 대상이 생겼다. 게임과 드라마 등 한류 콘텐츠 업계에 날아든 중국 자본 '차이나머니'가 그것이다. 콘텐츠 업계에 성큼 다가온 차이나머니는 마치 샐러리맨들의 월급봉투와 같은 존재가 되어버렸다. 아쉬워서 손을 내밀자니 찜찜한 구석이 있다. 그렇다고 거절하자니 든든한 자본력으로 할 수 있는 많은 일들이 떠오른다. 우리나라 콘텐츠 산업에서 중국이 핵심 고려 대상이 된 지는 오래되었지만, 이제 '시장'으로서만이 아니라 그들의 '돈'으로 사업을 하느냐 마느냐의 기로에 놓이면서 기업들은 더 고민이 깊어졌다. 차이나머니를 받는 순간 월급 족쇄와도 같은 굴레에 빠질 수 있지만, 더 많은 기회를 얻는 디딤돌이 될 수도 있기에 이들의 선택은 쉽지 않다.

외국 작품 쿼터제, 콘텐츠 수출의 '좁은 문'

문제의 출발은 한국 콘텐츠에 대한 중국 자본들의 뜨거운 관심에서 비롯되었다. 중국 경제 전문 매체인 〈경제참고보〉의 보도에 따르면 2014년 상반기 중국의 대한국 투자 규모는 약 7억 800만 달러로 전년도 같은 기간보다 7배가 늘었다. 중국 자본들이 한국에서 가장 많이 투자한 분야는 부동산이었고, 외식업과 엔터테인먼트, 패션 업종 등이 그 뒤를

이었다. 특히 엔터테인먼트산업 투자는 전년도 같은 기간보다 무려 20배나 늘어났다.

중국이 한류 콘텐츠 분야 투자에 높은 관심을 보이는 까닭은 급성장하고 있는 중국 문화산업 시장 덕이다. 해마다 20% 넘게 고성장을 이루고 있는 중국 박스오피스 시장은 2013년 기준 36억 달러 규모로, 이미 미국에 이어 세계 2위 수준이다. 24억 달러 규모인 일본, 14억 달러 규모인 한국을 뛰어넘은 지 오래다. 이런 성장세는 계속 이어져 2018년에는 130억 달러 규모로 세계 최대 시장이 될 것이란 전망이다. 영화뿐 아니라 게임, 동영상, 드라마와 이와 연계된 광고 시장 역시 비슷한 성장세를 나타내고 있다.

그런데 현재 중국에는 이런 거대한 시장을 채울 소프트웨어가 부족하다. 가장 손쉬운 방법은 외국산 콘텐츠로 시장을 채우는 것이다. 하지만 중국 정부의 해외 콘텐츠 규제로 이 또한 쉽지 않다. 중국은 "건강한 인터넷 문화와 중국의 전통문화를 전승하고, 세계의 우수한 문화 성과를 적극적인 태도로 흡수한다"는 기치 아래 외국 작품 쿼터제를 시행하고 있기 때문이다.

이에 따르면 방송의 경우 저녁 7시~10시 사이의 황금시간대에 해외 드라마와 영화는 전 채널에서 방영이 금지되고, 전체 드라마와 영화 편성에서 해외물이 차지하는 비중은 30%를 넘을 수 없다. 또 해외 드라마 방영분은 50회 이하로 규정되어 있고, 해외 드라마와 영화들은 방영 전에 국가광전총국의 허가를 받아야 한다. 이때 폭력성이나 사회적으로 물의를 일으킬 수 있는 내용은 방영이 제한되기 때문에 '중국 정부의 눈높이'에 맞추는 일도 필요하다.

그나마 조금 자유로웠던 인터넷 동영상 서비스에 대해서도 해외 제작 프로그램의 비율을 30%로 제한하는 규제안이 도입됐다. 심지어 2014년 3월 외산 프로그램 등록제를 시행한 후인 4월부터는 미등록 스트리밍 콘텐츠에 더 이상 허가를 주지 않기도 했다. 2014년 방영 예정이었던 〈굿 와이프〉나 〈빅뱅이론〉 같은 유명 미국 드라마들의 스트리밍 서비스가 불발된 것도 허가 문제 때문이었다. 또 2015년부터 새로 방송되는 시리즈는 꼭 전편의 시리즈들이 심사를 받은 뒤에야 등록될 수 있도록 바뀌었다. 최근 중국에서 큰 인기를 끈 드라마 〈태양의 후예〉도 이런 점 때문에 전편을 사전제작한 뒤 심의를 받아 인터넷 동시 상영이 가능했다. 만약 전편 사전 제작을 하지 않았더라면 인터넷 동시 상영은 불가능했을 것이란 이야기다.

영화에서도 스크린 쿼터제가 유지되고 있다. 분장제 영화(영화 배급을 위탁하여 흥행 수익을 제작, 배급, 상영 주체가 나누어 갖는 방식)는 연 34편, 매단제 영화(흥행 수익을 비롯한 일체의 배급권을 파는 방식)는 연 30편으로 수입 영화 편수가 제한된다. 그런데 이 영화 편수가 대단히 적다는 게 문제다. 2013년의 경우 한국에 수입된 할리우드 영화가 33편이었는데, 한국에 수입된 할리우드 영화 대부분이 중국에서도 개봉되었다. 할리우드에서 크게 성공한 영화만 수입해도 이 쿼터는 금방 채워진다는 이야기다. 따라서 한국 영화를 수입하려 해도 수입 쿼터 30편 가운데 할리우드 대작 영화들을 빼고 나면 수입할 만한 한국 영화는 두세 편이 될까 말까다.

콘텐츠 업계를 향한 중국 자본의 러브콜

채울 소프트웨어는 부족한데 수입도 제한된다면 선택할 수 있는 방법은 하나다. 직접 콘텐츠를 제작하면 된다. 하지만 어떻게? 아직 중국 엔터테인먼트 업계는 재미있는 콘텐츠를 제작할 만한 능력을 충분히 갖추지 못했다. 직접 만들어 써야 하는데 능력은 부족하고 대신 돈은 많은 상황이다. 이럴 경우 택할 수 있는 방법은 쓸 만한 제작업체를 사들이는 것이다. 중국 엔터테인먼트 업계는 이미 막강한 자금력을 갖추고 있다. 할리우드 제작사들에도 뭉칫돈을 들이밀 수 있는 그들에게, 늘 자금에 허덕이는 한국의 제작사들을 투자로 유인하는 것은 어려운 일이 아니다. 특히나 중국에서 한류의 영향력이 크기 때문에 연계할 수 있는 광고 시장도 넓어 비용을 효율적으로 쓸 수 있는 방법이기도 하다. 그래서 한국 제작사들로 중국의 뭉칫돈이 날아들기 시작한 것이다.

이런 투자 대열의 가장 선두에 선 곳은 'BAT', 즉 중국 최대 인터넷 포털 사이트인 바이두(Baidu), 전자 상거래 사이트 알리바바(Alibaba), 모바일 메신저 업체 텐센트(Tencent) 등이다. 이들은 최근 세계 엔터테인먼트 시장에 큰손으로 등장해 콘텐츠 투자를 가속하고 있다. 우리나라 업계에 가장 먼저 손을 내민 곳은 2014년 한국에만 7000억 원을 투자한 것으로 알려진 텐센트다. 텐센트는 2012년 카카오에 720억 원을 투자한 데 이어 2014년 3월 CJ게임즈에 5400억 원을 출자했고, 모바일 게임 '아이러 브커피'를 제작한 파티게임즈에 200억 원을 투자하며 2대 주주로 올라섰다. 모바일 게임사 네시삼십삼분에는 1000억 원 이상을 투자해 회사 지분 25%를 넘겨받기도 했다.

최근 할리우드 제작사들과 잇단 투자 논의를 하고 있는 알리바바도 한국에 관심이 깊다. 알리바바는 우리 정부가 조성하고 있는 글로벌콘텐츠 펀드에 투자를 계속 검토했을 정도로 한국 기업들에 대한 투자 의지가 강하다. 중국 최대 포털 사이트인 소후닷컴은 김수현 등이 소속된 기획사 키이스트에 투자했고, 홍콩의 글로벌 미디어 그룹인 DMG그룹은 드라마 제작사인 초록뱀미디어에 250억 원을 투자하며 최대 주주로 올라섰다. 초록뱀미디어는 중국에서도 인기를 끈 드라마 〈프로듀사〉를 포함해 〈K팝스타〉, 〈주몽〉, 〈올인〉 등의 프로그램을 제작한 곳이다.

중국의 엔터테인먼트 그룹 화처미디어는 영화배급사 뉴에 535억 원을 투자해 2대 주주 자리를 꿰찼다. 뉴는 영화 〈변호인〉과 〈7번방의 선물〉 등을 배급하며 국내 영화계에서 대기업 계열이 아니면서도 신흥 강자로 떠오른 곳이기도 하다. 이밖에 중국의 민영배급사 화이브라더스는 국내 3대 영화배급사 중 한 곳인 쇼박스에 3년간 독점 합작 계약을 맺기도 했다. 두 회사는 3년간 중국 영화 6편 이상을 공동 제작하기로 했다. 유재석, 씨엔블루, AOA 등이 속한 기획사 FNC엔터테인먼트는 중국의 쑤닝 유니버설 미디어로부터 330억 원의 투자를 유치하면서 의욕적으로 중국 사업을 확대하는 중이다.

한·중 합작 콘텐츠의 복잡한 이면

자본이 풍부한 중국과 내수시장이 작아 포화 상태에 직면한 한국 콘텐츠 기업의 결합은 이상적인 모습처럼 보인다. 하지만 한국 콘텐츠 업계에서는 이와 같은 현상을 반갑게만 여기지는 않는다. 중국이 한국 콘텐츠 업계 투자를 통해 얻고자 하는 것은 한국 기업들의 경험, 노하우, 기술, 기획력 등이다. 달리 본다면 중국 자본의 투자는 한국의 작가, 감독, 스태프 등이 중국 자본에 쏠려 유출되는 과정으로 볼 수 있다는 이야기다.

실제로 콘텐츠 제작 인력의 유출은 이미 심각한 수준이다. 한국은 물론 중국에서도 대박을 친 〈별에서 온 그대〉 외에 〈뿌리 깊은 나무〉, 〈바람의 화원〉 등을 연출한 SBS의 장태유 PD는 2013년 중국 엔터테인먼트 기업인 웨화오락과 5년 계약을 맺었다. 〈신사의 품격〉, 〈시크릿 가든〉 등을 연출한 신우철 PD도 중국행을 택했다. 〈주군의 태양〉, 〈환상의 커플〉, 〈최고의 사랑〉 등의 대본을 쓴 홍정은·홍미란 작가도 중국으로 건너가 중국 시청자를 위한 로맨틱 코미디를 쓰기도 했다. 이들이 중국인들을 위한 작품에 매진하는 동안 그들의 작품을 한국에서는 볼 수 없었다.

따라서 한국 콘텐츠 업계에서 중국 자본은 복합적 감정을 불러일으킨다. 중국 투자를 유치하는 순간, 거대한 중국 시장에 다가설 기회를 얻는다. 하지만 보다 '중국인의, 중국 취향에 의한, 중국 시장을 위한' 콘텐츠를 만들어야 한다. 자본과 결합한 산업에서 자본의 국적이 무슨 의미냐고 반문할 수도 있다. 하지만 '문화와 취향'이라는 코드가 중요한 콘텐츠

산업에서 특정한 국가의 색깔을 입힌 콘텐츠를 집중적으로 만드는 것은 제작자의 입장에선 매우 고민스럽다. '콘텐츠 하청 국가'로 전락할 수 있다는 우려도 이 때문에 제기된다.

이런 고민은 산업에 따라 그 경중이 조금씩 다르게 다가선다. 상대적으로 문화적 감수성이 영향을 덜 미치는 게임 업계에서는 중국 자본과 결합하면서 얻는 긍정적 측면이 많다. 예컨대 텐센트 등 중국 대형 포털에 게임을 입점시킬 수 있는 기회를 잡는다는 점 등이 작용하기 때문이다. 특히 최근 중국 자본은 '신속, 대규모, 무조건'이라는 특징을 띠고 있어 소규모 게임사에겐 더없이 고맙다. 한 게임 개발사 관계자는 "마케팅 자금으로 수십억 원을 조건 없이 턱턱 쏴주는 한국의 벤처 캐피털은 없다"며 투자 조건이 까다롭지 않은 중국 자본의 장점을 이야기한다.

하지만 문화적 취향이 더 많이 개입되는 드라마 등에서는 고민이 깊다. 최근 한국 신화를 바탕으로 한 만화 원작으로 드라마 제작을 추진 중인 한 제작자는 투자 의향을 밝히는 중국 투자자들이 반갑지만은 않다고 전한다. "이 드라마를 잘 만들어 주인공 캐릭터로 다양한 상품을 개발해보고 싶다. 그런데 중국 자본으로 이 드라마를 만들면 이 캐릭터는 중국 것이 되고 연관시장도 다 뺏긴다. 그래서 한국 자본을 유치하고 싶은데 마땅치 않아 아쉽다."

하지만 중국 시장에 진출하기 위해서는 이런 중국 자본과의 결합을 더이상 피할 수만은 없다는 현실이 많은 제작자들을 더 힘들게 한다. 중국 기업들이야 소프트웨어를 확보하기 위해 이곳저곳을 두드려보는 것일 테지만, 우리는 생존을 위해 중국 자본과 손을 잡아야 하는 상황이기 때문이다.

특히 앞서 언급한 중국의 외국 작품 쿼터제가 강화되면서 중국으로의 직접 수출이 크게 어려워졌다는 문제도 있다. 2015년 4월부터 강화된 외국 작품 쿼터제로 중국 내 인터넷 동영상 사이트와 텔레비전 등에서 큰 인기를 끌던 한국 드라마는 비상에 걸렸다. 쿼터제의 영향으로 2014년 대비 드라마 판권의 가격이 10분의 1 수준으로 폭락했기 때문이다.

현재 방영 중인 최신 드라마를 실시간으로 판매할 경우 더 높은 가격을 받을 수 있는데, 전편 시리즈 등록제로 바뀌면서 시간차가 발생해 드라마 가격이 떨어지게 된 것이다. 쿼터제 검열을 통과하는 데 3개월에서 6개월 정도 소요되기 때문에, 전체 시리즈가 모두 끝난 뒤 이 정도의 시간이 흐르게 되면 관심도는 떨어질 수밖에 없다. 이에 따라 최근 중국 인터넷 사이트에서 한국 드라마의 점유율도 눈에 띄게 하락세를 보인다는 평가다.

결국 돌파구는 한중 합작 드라마 등의 형태로 함께 제작하는 방법밖에 없다. 한국과 중국이 합작해 창작한 콘텐츠는 중국에서 만든 콘텐츠로 인정되기 때문에 검열이나 심의를 빠르게 통과할 수 있고 쿼터제의 영향도 받지 않았다. 한중 자유무역협정(FTA)이 체결돼 중국 기업과 합작법인을 설립할 때 49% 지분 확보에 대한 법적 근거도 마련됐다.

게다가 중국 콘텐츠 시장은 엄청난 기회의 땅이기도 하다. 2015년 중국 박스오피스의 최대 흥행작인 〈착요기〉는 무려 6590만 명의 관객을 동원했다. 우리나라 최고 흥행작의 5~6배 수준이다. 2015년 현재 중국 인구 1인당 영화 관람 편수는 0.9편이었는데 2020년에는 2.8편으로까지 늘어날 것이란 전망도 있다. 이 추세라면 2020년 중국 시장에서 최대 흥행작의 관객 수는 2억 명 수준으로 상승할 수 있다. 천만 관객 영화 20편에 해당하는 관객을 한 번에 끌어모을 수도 있는 것이다.

하지만 손을 잡는 순간, 중국화된 영화와 드라마를 만들어야 한다는 조건도 따라붙는다. 얼마 전 방영된 어떤 드라마에서 여주인공이 맥락도 없이 온통 붉은색으로 치장된 화려한 공간에서 붉은색 드레스를 입고 등장하는 장면이 삽입됐던 것은 그런 슬픈 비밀 때문이었다. 재주는 곰이 부리고 돈은 왕서방이 챙긴다는 말이 본격적으로 실현되는 것은 아닐까. 아니면 월급봉투를 안고 기회를 향해 눈 질끈 감고 달려 나가야 하는 걸까. 차이나머니를 앞에 둔 제작자들의 머릿속은 복잡하다.

20

창조경제를 위한 변명

창조경제

'관변학자'라는 표현이 있다. 학자적 양심을 팔면서 해바라기처럼 권력을 좇는 학자들을 비꼬는 말이다. 이들은 본인의 학문적 판단이나 소신과는 어긋나는 내용일지라도 정부가 추진하는 정책을 열성적으로 '대변' 또는 뒷받침하고, 그러다 공직 한자리를 꿰차곤 한다. 그런 모습 때문에 '관변학자'라는 말에는 학문적 입장이 정부의 정책과 잘 부합했다는 가치중립적 의미보다는, 자신의 이득을 위해 양심도 저버린다는 부정적 의미가 더 강하게 포함되어 있다.

모든 정책에는 통치 철학과 가치관이 개입되는 것이 정상이지만, 사실 문화정책이나 과학기술정책, 벤처정책 등에는 그런 가치관이 깊이 개입할 여지가 없는 경우가 많다. 특히 우리나라에서는 이 분야들에 대해 정치적 입장과 상관없이 비슷한 견해를 취하는 경우가 많아 딱히 '관변'과 '비관변'을 구분하기가 어렵다. 때문에 원래부터 그 분야에 대한 연구를 해오다, 자신이 주장하던 정책이 우연히 정부에 채택되어 뜻하지 않게 정부 정책의 이론적 뒷받침을 담당하게 되는 학자도 종종 있다.

이런 구구한 설명을 하는 까닭은 이번 정부가 가장 전면에 내세웠던 '창조경제'를 접하면서 여러 생각이 들었기 때문이다. 정부가 이 정책을 내걸기 전부터 문화산업에 대한 조사 연구를 하다 보니 영국의 창조산업, 창조경제 지원 정책에 대한 자료들이 눈에 들어왔다. 다른 나라들은 국가 차원에서 정책의 틀을 제대로 갖추고 전면적인 산업 지원을 하는 일이 매우 드물기 때문에 영국의 창조산업 지원 정책은 눈에 뜨일 수밖에 없었다.

그래서 이 산업에 대해 이 자료 저 자료를 찾아보았는데, 이 분야가 꽤 긴 기간 동안 많은 학자들의 고민 속에서 꼴을 갖춰가는 중이라는 걸 느낄 수 있었다. 물론 여전히 진행 중인 탓에 학자나 기관에 따라 조금씩 개념이나 초점이 상이한 부분도 있었다. 도입하는 나라마다 중점을 두는 방향이 다른 것은 물론이다. 그렇다 하더라도 이전의 경제 체제에서 생겨나는 문제들에 대한 해결 방향이라는 차원에서 이론적 토대가 잡혀가고 있다는 것은 느낄 수 있었다.

그런데 갑자기 대통령 선거에서 한 선본이 '창조경제'를 경제정책 방향으로 내걸었고, 그 선본의 후보자가 당선이 되자 '창조경제'가 정부의 중요 경제정책으로 자리 잡게 된 것이다. 아마도 각 선본에서 최근의 경제

프레임을 극복할 새 경제정책으로 어떤 것들이 있을지 논의하는 과정에서 전격적으로 채택되었을 것 같다. 정책의 내용상 어느 선본에서 선택을 했다 해도 크게 이상할 것이 없는 정책이었다고 생각하기 때문이다.

하지만 오히려 조금 실망스러웠던 점은, 이게 특정 선본 혹은 정부에서 전면적으로 내거는 정책이다 보니 내용에 대한 정확한 이해 없이 무조건 비판하는 사람들이 많다는 것이었다. 물론 '창조경제'라는 게 쉽지 않은 내용이라 제대로 홍보하는 일이 어려웠을 것이라는 점은 이해가 간다. 내용이 정확히 전달되지 않은 탓에 싸이의 〈강남스타일〉이 창조경제의 최종 귀착점인 것처럼 오해를 불러일으킨 부분도 있는 것이 사실이었다.

하지만 이 정책의 처음과 끝에 대한 큰 이해나 숙고 없이 무조건 실체가 없다고 주장하는 모습들을 보면 조금 안타까웠다. 그 정도로 무가치한 개념은 아니라고 혼자 힘주어 이야기를 하다가도 문득 '어, 나 이러다 관변학자처럼 보이면 어쩌지' 하는 쓸데없는 걱정이 들기도 했다. 물론 아무도 나에게 그렇게 해달라고 부탁한 적 없고, 그런 내 모습을 정부 관계자들도 본 적이 없다는 게 내 걱정의 중대한 오류이긴 하다.

부자 기업, 가난한 국민의 딜레마

창조경제라는 패러다임이 부상하게 된 데에는 실물 중심의 산업경제에서 정보 중심의 지식경제로 옮겨오면서 나타난 문제점들의 영향이 컸다. 기술 혁명에 의해 인류의 역사는 3단계로 발전해왔다. 농업 기술의 혁신이 가져온 농업혁명으로 농경사회가 정착되었고, 이후 산업혁명을 거치며 기계를 이용한 생산이 보편화된 산업사회로 이전했다. 그리고 1980년대 이후 컴퓨터 기술 혁신에 따른 정보혁명으로 인해 정보사회로 넘어오면서 우리 사회의 생산성은 비약적으로 향상되었다.

지식경제 중심의 정보사회에서 나타난 주요 특징 가운데 하나는 생산의 아웃소싱이었다. 첨단기술과 컴퓨터의 보급으로 기업의 생산성은 향상되었고, 높아진 생산성을 더욱더 높이기 위해 생산기지를 전 세계로 확장하기 시작했다. 기술 발전으로 미국에서 제품을 기획하고 중국에서 상품을 생산하는 '생산 이원화 관리'가 충분히 가능해졌기 때문이다. 덕분에 본사가 있는 선진국에서는 고부가가치의 컨트롤 타워 역할만 하고, 임금이 낮은 개발도상국으로 생산기지를 옮겨 더 많은 상품을 더 싸게 생산하는 것이 일반화되었다.

이에 따라 기업의 생산성과 이익은 늘어났지만, 그 반대급부로 자국 내 일자리가 그만큼 늘어나지는 않는다는 한계가 나타났다. 일자리만 덜 늘어난 것이 아니라 노동자의 임금도 기업의 이익만큼 증가하지 않았다. 지난 40여 년간의 통계를 살펴보면 선진국의 국가별 GDP에서 임금이 차지하는 비율이 지속적으로 하락해온 것을 확인할 수 있다. 1975년 나라별 GDP에서 약 70~80%대를 차지했던 임금 비율은 2012년에는 60~70%대로 줄어들었다. 대신 그만큼 늘어난 것은 기업의 몫이었다.

더군다나 생산성을 향상시키는 대기업들의 힘이 점점 더 커지면서 생산과 판매를 독점하는 경향도 강해졌다. 1~2위 대기업들은 공급자들 사이에서도 힘의 우위로 더욱 몸집을 키웠고, 그런 독점적 힘을 바탕으로 시장 지배력도 확장했다. 이에 따라 시장 진입 장벽은 점점 더 높아졌고, 새로운 중소기업들이 시장에서 이들과 경쟁하며 성장하는 일이 어려워졌다. 대기업의 일자리가 크게 늘기 어려운 상황에서 중소기업의 성장도 제한되자, 노동력을 제공하는 가계는 더 어려움에 빠지게 되었다. 부자기업은 생겨났지만 국민들은 점점 더 가난해졌다. 우리나라에서만 이런 것이 아니라 세계적으로 이런 현상들이 가속화된 것이다.

선진국의 일거리를 받아 생산만 해도 성장할 수 있던 개발도상국들과 달리, 이러한 현상이 심화됨에 따라 성장의 한계에 봉착한 일부 선진국들은 새로운 고민을 시작했다. 추격해오는 개발도상국과의 격차를 벌리면서 독자적인 부가가치를 창출하고 자국 내에서 일자리를 늘릴 수 있는 새로운 경제 방향은 없을까. 기술개발과 생산혁신 등은 시간이 흐르면서 점차 그 격차가 줄어드는데, 그런 것과는 달리 영원히 개발도상국들이 따라올 수 없는 우리만의 독보적인 방법은 없을까.

그런 고민 끝에 생각해낸 것이 '창의성(creativity)'을 기반으로 한 '창조경제'였다. 생산시설이나 생산기술은 시간이 흐르면 언젠가는 따라잡히게 되지만, 창의성을 기반으로 한 무형자산 중심으로 새로운 성장 동력을 키우면 개발도상국들이 영원히 따라올 수 없기 때문이다. 특히 이전에는 무형자산이라고 하면 과학기술을 많이 떠올렸으나, 그런 것들도 물량으로 달려드는 중국의 추격 때문에 격차를 계속 유지할 수 없게 되었다. 수십 년 전 선진국에서는 삼성전자나 샤오미의 스마트폰을 짐작조차

할 수 없었지만 이제는 받아들일 수밖에 없게 되었다는 이야기다. 따라서 새로운 무형자산은 그런 것과는 다른, 더욱 창의적이어서 누구도 베낄 수 없는 것이어야 한다는 생각이 깊어졌다.

그런데 이게 '무형'의 '창의성' 중심의 개념이다 보니 여러 형태로 발현되기 시작했다. 영국의 경우, 그들만이 가진 역사적 자산과 문화예술 중심의 창조경제, 앞선 문화산업을 중심으로 한 창조경제를 고민하기 시작했다. 역사적 자산, 앞선 문화 등은 도저히 베끼기 어려운 점들이었기 때문이다. 하지만 나라마다 고유한 무형자산의 형태가 다르기에, 창조경제의 모습이 단일화된 모습으로 드러나지 않게 되었다. "도대체 창조경제가 뭐냐"는 푸념은 무형자산에 대한 일관된 상이 없어 나타난 현상이라고 할 수 있다.

'쿨 브리태니아'에서 '창조적인 영국'으로

창조산업이란 단어의 원조를 자부하는 영국은 1996년부터 '쿨 브리태니아(Cool Britannia)'라는 슬로건 아래 음악, 미술, 공연, 패션, 광고, 출판, 방송산업 등을 '창조산업'이라 명하고 적극적인 지원정책을 펼치며 창조경제를 발전시켰다. 영국 정부가 창조산업을 지원하게 된 것은 토니 블레어 총리의 당선과 관련이 깊다. 블레어 총리는 다소 낡고 과거 지향적이라 느껴지던 영국의 이미지를 현대적이고 활기찬 이미지로 변화시키고, 경제 성장 동력을 창의력 중심의 신산업으로 바꾼다는 의미에서 '쿨 브리태니아'의 기치를 올렸다.

그러나 당시에도 이 정책에 대한 의견은 분분했다. '쿨 브리태니아'라는 명칭에서 드러나듯, 이 정책이 영국의 성장 동력을 바꾼다는 의미 외에 영국의 이미지 개선이라는 목적이 혼재되어 있었기 때문이다. 특히 쿨 브리태니아 전략은 당시 오아시스, 블러, 스파이시 걸스 등 브릿 팝이 전 세계적으로 크게 부각된 것을 지렛대로 삼은 탓에 이들의 '쿨한' 이미지를 차용하려는 시도가 많았다. 전통에 대한 자부심이 강한 영국인들에게 이런 시도가 곱게만 보일 리 없었다. 때문에 〈이코노미스트〉 등 당시 영국 언론에서는 정치인들의 '쿨' 이미지 과시를 위한 보여주기식 행사에 대한 비판이 이어졌다.

이 정도에서 그쳤다면 쿨 브리태니아는 단순히 정치인들의 '드러내기식 정치'를 위한 해프닝 또는 단기적인 산업 전략으로 남았을지도 모른다. 그러나 영국의 저력이 드러나는 건 이 다음부터다. 쿨 브리태니아에 대한 비판이 이어지자 1998년 영국 정부는 이 전략의 역사, 경제사적 배경과 지향점 등을 총체적으로 재정비하는 작업에 나섰다. 쿨 브리태니아가 단지 일부 팝스타나 예술가들의 개인적인 창의력을 앞세워 영국의 이미지를 개선하는 것만이 아니라, 중장기적으로 창조산업을 영국의 일자리와 성장을 담보하는 분야로 재정비할 전략이라는 점에서 중요하다는 것을 체계적으로 정리한 것이다.

이때 발간된 영국의 '창조산업 전략 보고서'에 따르면 최근 경제의 성장 동력이 혁신(Innovation)에서 창의성(Creativity)으로 대체되고 있으며, 이에 따라 가치의 원천이 '지식과 정보'에서 '상상력과 창의성'으로 전환되고 있음을 강조하고 있다. 1998년 경영 컨설턴트인 조지프 파인과 제임스 길모어가 〈하버드 비즈니스 리뷰〉에 발표한 '체험 경제를 환영하며'에서 인류의 경제를 '농업 경제(생필품) → 공업 경제(공산품) → 서비스 경제(서비스) → 체험 경제(체험)'로 묘사하며 4E의 체험, 즉 오락(Entertainment) 체험, 교육(Education) 체험, 현실도피(Escapist) 체험, 미적(Esthetic) 체험의 중요성을 강조한 것과 맥이 닿는다.[49] 예전에는 단순히 물건을 만들거나 제공하는 방법 등이 중요했다면, 이제 그러한 것들은 누구나 할 수 있으니 창의성을 가지고 그 물건으로 새로운 경험을 하도록 유도하는 게 중요하다는 의미다.

이에 따라 영국 정부는 창조산업을 '개인의 창조성, 기술, 재능 등을 이용해 지적재산권을 설정하고 이를 활용함으로써 부와 고용을 창출할 수 있는 잠재력을 지닌 산업'으로 정의하고, 슬로건도 '창조적인 영국(Creative Britain)'으로 발전시켰다. 특히 눈에 뜨이는 부분은 광고, 방송, 출판 등 전통적인 문화산업 외에 건설, 제조업, 미디어 등 타 산업 분야까지 접목시켜 새로운 부가가치를 창출하는 것을 목표로 삼았다는 점이다. 건물을 지을 때에도 디자인, 예술 분야와 접목해 부가가치가 높은 건축물을 만들어낸다든가, 제조업에서도 캐릭터, 대중문화 등을 연계한 상품이나 독특한 디자인의 제품 등을 개발해 기존 제품과는 차별화를 추구하는 것 등이라 할 수 있다. 즉, 영국에서의 창조산업이란 창의적 능력으로 다른 산업의 비즈니스 가치까지 향상시키는 산업인 것이다.

그 결과 영국에서는 현재 약 150만 명(영국 취업자의 5.14%)이 창조산업에 종사하고, 전체 부가가치의 2.89%인 연 363억 파운드(한화 약 66조 원)를 창조산업에서 산출하는 등 국민경제적 파급효과가 타 산업보다 높아 벤치마킹 대상이 되고 있다. 지난 10년간 창조산업 분야의 성장률도 영국 경제 전체 성장률 2.8%의 2배 이상이었으며, 음반이나 텔레비전 프로그램 등의 수출도 전체 수출의 10.6%를 차지했다. 해리포터 시리즈, 패션 디자이너 폴 스미스, 인기 드라마 〈닥터 후〉와 〈셜록〉, 테이트 모던 미술관, 웨스트엔드 뮤지컬 등 다양한 성공 사례도 모두 '창조적인 영국'의 결과물이다.

대지진 이후 '쿨 재팬' 기치 올린 일본

영국이 창조산업의 원조격이라면, '원조 따라하기' 전략을 취한 것은 일본이다. 일본 역시 경기 침체와 함께 대지진으로 인한 위기 상황을 극복하기 위해 문화산업에 주목했다. 일본은 전후 수직통합적 팀워크와 조직력 등을 무기로 가격과 품질 우위를 확보하며 세계 경제 성장의 주역을 담당해왔다. 그러나 최근 십수 년간의 경기 침체로 국내총생산의 성장도 멈추고, 중국의 등장으로 수출 시장에서도 주도권을 뺏기면서 경제 성장 동력에 대한 재진단이 필요했다. 그러던 차에 2011년 3월 대지진이 발생하면서 일본 경제는 인적·물적 피해는 물론이고 일본 브랜드에 대한 신뢰도 하락에 직면하게 되었다. 일본 상품 수출이 직접적으로 타격받는

<셜록>의 성공 뒤에는
국가의 새로운 성장 동력을 찾기 위한
영국 정부의 분투가 있었다.

Creative Britain

상황을 돌파하기 위해 새로운 국가 전략이 필요했던 것이다.

이에 따라 일본은 '지적재산추진계획 2011'을 발표하면서 '쿨 재팬' 전략을 선보였다. 일본의 쿨 재팬 전략은 정보, 자본, 물자, 기술, 인재의 왕래가 국경을 넘어 자유로워지고, 디지털 네트워크를 통해 빠르게 연결되는 글로벌 네트워크 시대가 도래함에 따라 이에 걸맞은 새로운 산업정책이 필요하다는 취지에서 수립되었다. 즉, 세계가 하나로 이어지게 되면 복제할 수 없는 지역 고유의 아이덴티티에 기초한 상품, 문화 등의 가치는 더욱 높아지는데, 이러한 고유 문화상품들을 효율적으로 지적재산화하고 이를 통해 일본의 브랜드를 회복하자는 취지에서 세운 것이 '쿨 재팬' 전략이었다.

사실 2000년대 중반까지 해외에서 일본 콘텐츠의 인기는 비교적 높았지만, 일본 정부는 전면적인 콘텐츠 해외 진출 정책을 수립한 적이 없었다. 콘텐츠 내수시장 규모가 미국에 이어 두 번째일 정도로 큰 편이어서 해외 진출의 필요성이 낮았기 때문이다. 또 일본 업계의 관행상 콘텐츠 수출을 할 경우 제작자, 각본가, 출연자 개개인에게 일일이 허락을 받아야 해서 수출에 대한 관심도 떨어졌다. 그러나 저출산으로 향후 내수시장 축소가 불가피하고, 디지털 시장이 확산되는 상황에서 비즈니스를 지속시키기 위해서는 해외 진출이 필요하다는 공감대가 확산되자 변화가 나타난 것이다.

쿨 재팬 전략은 해외에서 인기를 끌 수 있는 일본의 콘텐츠, 패션, 식품, 전통문화, 지역, 관광상품 등을 발굴하고 세계에 알려 일본의 브랜드 경쟁력을 높이고 경제성장으로 연결하고자 하였다. 이를 위해 민관이 함께 품목별로 다양한 마케팅 전략을 세우고 있는데, 다양한 행사에 일본 문화를 노출시키고, 식품의 경우라면 식품만을 판매하는 것이 아니라 일본의 식문화도 함께 알려 문화 전파를 통한 식재료 수출 확대를 유도한다는 식이다. 즉, 모든 행사와 제품에 '일본 문화'를 접목해 세계 어디에서도 구할 수 없는 일본만의 제품이라는 이미지를 심어주고자 한 것이다.

이와 같이 창조경제란 어느 날 하늘에서 뚝 떨어진 것이 아니라, 나라들마다 치열한 고민 끝에 채택한 정책들이었다. 그냥 단기적인 차원에서 A에서 B로 가자는 것이 아니라, 과거의 방식에서는 더 이상의 개선점을 찾는 것이 어렵다는 사실을 깨닫고 자신들만이 할 수 있는 것들을 찾아가는 과정이라는 점이 중요하다. 때문에 우리나라의 창조경제가 모호한 점이 있었다면 이 두 가지가 모두 부족했기 때문이라 할 수 있다. 현재 문제점은 과연 무엇인지에 대한 처절한 반성이나 회고도 부족했고, 그래서 진정 우리가 잘할 수 있는 것은 무엇인가에 대한 깊은 고민도 없었다. 그랬기 때문에 똑같은 정책을 취하더라도 그게 왜 필요한지에 대한 공감대가 떨어질 수밖에 없는 것이다.

창조경제의 싹을 틔우려면

그런 측면에서 볼 때, 지금 우리에게 창조경제가 필요한 것은 분명해 보인다. 자동차와 배를 수출하고 휴대폰을 잘 만들어 우리 경제가 이렇게 성장했지만, 우리가 잘하던 대부분의 분야에서 성장의 한계를 보이고 있다. 우리가 '지금' 세계 최고임은 확실하지만 우리를 턱밑까지 쫓아온 중국과의 격차는 나날이 줄어들고 있기 때문이다. 우리 삶 곳곳에 스며들고 있는 '대륙의 실수'들을 접하면서 과연 우리가 언제까지 1위를 지킬 수 있을까 의구심이 드는 상황이다. 그럼 무엇으로 활로를 잡아야 할까.

다행히 우리가 만든 문화상품들을 세계가 인정하기 시작했다는 점은 좋은 징조임에 틀림없다. 우리가 문화상품에서 경쟁우위를 계속 확보할 수 있다면 그 부분에 집중하는 것도 좋은 대안이 될 수 있을 터다. 그런데 안타깝게도 지금 우리가 경쟁우위를 얻고 있는 부분에 대한 분석도 그리 치밀해 보이지는 않는다. 우리 문화상품들이 인기를 끄는 이유가 '가성비' 즉 가격 대비 성능이 좋아서인지, 감성을 자극하는 차별적인 강점이 있어서인지, 아니면 그냥 이전에는 못 보던 새로운 상품에 일시적으로 관심이 쏠리는 것인지 등에 대한 정확한 분석을 찾아보기 어렵다. 그래서 "문화상품이 살 길이다"라는 깃발을 휘두르기에도 두려움이 있는 게 사실이다.

때문에 지금 우리에게 필요한 것은 진짜 우리가 잘하는 것, 우리만이 할 수 있는 것, 세계 그 누구도 따라할 수 없는 것이 무엇인지에 대한 냉철한 성찰이다. 그런 성찰을 위해 '창조경제가 필요하다'라는 씨앗을 뿌린 것은 좋은 시도였다는 점은 인정해야 한다. 단지, 그 방향을 알지 못해 우왕좌왕할 수밖에 없었고, 이제는 성찰의 결실을 찾아가는 게 필요하다는 것이다.

원조와 베끼기의 차이

이전에는 눈에 보이는 뚜렷한 목표가 있어서 그것을 향해 달려가기만 하면 되었다. 다른 나라의 자동차를 해체해 엔진을 그대로 베껴 만들고, 남들이 그린 도면을 사와 그대로 배를 만들기만 하면 됐다. 다행히 손기술이 좋은 민족이어서 만들수록 기술이 숙련돼 더 잘 만들게 된 점도 있었다.

하지만 지금은 다르다. 일단 정해진 목표도 없다. 목표를 스스로 만들어서 도달할 지점도, 팔아야 할 시장도 알아서 정해야 한다. 이전처럼 따라가는 게 아니니 어려울 수밖에 없다. 그렇다고 이게 틀린 길일까? 그렇지 않다. 이런 과정을 제대로 거쳐야 진짜 우리가 잘할 수 있는 우리만의 '창의성'의 원천을 찾을 수 있다. 선행학습을 시킨 아이들이 정해진 과업에는 성과를 보이지만 창의적인 문제는 제대로 해결하지 못하는 것과 비슷하다. 이제 우리는 선행학습을 통해 따라잡기에 열중하는 게 아니라 스스로의 힘으로 목표와 과제를 만들어야 한다.

그러니 눈에 보이지도 않는 창조경제가 얼마나 생겨났냐고 마냥 비판하기보다는, 우리가 어떤 노력을 기울였고 그 과정에서 무엇이 주효했고 무엇이 안 되는지를 찾아냈는지 논해보자고 비판하는 것이 옳다. 아무것도 찾은 게 없었다면 그게 진짜 문제다. 다양한 시도와 다양한 노력 끝에 어떤 부분에서는 가능성이 있고, 또 어떤 분야에서는 도저히 답이 없다는 걸 찾았다면 그게 성과다. 그 후의 일은 다음 정부에서 더 발전시키면 된다.

　현재 정책에서 아쉬운 점이 있다면 창조경제 정책이 일자리 창출과 맞물리면서 창업 지원 위주의 정책이 되었다는 점이다. 이럴 경우 얼마나 일자리를 만들었는가로 논의가 흐르게 되면 할 말이 없어진다. 원래 목표가 그것이 아닌데, 엉뚱한 수치로 성과를 평가할 가능성이 있기 때문이다. 창업 사업에서는 원래 일자리가 많이 생겨날 수 없다. 그보다는 어떤 가능성을 찾아내었는가가 중심이 되어야 다음 정부에 넘겨줄 과제도 생겨난다. 혹여나 일자리도 몇 개 못 만들어냈다며 다음 정부 때 창조경제를 내팽개치지는 않을까, 벌써부터 걱정스럽다.

　또 단순히 창업 지원을 통해 젊은 세대들에게 그 모든 짐을 지우기보다는 기업이나 학교, 연구소에서도 다양한 방향을 모색했어야 하는데 그런 모습도 많이 보이지 않았다. 이론적으로도 창조경제에 대한 깊이가 그리 깊어졌다는 느낌이 없기 때문이다. 사실 정부가 창조경제를 그렇게 강조했는데도 그 이론적 토대가 이렇게 부실한가 하는 느낌이 들 때가 많다. 그런 점들이 안타깝고 걱정스럽다.

　영국과 일본을 비교해보면 정책을 만들어가는 과정에 큰 차이가 엿보인다. '창조적인 영국'의 경우 세부적인 정책보다는 이러한 정책이 왜 필요한지에 대한 설명이 매우 깊이 있게 이루어진다. 영국 문화부의 창조경제 관련 사이트를 찾아봐도 세부 정책에 대해서는 간단히 언급하면서 링크를 걸어둘 뿐이고, 그런 정책이 왜 나오게 되었는지에 대한 현실 진단과 설명이 더 자세하다. 정책들도 청소년 교육에서부터 창업 지원, 기업가 교육, 한계 기업 지원 등 기업의 라이프 사이클에 맞춘 일관된 흐름이 엿보인다. 반면 '쿨 재팬'은 다양한 지원책을 집대성했지만 흐름을 읽기는 어렵다. 정책의 가짓수는 꽤 많지만, 정책의 취지에 대한 설명은 약하다.

이것이 원조와 베끼기의 차이가 아닌가 싶다. 깊은 고민을 하면서 직접 그 필요성을 생각했는가와, 일단 따라하면서 뭐든 만들어내자는 식으로 접근한 방식의 차이일 수 있다. 그럼에도 일본은 벌써 성과를 조금씩 내고 있다. 다행히 자기들이 잘할 수 있는 포인트를 빨리 잡아냈기 때문으로 보인다. 그런 것도 다 힘과 저력일 테다. 따라해야 할 부분과 스스로 찾아야 할 부분을 재빨리 포착해낸 것이다. 하지만 그런 모습을 따라하는 것으로는 또 그만큼을 따라갈 수 없다. 원조집도 아니고 원조집을 흉내낸 집을 베끼는 정도로는 결코 또 다른 원조집이 될 수 없기 때문이다.

주

1 William N. Goetzmann, S. Abraham Ravid, Ronald Sverdlove, (2013), "The pricing of soft and hard information: economic lessons from screenplay sales", *Journal of Cultural Economics*, 37(2), 271-307.

2 Terry F. Pettijohn II, (2003), "Relationships between U.S. social and economic hard times and popular motion picture actor gender, actor age, and movie genre preferences", *North American Journal of Psychology*, 5, 61-66.

3 William D. McIntosh, Andria F. Schwegler, R. M. Terry-Murray, (2000), "Threat and television viewing in the United States, 1960-1990", *Media Psychology*, 2, 35-46.

4 Art Silverblatt, (2007), *Genre studies in mass media: A handbook*, ME Sharpe.

5 Terry F. Pettijohn II, Donald F. Sacco Jr, (2009), "The language of lyrics: An analysis of popular Billboard songs across conditions of social and economic threat", *Journal of Language and Social Psychology*, 28(3), 297-311.

6 Terry F. Pettijohn II, Jamie N. Glass, Carly A. Bordino, Jason T. Eastman, (2014), "Facial feature assessment of popular U.S. country music singers across social and economic conditions", *Current Psychology*, 33(4), 451-459.

7 Terry F. Pettijohn II, B. J. Jungeberg, (2004), "Playboy playmate curves: Changes in facial and body feature preferences across social and economic conditions", *Personality and Social Psychology Bulletin*, 30, 1186-1197.

8 Stephen M. Sales, (1973), "Threat as a factor in authoritarianism: An analysis of archival data", *Journal of Personality and Social Psychology*, 28, 44-57.

9 Ashley A. Gowgiel, William D. McIntosh, (2010), "Physical versus economic societal threat: How 9-11 and the great recession of 2008 influenced viewers' consumption of serious, sexual and violent television content", *Journal of Media Psychology*, 15(3), 1-17.

10 M. B. von Rimscha, (2013), "It's not the economy, stupid! Extermal effects on the supply and demand of cinema entertainment", *Journal of cultural economics*, 37(4), 433-455.

11 송길영, 《여기에 당신의 욕망이 보인다》, 쌤앤파커스, 2012.

12 김참, "작가 되는 일 어렵지 않아요", 〈조선비즈〉, 2012. 12. 9.
http://biz.chosun.com/site/data/html_dir/2012/12/07/2012120701768.html

13 와이즈넛의 보도자료, "온라인 구전도 분석한다: 소녀시대 네티즌 호감도 조사", 2009. 3. 26.
http://www.wisenut.com/blog/2009/03/26/090325

14 이동기 외, (2010), 「한국영화의 수익성 영향요인에 대한 탐색적 연구」, 〈경영학연구〉, 39(2), 459–488.

15 Fernanda Gutierrez-Navratil, Victor Fernandez-Blanco, Luis Orea, Juan Prieto-Rodriguez, (2014), "How do your rivals' releasing dates affect your box office?", *Journal of Cultural Economics*, 38(1), 71-84.

16 Jacques Melitz, (2008), "Language and foreign trade", *European Economic Review*, 52(4), 667–699.

17 Keith Head, John C. Ries, (1998), "Immigration and trade creation: Econometric evidence from Canada", *The Canadian Journal of Economics*, 31(1), 47-62.

18 James E. Rauch, (1999), "Networks versus markets in international trade", *Journal of International Economics*, 48(1), 7-35.

19 Sourafel Girma, Zhihao Yu, (2002), "The link between immigration and trade: Evidence from the United Kingdom", *Weltwirtschaftliches Archiv*, 138(1), 115-130.

20 김윤지, (2012), 〈한류수출 파급효과 분석 및 금융지원 방안〉, 한국수출입은행.

21 Edlira Shehu, Tim Prostka, Christina Schmidt-Stölting, Michel Clement, Eva Blömeke, (2014), "The influence of book advertising on sales in the German fiction book market", *Journal of Cultural Economics*, 38(2), 109-130.

22 Fabio Sabatini, Francesco Sarracino, (2014), "Will Facebook save or destroy social capital? : An empirical investigation into the effect of online interactions on trust and networks", GESIS-Working Papers, 2014-30.

23 Steven D. Levitt, (1997), "Using electoral cycles in police hiring to estimate the effect of police on crime", *The American Economic Review*, 87(3), 270-290.

24 Fabrizio Trentacosti, (2011), "Social capital, happiness and social networking sites. surfing alone: Do countries with higher numbers of users in online communities have higher happiness levels?", University of Sussex Department of Economics.

25 Arthur De Vany, W. David Walls, (2000), "Does hollywood make too many R-rated movies? : Risk, stochastic dominance, and the illusion of expectation", *The Journal of Business*, 75(3), 425-451.

26 George J. Borjas, Kirk B. Doran, (2013), "Prizes and productivity: How winning the fields medal affects scientific output", NBER Working Papers, No. 19445.

27 Victor Ginsburgh, Sheila Weyers, (2014), "Nominees, winners, and losers", *Journal of Cultural Economics*, 38(4), 291-313.

28 Michael Jensen, Heeyon Kim, (2015), "The real oscar curse: The negative consequences of positive status shifts", *Organization Science*, 26(1), 1-21.

29 수안, "EXO와 씨스타가 살아남는 방법", 〈ㅍㅍㅅㅅ〉, 2013. 7. 29. http://ppss.kr/archives/10432

30 Peter E. Earl and Jason Potts, (2013), "The creative instability hypothesis", *Journal of Cultural Economics*, 37(2), 153-173.

31 강명구 외, (2013), 「중국 텔레비전 시청자의 드라마 소비 취향 지도」, 〈방송문화연구〉, 25(1), 197-233.

32 D. E., Conlon, K. A. Jehn, (2009), "Behind the music: Conflict, performance, longevity, and turnover in punk and new wave rock bands", *Current topics in management*, 14, 13-48.

33 Ronnie J. Phillips, Ian C. Strachan, (2014), "Breaking up is hard to do: The resilience of the rock group as an organizational form for creating music", *Journal of Cultural Economics*, 40(1), 29-74.

34 Neil Smith, (1979), "Toward a theory of gentrification: A back to the city movement by capital not people", *Journal of the American Planning Association*, 45(4), 538-548.

35 David Ley, (1986), "Alternative explanation for inner-city gentrification: a Canadian assessment", *Annals of the Association of American Geographers*, 76(4), 521-535.

36 Phillip L. Clay, (1979), "The mature revitalized neighborhood: Emerging issues in gentrification", in Loretta Lees et al. eds., (2010), *The Gentrification Reader*, New York: Routledge, 37-39.

37 전성원, "빅토르 안과 청년세대의 동감", 〈슬로우뉴스〉, 2014. 2. 17. http://slownews.kr/19511

38 Geert Hofstede, (1991), *Cultures and organizations: Software of the mind*, London, UK: McGraw-Hill.

39 Koert van Ittersum, Nancy Wong, (2010), "The Lexus or the olive tree? Trading off between global convergence and local divergence", *International Journal of Research in Marketing*, 27(2), 107-118.

40 Sangkil Moon, Barry L. Bayus, Youjae Yi, Junhee Kim, (2014), "Local consumers' reception of imported and domestic movies in the Korean movie market", *Journal of Cultural Economics*, 39(1), 99-121.

41 Francis, L. F. Lee, (2006), "Cultural discount and cross-culture predictability: Examining the box office performance of American movies in Hong Kong", *Journal of Media Economics*, 19(4), 259-278.

42 Sherwin Rosen, (1981), "The economics of superstars", *The American Economic Review*, 71(5), 845-858.

43 Moshe Adler, (1985), "Stardom and talent", *The American Economic Review*, 75(1), 208-212.

44 Noémi Berlin, Anna Bernard, Guillaume Fürst, (2015), "Time spent on new songs: word-of-mouth and price effects on teenager consumption", *Journal of Cultural Economics*, 39(2), 205-218.

45 Marc Bourreau, Michel Gensollen, François Moreau, Patrick Waelbroeck, (2013), "'Selling less of more?' The impact of digitization on record companies", *Journal of Cultural Economics*, 37(3), 327-346.

46 한국저작권단체연합회, (2015), 〈2015 저작권 보호 연차보고서: 2014년 기준 불법복제물 유통실태 조사〉.

47 Stan J. Liebowitz, (2016), "How much of the decline in sound recording sales is due to file-sharing?", *Journal of Cultural Economics*, 40(1), 13-28.

48 고병완 외, (2010), 「불법복제에 대한 규제가 콘텐츠 제작자의 수익에 미치는 영향」, 〈한국콘텐츠학회 논문지〉, 10(2), 320-329.

49 B. Joseph Pine II, James H. Gilmore, (1998), "Welcome to the experience economy", *Harvard Business Review*, 76 (4), 97-105.

| 국내 |

논문 —

· 윤홍근, (2013), 「문화산업에서 빅데이터의 활용방안에 관한 연구」, 〈글로벌문화콘텐츠〉, 10, 157-179.

· 박승현·정완규, (2009), 「한국 영화시장의 흥행결정 요인에 관한 연구: 2006-2008년 개봉작품을 중심으로」, 〈언론과학연구〉, 9(4), 243-276.

· 김종기·김진성·뢰정첩, (2012), 「소셜 네트워크 서비스가 사회적 자본에 미치는 영향」, 〈정보시스템연구〉, 21(3), 163-186.

· 신정엽·김감영, (2014), 「도시 공간 구조에서 젠트리피케이션의 비판적 재고찰과 향후 연구 방향 모색」, 〈한국지리학회지〉, 3(1), 67-87.

· 김봉원·권니아·길지혜, (2010), 「삼청동길의 젠트리피케이션 현상에 대한 상업화 특성분석」, 〈한국지역경제연구〉, 15, 83-102.

단행본 —

· 로버트 D. 퍼트넘, (2009), 정승현 옮김, 《나 홀로 볼링》, 페이퍼로드.

· 스티븐 레빗·스티븐 더브너, (2005), 안진환 옮김, 《괴짜경제학》, 웅진지식하우스.

· 조지 애컬로프·레이첼 크랜턴, (2010), 안기순 옮김, 《아이덴티티 경제학》, 랜덤하우스코리아.

· 크리스 앤더슨, (2006), 이노무브그룹 외 옮김, 《롱테일 경제학》, 랜덤하우스코리아.

· 마이클 헬러, (2009), 윤미나 옮김, 《소유의 역습, 그리드락》, 웅진지식하우스.

· 존 호킨스, (2013), 김혜진 옮김, 《존 호킨스 창조 경제》, FKI미디어.

· 콜레트 헨리 외, (2010), 김광재·박종구 옮김, 《창조산업과 기업가 정신》, 한국문화관광연구원.

연구보고서 —

· 영화진흥위원회, (2012), 〈2010년 한국 영화산업 실태조사와 한국영화 투자 수익성 분석〉.

· 영화진흥위원회, (2015), 〈2014년 한국 영화산업 결산〉.

· 한국산업기술재단, (2008), 〈창조산업의 혁신: 영국의 사례와 한국의 과제〉.
· 한국콘텐츠진흥원, (2009), 〈영국 창조산업의 사례분석 및 벤치마킹 방안〉.
· 한국콘텐츠진흥원 일본사무소, (2012), 〈일본 콘텐츠산업 동향: 일본 쿨재팬 전략과 추진정책〉.
· 박성호·이창영, (2015. 12. 7.), 「중국 영화산업: 투자배급사와 상영관」, 〈유안타증권 Sector Report〉.

| 해외 |

· Daniel Gilbert, "If only gay sex caused global warming: Why we're more scared of gay marriage than a much deadlier threat", *Los Angeles Times*, July 2, 2006.
· Bedassa Tadessea · Roger White, (2010), "Cultural distance as a determinant of bilateral trade flows: Do immigrants counter the effect of cultural differences?", *Applied Economics Letters*, 17(2), 147-152.
· A. C. Disdier et al, (2007), "Bilateral trade of cultural goods", CEPII, Working Paper, No. 2007-20.
· Don Wagner · Keith Head · John C. Ries, (2002), "Immigration and the trade of provinces", *Scottish Journal of Political Economy*, 49(5), 507-525.
· Gabriel J. Felbermayr · Farid Toubal, (2010), "Cultural proximity and trade", *European Economic Review*, 54(2), 279-293.
· David M. Gould, (1994), "Immigration links to the home country: Empirical implications for US bilateral trade flow", *The Review of Economic and Statistics*, 76(2), 302-316.
· James E. Rauch · Vitor Trindade, (2002), "Ethnic Chinese networks in international trade", *The Review of Economics and Statistics*, 84(1), 116-130.
· Rongxing Guo, (2004), "How culture influences foreign trade: evidence from the U. S. and China", *The Journal of Socio-Economics*, 33(6), 785-812.
· Department for Culture, Media and Sport(UK), (2007), "Staying ahead: the economic performance of the UK's creative industry".
· Department for Culture, Media and Sport(UK), (2008), "Creative Britain: New talents for the new economy".
· UNDP, (2010), "Creative economy report 2010".
· Chris Smith, (2003), "Beyond Cool Britannia", *Locum Destination Review*, Vol. 12.

· 經濟産業省, (2011), "平成22年度クール・ジャパン戦略推進事業".
· 知的財産戦略推進事務局, (2011), "知的財産推進計劃 2012".

박스오피스 경제학

초판 1쇄 발행 2016년 5월 11일
초판 2쇄 발행 2018년 10월 22일

지은이 | 김윤지
발행인 | 김형보
편집 | 최윤경, 박민지, 강태영, 이환희
마케팅 | 이연실, 김사룡

발행처 | 도서출판 어크로스
출판신고 | 2010년 8월 30일 제 313-2010-290호
주소 | 서울시 마포구 양화로10길 50 마이빌딩 3층
전화 | 070-8724-0876(편집) 070-8724-5877(영업) 팩스 | 02-6085-7676
e-mail | across@acrossbook.com

ISBN 978-89-97379-89-7 03320

이 도서의 국립중앙도서관 출판시도서목록(CIP)은 e-CIP홈페이지(http://www.nl.go.kr/ecip)와 국가자료공동목록시스템(http://www.nl.go.kr/kolisnet)에서 이용하실 수 있습니다.(CIP제어번호: CIP2016010111)

만든 사람들

편집 | 박민지
교정교열 | 최윤경
일러스트 | 김보인
디자인 | 이석운, 김미연